全国动物卫生监督执法培训参考丛书③

动物卫生行政法学
理论基础

中国动物卫生与流行病学中心　组编

中国农业出版社
北　京

本书编写人员

中国动物卫生与流行病学中心　组编

主　编　陈书全　李　昂

副主编　刘金才　翟海华

主　审　滕翔雁　李卫华

参　编（按姓氏笔画排序）

万玉秀　王　岩　王伟涛　王媛媛　邓　勇

苏　红　肖　肖　张　杰　陈少渠　陈向武

贾智宁　常　鹏　盖文燕　韩凤玲　鲍　杰

前言 | PREFACE

“法者，治之端也”。党的十九届四中全会把“坚持和完善中国特色社会主义法治体系，提高党依法治国、依法执政能力”纳入中国特色社会主义制度建设的重要内容，清晰地描绘出新时代法治中国建设的路线图，为以制度建设开创全面依法治国新局面把航定向，体现了以习近平同志为核心的党中央对全面依法治国、建设法治中国的高度重视，彰显了中国共产党人为子孙万代计、为长远发展谋的使命担当，也为畜牧兽医领域法制工作提供了根本遵循。

改革开放以来，国家颁布实施了《中华人民共和国动物防疫法》《中华人民共和国进出境动植物检疫法》《生猪屠宰管理条例》《兽药管理条例》《重大动物疫情应急条例》《病原微生物实验室生物安全管理条例》等法律法规，对动物防疫工作作出专门规定；《中华人民共和国生物安全法》《中华人民共和国畜牧法》《中华人民共和国农产品质量安全法》《中华人民共和国食品安全法》《乳品质量安全监督管理条例》《实验动物管理条例》等法律法规，也对有关动物防疫工作作出规定；农业农村部配套制定了《动物防疫条件审查办法》《动物检疫管理办法》《执业兽医管理办法》等 24 件配套规章和 30 余件规范性文件，细化动物防疫有关要求。总的来看，我国动物防疫法律制度体系框架已基本形成并在不断完善，为动物卫生法制化提供了强有力的法律保障。行政法是中国特色社会主义法律体系的重要组成部分之一，动物卫生法律法规是行政法的重要组成部分，要充分发挥法律的保障支持作用，需要各级农业农村（畜牧兽医）工作者在认真学习领会法律规定的同时，以法制思维、底线思维加强对行政法学知识的学习和运用。

本书共分为13章，全面、系统阐释了行政法与行政诉讼法的基本理论与基础知识，主要包括行政法的一般原理和基本原则，行政法主体理论，行政行为理论，行政立法、行政许可、行政处罚、行政强制、行政指导、行政合同等行政行为法律制度，行政程序与行政责任，行政复议与行政诉讼等行政救济理论与制度等内容。本书以我国行政法治实践和行政法学理论发展为基础，同时结合动物卫生部门行政法和行政管理实务，旨在为动物卫生行政执法和相关领域专业人士提供理论参考与指导。

编　者

2020年11月

CONTENTS

目　　录

DI-YI ZHANG

第一章 01

行政法概述

行政法是调整行政关系，规定行政关系主体权利义务、规范行政行为和监督行政的法律规范与法律原则的总称。在以宪法为核心的法律体系中，行政法是一个完整独立的法律部门，也是仅次于宪法的基本法律部门。它对于维护和监督行政机关依法行政，保护公民、法人和其他组织的合法权益具有重要的作用。作为一国法律体系中一个独立的部门法，行政法有其相对独特的一些重要基本概念、原理和基础性理论，这些内容既是构成行政法理论体系的重要内容，也是学习、研究行政法及其相关法律问题必须理解和掌握的知识基础与理论前提。本章的内容主要包括：行政法意义上行政的界定、特点与外延、行政法的含义及特点、行政法的重要地位与作用、行政法律关系的概念与特征、行政法渊源体系及其效力与适用等。

第一节　行政与行政权

一、行政的概念与特征

近现代意义上的行政法，简单地说就是有关行政的法，即关于行政的法律规范与法律原则的总称。而对于“行政”一词的理解，人们却并不完全一致。不同的学科，比如行政学、管理学、法学等，对行政有着不同的界定和解释。因此，学习、探讨和研究行政法及其相关法律问题，首先要明确什么是行政，尤其是要明确行政法意义上的行政的特定内涵与外延，即行政法意义上的行政的基本含义、特征、内容及其种类形式等具体内容。

（一）一般意义上的行政与行政法意义上的行政

由于行政本质的多样性、多义性和复杂性，人们对“行政”的理解往往有分歧。“行政”一词的英文是 administration，源出于拉丁文 administrare，就其字面而言，带有经营、管理及执行的意义，一般理解为“事务的执行”。就初始意义来说，行政是指一种对一定范围内事务的组织、管理与执行的活动或职能，即一定组织机构基于特定目的对一定范围内的事务进行的组织、管理或执行。现代汉语中，“行政”一词又称“行政管理”。可见，行政可以用“执行”“管理”予以注释，这是行政的一般含义。

作为“执行、管理”这类一般意义上的行政活动，行政是所有组织必备的一种基本职能。任何组织（无论是企业、事业单位、社会团体，还是群众性自治组织，当然也包括国家这种特殊的组织在内），其生存和发展都必须依赖相应的机构、人员去行使执行和管理这类职能（行政职能）。这里的“执行”和“管理”没有截然的区分，只是相对于不同的事物而言。“执行”是相对于“决策”而言，决策是确定组织的目标、纲领和行动方案，执行则是贯彻实施决策所确定的目标、纲领、方案。“管理”相对于“运作”而言，运作是组织为其生存、发展进行的各种活动，管理则是为保障运作符合决策所确定的目标、纲领、方案而对运作进行的规划、指挥、组织协调、控制等。

按照行政的主体与性质不同，可以将行政活动划分为两大类：一类是指法定主体通过行使国家行政权对国家和社会事务所进行的组织管理活动，即公共行政，也简称为“公行政”，如兽医主管部门开展的动物防疫条件审查活动；另一类是泛指一般的社会组织、团体等对单纯与自身相关的事务进行的组织管理活动，即私人行政，也称“私行政”。从性质上来讲，私行政属于私人事务，不涉及国家权力的行使，因而主要由私法或企事业单位、团体等组织的规章制度来调整。公行政与私行政虽然都属于对一定事务的组织管理的行政活动，但两者在目的、性质、范围、保障手段、救济途径以及法律依据等方面存在较为明显的区别。行政法所调整的行政通常仅限于公共行政而非一般含义的行政，即指专门的国家机关或者法律法规授权的某些组织基于公共利益对国家和社会公共事务所进行的组织与管理活动。

（二）公共行政

行政法意义上的行政特指公共行政，那么公共行政又包括哪些内容呢？即公共行政的范围是什么？从人类活动的历史发展来看，公共行政的内容和范围是不断变化的。

早期的公共行政仅限于国家行政，而且其内容也非常有限。如自由资本主义时期，在“管事最少的政府是最好的政府”的理念之下，国家行政权干预的领域非常有限，仅限于国防、外交、社会治安、税收和邮政等寥寥数项。英国著名行政法学家韦德用这样一句话很好地说明了这一状况：“除了邮局和警察以外，一名具有守法意识的英国人几乎可能没有意识到政府的存在而度过他的一生。”

随着人类经济、社会的不断发展，社会关系的复杂化及越来越多社会问题的出现，国家行政职能大为扩张，行政的疆域逐步突破了传统的边界，从原先的仅限于国防、外交、社会治安、税收和邮政扩展到干预经济、国内国际金融及贸易，举办社会福利和社会保险，管理教育、文化和医疗卫生，保护知识产权，保护、开发和利用资源，控制环境污染，管理城市规划和乡镇建设，甚至直接组织大型工程建设和经营、管理国有企业等。行政权的不断扩张最终导致国家和政府逐步演变成“行政国家”“全能政府”。

从 20 世纪中期以后，随着“行政国家”“全能政府”副作用越来越明显，以至于出现行政国家的异化，亦称“政府失灵”，越来越多的人开始认识到这种危险。许多国家开始采取各种措施限制和缩减行政的范围。其中，将一部分国家行政权转交于非政府的社会公共组织如行业协会、公共事业组织、社会团体、基层群众性自治组织，由这些组织来承担特定公共事务的管理，从而将国家行政权转化为社会行政权。如美国兽医协会通过法律授权，承担美国执业兽医的资格授予以及执业活动和执业操守的监督管理等职能。由于非政府的社会公共组织更接近公民，公民可更直接地参与其运作并对其进行监督，所以非政府的社会公共组织行使公共权力，可以避免或减少行政国家异化的许多弊端，如腐败、滥用权力等。国家行政权向社会权的转化，使得公共行政的内容随之发生变化：公共行政不再限于国家行政，还包括非政府的社会公共组织对社会公共事务的组织管理活动即社会公共行政。

因此，确切地说，行政法意义上的行政是指国家行政机关以及法律法规授权的组织对国家和社会公共事务所进行的组织、管理、决策与调控，即公共行政，包括国家行政和非国家的社会行政。

国家行政与社会行政是以公共行政的主体为标准对公共行政所做的一种划分。所谓国家行政是指由各级各类国家行政机关代表国家对国家事务所进行的组织管理活动，如公安行政、民政行政、工商行政、卫生行政、农业行政等。社会行政则是指由非政府的社会公共组织根据法律法规和规章的授权进行自我管理、自我服务、自我监督的公共行政活动。按照其他标准，公共行政还可以进行更多种类划分：如权力行政与非权力行政、秩序行政与服务行政、羁束行政与裁量行政等。

二、行政权

行政法调整的行政作为一种职能或行为活动实质上是一定主体对行政权的行使、运用，行政法及行政法学的每一原理、原则几乎都与行政权存在着不可分割的密切联系。例如，行政主体其实就是行使行政权的组织，行政行为其实就是行政权运行的外在表现形式，行政法律关系其实就是行政权的运用、行使所引起的法律关系，行政法律责任可以认为是行政权行使所引起的法律后果，等等。因此也可以说，行政权是贯穿行政法及行政法学核心内容的基础概念。

（一）行政权的含义

行政权是国家权力分立的产物，最初含义是指除立法权、司法权之外的国家权力。尽管近现代各国都在使用行政权一词，但各国学者及立法对行政权的理解并不完全一致。一般来讲，作为一种重要的国家公权力，行政权是指由宪法、法律赋予或认可的，国家行政机关和其他社会公共组织执行法律、对国家和社会公共事务实施行政管理活动的权力。

行政权的内容非常繁杂，不同的行政主体享有不同的行政职权，但总体而言，行政权大致包括行政立法权、行政命令权、行政决定权、行政监督检查权、行政制裁权、行政强制权、行政司法权等。

（二）行政权的特点

现代社会中的行政权有以下几方面的特征：

1. 行政权的法律性 行政权的法律性包含以下几方面的内容：其一，“权自法出”，这是法治社会的基本标志。行政权只能由法律产生，即由法律设定。法律之外的一切和行政管理相关的权力，如确属需要，应尽快法律化，而不能使其游离于法律之外；如果对社会有害无益，则应尽快通过法律手段予以取缔。其二，行政权只能由法律规定的机关和组织行使。未经法律授权或者行政主体合法委托，其他任何组织、团体和个人都不得行使这一权力。其三，行政权的内容必须和法律的规定相一致，即行政权的内容必须合法。其四，行政权的行使必须符合法律规定的程序。

2. 行政权的执行性 行政权区别于立法权及司法权的最本质特征就是它的执行性，即行政权本质上是一种执行权，其执行的内容是国家法律和权力机关的意志，如我国《宪法》明确规定，国务院是最高国家权力机关的执行机关，地方各级人民政府是地方各级国家权力机关的执行机关。这表明了行政权对国家意志的服从性和执行性。此外，需要注意的是，随着委任立法的产生，行政机关所执行的内容，已不仅限于权力机关制定的法律，行政机关根据授权或依职权所制定的行政法规、行政规章等，也是行政权的执行内容。但从本质上来说，行政机关制定法规、规章的目的和内容正是执行法律。

3. 行政权的强制性 权力之区别于权利的显著特征就在于它是一种支配力量（其弱化则可能仅表现为影响力），它以国家强制力为后盾，行政权也不例外。行政权的强制性主要表现在以下两方面：其一，行政权的运用和行使一般不为相对人的意志和行为所左右，也即是说，不管相对人是否同意或协助，都不影响行政权的作用。其二，当行政权的运用遇到抵触时，行政主体可以使用法律规定的手段和方式排除对行政权行使的妨碍以保证行政权内容的实现。

4. 行政权的不可处分性 行政权的不可处分性是指行使行政权的主体在无法律规定情况下无权自由处分所享有的行政权。它包括三方面的内容：其一，行政主体不得自由转让行政职权，除非符合法定条件并经过法定程序确认。其二，行政主体不得自由放弃行政职权，否则视为失职，要承担相应的法律责任。其三，行政权可以表现为羁束行政行为，也可以表现为自由裁量行为，但即使是自由裁量行为，也要受到法律制约。行政权的不可处分性是由行政权的目的和性质所决定的。行政权行使的目的是为了满足国家利益或社会公共利益，而不是为了满足或实现行政主体自身的需求。因此，擅自处分行政权必然损害国家利益或社会公共利益。行政权具有职权和职责的双重法律属性，体现了职权与职责的统一。例如税务机关的征税，相对于纳税人来说，税务机关的征税是法律授予的一项职权，但相对于国家而言，征税又是税务机关对国家应尽的义务和职责，放弃职责即意味着失职。

第二节 行 政 法

一、行政法的概念

关于行政法概念的界定，国内外学者从不同角度、不同立场、以不同方式为行政法下过种种定义，这些定义方式及内容各具特色，从不同方面描述和揭示了行政法的内涵与特征，为我们进一步认识、把握行政法奠定了理论基础。从部门法角度，我们认为，行政法是规范与调整行政权以及因实施行政活动所产生的行政关系的法律规范与原则的总称，它是法律体系中一个独立的法律部门。

这一定义包含以下三个方面：第一，行政法规范和调整的重点和核心是行政权。第二，行政法调整的对象是因行政权的行使所引起的各种社会关系——行政关系，包括行政管理关系和监督行政关系。第三，行政法规范的内容包括行政权的设定与配置、行政权的行使运用以及对行政权的监督与救济等方面。

行政法的核心是对行政权的规范，因此行政法的基本内容包括：

1. 有关行政权力设定与配置的行政法——行政组织法 行政组织法是设立行政权力的法，主要包括行政机关组织法和公务员法两大类。前者如《国务院组织法》，后者如《公务员法》等。

2. 有关行政权力行使的行政法——行政行为法 即关于行政行为的行政法规范，这部分内容在整个行政法中为数最多，又可分为国家行政机关应遵守的行为规范和行政相对人应遵守的行为规范。前者是规范行政权力如何行使和运用的法律规范，主要包括行政机关的行政立法、行政执法和行政司法行为的标准、原则、程序以及对各类行政事务进行管理的法律规范。如《立法法》《行政处罚法》《治安管理处罚法》《行政复议法》等，以及大量的有关政治、经济、文化管理的部门行政法规范。后者主要包括行政相对人参与行政管理的权利、义务和方式以及进行经济、文化活动，遵守行政秩序的法律规范等，在动物卫生监督执法领域主要是《动物防疫法》等。

3. 对行政权力的监督与救济的行政法——行政监督救济法 这部分内容从广义上讲，应包括对行政机关行使行政权力的行为进行监督（简称对行政的监督）的法律规范和对行政相对人遵守行政秩序行为的监督规范两个方面。从狭义或主要意义上讲，则仅指对行政的监督规范，包括有关行政机关内部监督的法律规范，如《监察法》《审计法》；有关行政机关外部监督的法律规范和行政救济制度，如《行政诉讼法》《国家赔偿法》《监察法》等。

二、行政法的调整对象

不同部门法调整不同的社会关系，行政法的调整对象是指行政法所调整的社会关系种类。具体而言，行政法调整的社会关系是与行政权有关的社会关系即行政关系，包括行政管理关系和监督行政关系。

行政管理关系，是指行政主体在行使行政权过程中与相对一方当事人所发生的各种社会关系，它分为两大类：一类为内部行政关系，包括行政机关相互之间的关系和行政机关与公职人员之间的关系；另一类为外部行政关系，即行政机关与公民、法人及其他组织之间的关系。

监督行政关系是指行使监督权的国家机关和组织等监督主体在运用监督权对行政权的行使进行监督和制约过程中与被监督的行政机关之间所形成的各种社会关系。我国对行政权的监督主要包括立法监督、行政监督、监察监督和司法监督等几个方面，因而，由此形成的监督行政关系也主要包含：一是立法上的监督关系；二是行政机关的内部监督关系，包括审计监督、行政复议等形成的监督关系；三是监察监督关系；四是司法监督关系，其核心是因行政诉讼所产生的监督关系。

三、行政法的特点

与其他部门法相比，行政法具有以下显著特点：

（一）内容广，数量多

现代国家行政管理的范围极为广泛，在内容上不仅包括传统的国防、外交、公安、司法行政、民政、工商、税务、交通、科技、教育、文化、卫生和体育等领域，还扩展到社会福利、环境保护等社会生活的新领域。这就决定了行政法调整的对象极为广泛和复杂，并且技术性、专业性较强。新中国成立以来，特别是改革开放四十多年来，我国制定了众多的行政法规范。有学者统计，每年仅《国务院公报》登载的行政法规就达六七十件之多，至于地方性法规和行政规章的数量就更多了。即使对于动物防疫一项工作来说，在国家层面制定的相关的法律、行政法规、部门规章就有33件之多。因此，行政法无论从内容还是数量上看，都远远超过其他部门法。行政法的这一特点不仅由行政管理的性质和范围所决定，也与我国多层次的行政立法体制有密切关系。

（二）表现形式多样化，没有统一的行政法典

行政法不仅内容广、数量多，而且表现形式多种多样。法律、行政法规、地方性法规、自治条例、单行条例和行政规章等都是行政法的表现形式。而且其名目繁多、种类不一。这些众多的行政法具有不同的层次、不同的法律效力和不同的适用范围，并且它们常常散见于不同的法律文件之中。行政法的这一特点决定了它不可能像刑法、民法等部门法那样有一部相对统一的法典，如《民法典》《刑法》等。第二次世界大战前，曾有国家尝

试过制定统一的行政实体法典，但没有取得成效。战后，随着国家干预经济和社会行政事务范围的扩大，制定统一的行政实体法典更加困难。虽然无法制定统一的行政实体法典，但在程序方面制定统一的行政程序法典则是可行的。行政法的特殊性就在于，除了有相对于实体法的行政诉讼法典外，还应有一部与行政实体法相对应的行政程序法典。事实上，从 19 世纪末以来，很多国家已着手制定了行政程序法典。我国目前也正在加紧制定行政程序法典。

（三）实体性规范与程序性规范相互交织

实体性法律规范与程序性法律规范有很大的差别。在刑事法律和民事法律中，程序性法律规范和实体性法律规范早已分离，两者不仅分别规定在不同的法律文件中，而且各自成为独立的法律部门。但在行政法中，由于行政程序复杂多样，涉及对行政职权的设定、行使、监督和救济等过程的各个环节，与实体行政权的运行有密切联系，因此在多数国家行政程序性规范不仅体现在自成体系的行政程序法典中，而且还往往散见于以行政实体性规范为主的众多法律文件中。行政实体性规范与行政程序性规范相互交织，共存于一个法律文件中，是行政法在形式上的又一特点。如我国已制定实施的《行政处罚法》就是一部典型的集实体与程序于一身的基本法律。当然，行政法律规范集实体与程序于一身的特点，并不影响制定一部有关行政程序共同适用的基本原则和基本制度的行政程序法典，更不影响行政诉讼法典的独立存在。

（四）富于变动性

稳定性本来是一切法律所具有的特点。行政法同党和国家制定的各项政策相比，显然具有稳定性的特点，但与宪法以及民法、刑法相比，行政法又具有很强的变动性，这是行政法的一个重要特点。由于国家行政管理经常处于改革变动之中，这在客观上就要求行政法与行政管理的变动性相适应，从而及时用法律手段来调整变动中的行政关系。也就是说，行政法与民法、刑法相比，其立、改、废、再立的过程显得更快一些。如《动物防疫法》在 1997 年制定出台后，在 2007 年进行了较大程度的修改；2013 年、2015 年，又针对个别条款进行了调整，2018 年全国人民代表大会常务委员会又将该法修改纳入了《十三届全国人大常委会立法规划》的二类立法计划，再次启动了修改程序。当然这种变动性并不等于主观随意、朝令夕改，也不与法的相对稳定性有矛盾，它仅仅是与宪法以及民法、刑法相比所具有的特点。

四、行政法的重要地位与作用

（一）行政法的地位

在我国法律体系中，行政法是仅次于宪法的独立法律部门。

1. 行政法是仅次于宪法并且与宪法关系最为密切的基本法律部门 这反映了行政法和宪法的关系，行政法又有“动态的宪法”之称。宪法所规定的国家基本政治、经济、文化、社会制度和公民基本权利义务，无一不涉及行政权力的行使与监督问题。若无行政法作具体规定，宪法上的基本制度和权利就无法落实，宪法也难以实施。行政法是宪法的具体化，从这个意义上说，行政法不仅是一国法律体系的重要组成部分，而且是完善宪政制度，维护宪法尊严，保障宪法实施的基本法律部门。

2. 行政法是独立的法律部门 这反映了行政法与其他部门法的关系。行政法是一个独立的部门法，它不依附于其他部门法，同时也不包含其他部门法。行政法作为独立部门法的地位，取决于它所调整的对象的独立性，即它所调整的行政关系为其他法律所不能调整。民法的调整对象是民事关系，它是一种平等的关系，因此被称为“横向关系”；行政法的调整对象是行政关系，它是一种以命令、服从为特征的国家行政管理关系，因此被称为“纵向关系”。违反民法属民事违法，违反行政法属行政违法，一般仍由原部门法调整。但如果民事违法和行政违法上升为刑事违法（犯罪），便成了刑法的调整对象。可见，民法、行政法和刑法是三大相互独立，互不包含、交叉，又相互衔接的法律部门。行政法作为一个独立的法律部门，其地位是毋庸置疑的。

（二）行政法的作用

1. 维护行政管理秩序和公共利益，提高行政效率 行政法是规范行政权力的法。首先它是通过规范行政权的来源、行使等方式达到维护行政管理秩序、保障社会公共利益的目的。现代社会随着经济、文化事业的不断发展，出现了越来越多的社会问题，诸如环境污染、人口膨胀、社会治安、工商秩序、产品质量、资源保护等已经成为制约经济发展、破坏管理秩序和公共利益的严重社会问题，亟待政府解决。行政机关通过行政法上的各种手段，如行政立法、行政执法以及行政司法等，能够有效地规范、约束行政相对人的行为，促使其积极履行行政法义务，制止危害他人利益和公共利益的违法行为，建立和维护行政管理秩序，确保行政机关充分、有效地实施行政管理，维护社会和公共利益。

行政效率就是国家在行政管理过程中，投入的人力、物力、财力和取得的效果之比。行政法确认行政管理科学的原则和制度，规范行政组织的设置、职责及其与其他国家机关的关系；设立科学、民主的行政程序，规定时效制度、代理制度等，对提高行政效率起着十分重要的作用。

2. 维护和监督行政主体有效行使职权，防止违法和滥用行政权力 行政主体行使行政职权是国家实现政治、经济、文化等建设任务的最重要的途径和手段。因此，维护和保障行政主体有效行使行政职权，是实现国家职能、确保国家各项建设事业得以顺利进行的重要前提。现代行政管理是一种法治的管理，行政法是行政主体行使行政职权的主要依据。

行政法赋予行政主体以行政权，旨在维护社会秩序和公共利益。然而，由于行政权力客观上存在易腐性、扩张性以及对个人权利的侵犯性，因此，必须对行政权力加以监督和制约。行政法通过规定行使行政权力的范围、程序以及法律责任等方式，可以有效地实现监督行政主体、防止违法滥用行政权力的目的。

3. 保障公民、法人和其他组织的合法权益 行政法规定和落实人民对国家和行政事务的参与权与监督权，通过对检举、揭发、控告、申诉等制度的规定，为人民监督国家的管理提供了多种途径、手段和法律程序。行政法一方面为公民、法人和其他组织实现宪法赋予的各种政治、经济、文化权利提供法律保障；另一方面通过建立一系列的制度来监督行政主体行使行政权的行为，防止行政主体违法行政，从而达到保护公民、法人和其他组织的合法权益的最终目的。这些行政制度包括听证制度、暂缓执行制度、行政复议制度、行政诉讼制度、国家赔偿制度等。

第三节 行政法律关系

一、行政法律关系的概念

行政法以行政关系为调整对象，行政关系一经行政法律规范的调整，便在当事人之间形成法律上的权利义务关系，这就是行政法律关系。因此，行政法律关系是指行政法规范在对行政关系加以调整后所形成的一种行政法上的权利义务关系，行政法律关系是行政关系被行政法规范调整与规范的结果。

行政法律关系能否存在，取决于行政关系和行政法律规范的存在。没有行政关系的存在，则行政法律关系失去了发生的基础；只有行政关系，而未经行政法律规范的调整，也只是一般的社会关系，还不能“升华”为行政法律关系。所以，行政关系是行政法律关系产生的基础，而行政法律关系是行政法律规范调整行政关系的结果。事实上，不是所有的行政关系都必须经由法律调整，所以行政法律关系只涉及行政关系的主要部分。

行政法律关系具有以下几个重要特征：

第一，主体方面，行政法律关系当事人必有一方是行政主体，即行政机关或得到国家法律法规或规章授权的其他组织，否则就不属于行政法律关系。

第二，内容方面，行政法律关系的内容都与行政权力直接相关，国家行政权是行政法律关系的核心。行政法律关系其实就是国家实施行政权所引起的关系，与行政权没有联系的社会关系不是行政法律关系。

第三，成立方面，行政法律关系的产生、变更和消灭，大多取决于行政主体的单方行为，无须以双方协商一致为前提条件。为保证行政法律关系的实现，行政主体可以依法对相对人采取直接的行政强制措施。

第四，权责复合方面，行政法律关系当事人的权利义务划分不是绝对的。特别就行政主体而言，这种权利和义务的复合性更为突出。行政主体行使法律赋予的每一项职权，既是它的权力，也是它的义务，职权与职责不可分，是一个问题的两个方面。如兽医主管部门主管动物防疫工作，是《动物防疫法》赋予兽医主管部门的职权与职责，不能放弃，也不能转让。

二、行政法律关系的构成要素

行政法律关系由三个要素构成，即主体、客体和内容。

1. 行政法律关系的主体 行政法律关系的主体，亦称行政法主体，是指在行政法律关系中依法享有权利、承担义务的当事人。

任何行政法律关系的主体均应由两方当事人构成：一方是依法代表国家实施行政管理的人，在行政法理论中称为“行政主体”；另一方是依法接受行政管理的人，在行政法理论中称为“行政相对人”。国家行政管理具体表现为行政主体对行政相对人的管理。

（1）行政主体 首先是指实施行政管理的行政机关，如各级人民政府兽医主管部门；其次是指依法律、法规授权而实施行政管理的非行政机关或组织，如各级动物卫生监督机构。

（2）行政相对人　首先是指个人，包括中国公民、在我国境内的外国人和无国籍人；其次是指组织，包括行政机关、企业事业单位、社会团体和其他组织，以及在我国境内的外国组织。

应当注意的是，行政主体与行政法律关系的主体是两个不同的概念。行政主体是指依法享有国家权力，能以自己的名义实施行政活动并能独立承担法律责任的行政机关和法律法规或规章授权的组织。而行政法律关系的主体则是指参加行政法律关系的各方当事人，它既包括行政主体，也包括行政相对人。

2. 行政法律关系的客体　行政法律关系的客体是指行政法律关系的内容即权利和义务所指向的对象，包括物、智力成果和行为。

（1）物　指能够为行政法律关系的主体在法律上和事实上予以控制和支配的物质财富，包括财物和货币。

（2）智力成果　亦称精神财富，是指行政法律关系的主体从事智力活动所取得的成果，如专利权、商标权、著作权等。

（3）行为　指行政法律关系主体的行为，可以区分为作为和不作为。它既包括行政主体的行政行为，也包括行政相对人的一般行为。

3. 行政法律关系的内容　行政法律关系的内容是指行政法律关系的主体所享受的权利和承担的义务的总和。

三、行政法律关系的产生、变更或消灭

行政法律关系的产生、变更或消灭概以相应行政法律规范的存在为前提条件，以一定的法律事实的出现为直接原因。相应的法律规范的存在为行政法律关系的发生、变更或消灭提供了可能，而一定的法律事实的出现则使行政法律关系的发生、变更或消灭成为客观事实。

（一）行政法律事实的概念与分类

所谓行政法律事实，就是指由行政法律规范所规定的能够引起行政法律关系发生、变更或消灭的客观现象或事实。这一概念包含三层含义：其一，行政法律事实是客观存在的现象或事实；其二，这种客观存在的现象或事实能够引起行政法律关系发生、变更或消灭的法律后果；其三，行政法律事实必须是行政法律规范所规定的。例如动物卫生监督机构根据《动物防疫法》的规定，对违反该法规定的行为人作出罚款的行政处罚的具体行政行为。动物卫生监督机构的这一行为就是一种法律事实，它使被处罚人和动物卫生监督机构之间发生了动物防疫行政法律关系。

行政法律事实可分为法律事件和法律行为两大类：

1. 法律事件　指与当事人意志无关的法律事实，主要有：①自然人的出生或死亡。如自然人的出生导致户口登记，自然人的死亡导致户口注销等行政法律关系。②自然灾害和意外事故。如自然灾害可导致税收减免、社会救济等行政法律关系。③时间的流逝和物的灭失。

2. 法律行为　指当事人有意识、有目的的活动。它可以是合法行为，也可以是非法行为。导致行政法律关系发生的行为主要是行政主体的行为，如行政主体吊销行政相对人

营业执照的行为，行政主体没收、征收财物的行为；也可以是行政相对方的行为，如动物、动物产品货主申报检疫的行为。

（二）行政法律关系的发生、变更或消灭

1. 行政法律关系的发生 是指行政法律关系当事人之间形成行政法上的权利义务关系。在已有行政法律规范的前提下，行政法律关系的发生取决于两个直接的原因：一是法律事件的发生，如动物疫病发生后，饲养动物的单位和个人就产生了依法应当向有关部门报告的义务；二是一定的法律行为的实施，如公民、法人由于违反动物防疫法律规范，兽医主管部门、动物卫生监督机构与他便依法构成了动物防疫处罚关系。

2. 行政法律关系的变更 指行政法律关系要素的变更，包括主体的变更、客体的变更和内容的变更。如作为一方当事人的行政机关被合并到另一行政机关，便属于主体的变更；在动物防疫法律关系中，强制免疫病种、区域的变更引起的免疫接种义务的变更，便属于内容的变更。

3. 行政法律关系的消灭 指已经形成的行政法律关系终止或不复存在。行政法律关系的消灭主要有两种情形：①一方或双方当事人消灭，从而使原行政法律关系消灭。如某国家公务员死亡，则他与国家之间的行政职务关系自然消灭。②行政法律关系中权利、义务全部消灭。这种情形又分为两种情况：一是原行政法律关系的内容消灭，如被处以罚款的被处罚人按规定缴纳了罚款，原行政处罚的行政法律关系就消灭了；二是原行政法律关系的内容被新行政法律关系的内容所代替，导致原行政法律关系消灭，新行政法律关系发生。

四、行政法律关系的特点

作为法律关系的一种，行政法律关系具有其他法律关系所共有的一般性特征，这里所阐述的是特指行政法律关系所独有的并使之区别于其他法律关系特别是民事法律关系的一些典型特征。行政法律关系的特征主要表现在：

1. 行政法律关系主体中必有一方是行政主体 即必有一方是行使行政管理权的行政机关或法律、法规、规章授权的组织，否则不会构成行政法律关系。

2. 行政法律关系内容具有法定性 在民事法律关系中，当事人不仅可以相互约定权利义务，而且一方当事人可以自由选择另一方当事人。而在行政法律关系中，双方当事人的权利和义务一般都由法律预先确定，而不是由当事人相互约定，也不能自由选择权利义务，双方当事人只能根据法律的规定享有权利并承担义务。例如，在动物防疫法律关系中，动物、动物产品生产经营者所承担的免疫、消毒、疫病检测、疫病报告、无害化处理等义务由动物防疫相关立法规定，生产经营者不能自由选择所承担的义务内容，也不能与兽医主管部门协商，双方只能依法办事。当然，在行政合同中的双方当事人对合同内容是有一定的协商、选择权的，这是一种例外。

3. 行政法律关系当事人地位具有不对等性 从行政法律关系当事人所处的地位看，行政主体始终处于主导地位，享有很大的优越权，具体体现为：①行政法律关系的产生、变更或消灭，大多取决于行政主体单方面的意思表示，无须以与相对人的协商一致为前提；②为保证行政法律关系内容的实现，行政主体拥有诸多强制权力和手段；③在发生行政争议纠纷的情况下，行政主体享有处理行政争议的权力，即行政法允许行政主体在一定条件下自己成为自己案件的审判官。

4. 行政法律关系当事人权利义务具有复合性 在民事法律关系中，当事人权利与义务的界线是相当分明的，权利就是权利，义务就是义务。但对行政法律关系来说，当事人权利与义务的划分并不是绝对的。例如，从行政相对人来讲，受教育和劳动，既是公民的权利，也是公民的义务。从行政主体来讲，权利与义务的这种复合性更为明显突出。行政主体行使法律赋予每一项职权，既是其权力，也是其义务，职权与职责不可分，是一个问题的两个方面。例如，开展动物防疫管理既是兽医主管部门的职权，也是其职责；开展动物疫病监测既是动物疫病预防控制机构的权力，也是其义务。行政法律关系当事人权利与义务的复合性或相对性，意味着当事人在行政法上的权利与义务不能放弃、不能转让，对行政主体来说尤其如此。如兽医主管部门放弃动物防疫管理权时，就意味着失职、渎职，将被追究法律责任。

第四节 行政法的渊源

行政法渊源是指行政法律规范的产生与存在形式，即行政法律规范的各种载体。从行政法律规范的外在表现形式而言，一般可以将行政法的渊源分为成文法渊源和不成文法渊源。一个国家的行政法渊源究竟应该包括哪些形式，取决于该国的历史传统、法治观念与理论以及经济与政治制度等诸多因素。我国行政法的渊源是指各种成文法，国外行政法渊源通常还包括判例、行政惯例和行政法理。

一、成文法渊源

（一）宪法

宪法是中国的根本法，具有最高的法律地位与法律效力，是各项立法的依据，行政法自然也不例外，所以它是中国行政法的根本渊源。宪法对行政法地位的确认主要有两个方面：一是进行一般原则性的规定。例如，《宪法》第 5 条关于遵守宪法和法律、不得超越宪法和法律的规定。二是对行政活动所进行的规定，直接成为行政主体实施行政行为、进行行政活动的具体依据。例如，《宪法》第 89 条对作为最高国家行政机关的国务院行使的职权所作出的规定。尽管目前我国的司法审判并无法直接适用宪法，却仍然承认宪法具有指导实践的效力，这一点是不被怀疑的。

（二）法律

法律包括基本法律和基本法律之外的其他法律，前者指的是由全国人民代表大会制定的法律，后者指的是由全国人民代表大会常务委员会制定的（除基本法律之外的）其他法律。行政法律规范，指的是法律文件中规范行政活动、调整行政关系的法律规范，例如《国务院组织法》《治安管理处罚法》和《行政许可法》等。一项法律文件之中可能既包含行政法律规范，也包含其他部门法的法律规范，例如《动物防疫法》《土地管理法》《森林法》《大气污染防治法》等。

（三）行政法规

行政法规是国务院制定的规范性文件的总称，是行政立法的一部分内容。其名称多为条例、规定、办法以及实施细则。行政法规的具体制定与发布形式表现为：一是由国务院制定并发布的，例如《重大动物疫情应急条例》《兽药管理条例》；二是国务院批准并由各部委发布，例如《传染病防治法实施办法》；三是国务院批准并由国务院办公厅发布，例如《行政法规制定程序条例》等。国家干预主义的兴起，使国家迈向了“行政国家”，鉴于行政法规制定的周期较短，所以行政法规在数量上已经远远超过法律，成为规范行政活动的主要形式。

（四）地方性法规和自治条例与单行条例

地方性法规的制定主体有两种：一是省、自治区、直辖市的人民代表大会及其常务委员会；二是设区的市的人民代表大会及其常务委员会。这两种主体可以根据本行政区域的具体情况和实际需要，在不与宪法、法律和行政法规相抵触的前提之下制定规范性文件。

自治条例与单行条例是指民族自治地方的人民代表大会，依照法定权限并结合当地民族的政治、经济、文化特点而制定的规范性法律文件。

自治条例与单行条例不同于地方性法规，相异之处在于：一是遵守底线不同。地方性法规必须“不同宪法、法律、行政法规相抵触”；而自治条例与单行条例则可以依照当地民族的特点，对于法律和行政法规的规定作出某些适当的变通。二是制定主体不同。地方性法规由省、自治区、直辖市以及设区的市的人民代表大会及其常务委员会制定；而自治条例与单行条例则由自治区、自治州和自治县的人民代表大会制定。三是批准、备案的规定不同。省、自治区、直辖市的人民代表大会及其常务委员会制定的地方性法规，报全国人民代表大会常务委员会和国务院备案；设区的市的人民代表大会及其常务委员会制定的地方性法规，须报省、自治区的人民代表大会常务委员会批准后施行，并由省、自治区的人民代表大会常务委员会报全国人民代表大会常务委员会和国务院备案；自治区的自治条例和单行条例须报全国人民代表大会常务委员会批准后生效，自治州、自治县的自治条例和单行条例须报省、自治区、直辖市的人民代表大会常务委员会批准后生效，并报全国人民代表大会常务委员会备案。

在这三者之中，绝大多数都属于行政法律规范，内容上也涉及行政权的配置或者规范以及公民的权利和义务，所以是行政法的渊源。由于制定的主体具有地方性和区域性，后两者即自治条例与单行条例自然也只在制定主体的施政区域之内发挥效力。

（五）规章

规章分为两种：一是部门规章，二是地方政府规章。《法规规章备案规定》第 2 条第 2 款规定：“部门规章指的是国务院各部门根据法律和国务院的行政法规、决定、命令在本部门的权限内按照规定的程序所制定的规定、办法、实施细则、规则等规范性文件的总称。”部门规章的制定与发布形式有：①某部门在其权限之内单独制定并发布某项规章。如《动物检疫管理办法》《动物防疫条件审查办法》《执业兽医管理办法》《动物诊疗机构管理办法》等。②两个或者两个以上部门在其职权范围之内，联合制定并发布某项规章。例如，2007 年农业部、海关总署共同发布的《兽药进口管理办法》。

地方政府规章指的是由省、自治区、直辖市以及设区的市和自治州的人民政府根据法律和行政法规，按照规定程序所制定的普遍适用于本地区行政管理工作的规定、办法、实施细则、规则等规范性文件的总称。从内容上看，绝大多数地方政府规章调整的都是行政关系，包含的也主要是行政法律规范，多以一定层次的公共利益和个人利益为规范对象或者调控领域，所以地方政府规章属于行政法的渊源。

（六）法律解释

就我国现行体制而言，法律的漏洞是通过法律解释来弥补的。法律解释的目的只有一个，那就是明确条文含义，使条文便于被理解、被实施。法律解释包括立法解释、行政解释和司法解释。

立法解释，是指全国人民代表大会常务委员会对于法律、法令的条文本身将其含义予以明确所作的解释，以及地方权力机关对其制定的地方性法规条文进一步明确其含义所作的解释。前者可以称之为中央立法解释，后者可以称之为地方立法解释。

行政解释，是指国务院及主管部门对于不属于审判和检察工作的其他法律、法令以及行政法规、部门规章如何具体应用所作出的解释，以及有权地方政府对于地方政府规章条文如何具体应用问题所作的解释。前者可称之为中央行政解释，后者可以称之为地方行政解释。

司法解释，是指最高人民法院在审判工作之中对于具体应用法律、法令等问题所作出的解释，以及最高人民检察院在检察工作之中对具体应用法律、法令等问题所作出的解释。

（七）条约与协定

中国政府所缔结或者加入的国际条约（或协定），其中涉及行政管理的规定，属于行政法的渊源。当然，声明保留的条款除外。一般而言，条约与协定并不相同，条约签署之后需要立法机关予以通过，而协定是由最高行政机关签订的，不需要立法机关的通过。

二、非成文法渊源

（一）判例

判例在我国目前还不是法的渊源。但是在实践之中，无论成文法制定得多么缜密，总存在法律漏洞。而且，成文法条文本身具有模糊性和不确定性，所以需要司法判例等来弥补。当前《最高人民法院公报》公布的指导性案例，具有重要的审判指导意义，可以为法院以后判决同类案件提供参考和指导。

（二）法律原则

行政法相对于其他部门法而言，其法律原则更具有重要性。有学者主张将行政合法性原则、行政合理性原则及其具体子原则作为行政法律规范出现法律漏洞时的渊源。

（三）行政惯例

行政惯例产生于长期的、同样的做法，并已为当事人所确信和官方所认可，在内容上也已经具有确定性。例如，行政相对人在向行政主体提出申请时，行政主体如果在规定的期限之内不予答复，除非有法律规范的明确规定，一般都将这种不作为推定为对相对人申请的拒绝。如果行政惯例被后来的法律规范所吸纳或者给予了明确的规定，则其内容便转化为法律规范，成为正式的行政法渊源。

一些学者认为在行政法的非成文法渊源之中，还应当包括学理学说，尤其是主流学理学说或者权威性观点。国外的司法裁判之所以有大量引用学理学说的情形，主要是法官为论证裁判的正确合理性，从而增强司法裁判的说服力。换言之，学理学说作为司法判决或者行政决定的说理性或者说服性理由，并非支撑判决或者决定的核心依据和理由。

DI-ER ZHANG

第二章 02

行政法基本原则

作为法律体系中独立的法律部门，行政法有其自己的理论基础与基本原则。行政法的基本原则是行政法的重要内容与组成部分，也是行政法研究领域的基本理论问题之一。在行政法这一部门法中，行政法的基本原则有着极其重要的、不可替代的作用，是指导行政法的制定、执行以及解决行政争议的基础性准则，贯穿于行政立法、行政执法、行政司法和行政法制监督的各个环节之中。本章主要介绍行政法基本原则的相关理论与内容，主要包括：行政法基本原则的概念、特征、功能作用，以及行政合法性原则、行政合理性与比例原则、信赖保护原则、程序正当原则、行政公开原则和行政效益原则等行政法基本原则的具体内容。

第一节　行政法基本原则概述

一、行政法基本原则的界定

（一）行政法基本原则的概念

行政法基本原则既是行政法的重要内容，也是行政法理论研究的基本问题之一，是中外行政法理论与实务者所关注的重要课题。由于各国行政法产生、发展的社会政治、经济及法律文化等背景不同，学者们对行政法基本原则的概括与理解也存在一定差异。

“原则”一词来源于拉丁语 principium，意为“……的开始、起源或基础”。法律原则作为法的基本要素之一，是指在一定法律体系中作为法律规则的指导思想、基础或本源的综合的、稳定的法律原理和准则。与法律规则相比，法律原则的内容具有较大的包容性，因而其适用范围远宽于法律规则。法律原则对法的创制和法律的实施都具有非常重要的作用。按照对人的行为及其条件之覆盖面的宽窄和适用范围的大小，法律原则可以分为基本原则和具体原则。

行政法基本原则是指导和规范行政法的立法、执法以及指导、规范行政行为的实施和行政争议的处理的基础性规范。它贯穿于行政法具体规范之中，同时又高于行政法具体规范，体现行政法的本质和行政法基本价值观念，是行政法的灵魂所在。

行政法基本原则不同于行政法的具体规则、原则，行政法的具体规则、原则是由成文法的具体条文加以确立和宣示的。行政法基本原则则通常首先以一种观念、一种法理思想，形成和存在于立法者和国民的法律意识中，然后通过学者、法官加以概括、归纳，在其学术著作或法律文书中予以表述和阐释。

（二）行政法基本原则的特征

行政法基本原则的特征可归纳为以下几个方面：

1. 普遍性　又称为贯穿性，是指行政法基本原则必须能够贯穿于行政立法、行政执法以及行政法制监督等环节和行政法律关系的各个方面，适用于行政活动的所有领域，而不是仅适用于某一或几个行政活动领域。凡涉及行政权力的行使或运用，均应受行政法基本原则的规范和制约。

2. 法律性　又称为规范性，是指行政法基本原则是一种法律规范，对国家、国家机关及其工作人员具有法律约束力。行政机关所有的行政行为，都应当遵守行政法的基本原则。具体而言，在行政立法中，行政法律规范的制定应当体现行政法的基本原则，使行政法基本原则具体化。在进行具体的行政执法活动时，法律对有关问题有明确规定的，应当适用该规定；法律对有关问题未作明确规定或者没有规定的，应当适用行政法的基本原则。违反基本原则的行为构成违法行为，应当撤销，并追究有关直接责任人员的法律责任。

3. 特殊性 行政法是专门规范行政权的法，其基本原则是人们对行政法的抽象和概括，所以行政法基本原则应当反映行政法的基本矛盾和本质，区别于民法、刑法、诉讼法等其他部门法的基本原则。行政法基本原则必须体现法的特性，不能是政治原则、行政管理的原则，例如人民民主专政的原则、生产资料的公有制原则等，都不能反映行政法的基本矛盾和本质，不是行政法的基本原则。另外，对行政法基本原则的特殊性不能作机械的理解，行政法基本原则与其他部门法的基本原则可能具有相通之处，例如信赖保护原则与民法的诚实信用原则相通，比例原则与刑法的罪刑相适应原则相通。但实际上，在不同的领域，这些原则的含义和适用是不同的，行政法基本原则的特殊性表现在行政法领域中具体的解释和内容方面。

二、行政法基本原则的功能

作为一种“基础性、价值性、普遍性规范”，行政法基本原则产生其他原则和具体法律规则或者规范的依据与基础。行政法基本原则的功能大致表现在以下几个方面。

1. 有助于行政法制的统一、协调和稳定 行政管理的广泛性、多样性和复杂性，决定了行政法律规范的广泛性、多样性和复杂性。同样，由于很多行政管理事项本身所具有的多变性甚至突发性特点，使得行政法律规范相较于其他部门法又更易于变动。这就给人们在对行政法规范的理解、把握和适用上坚持统一性带来一定困难。然而另一方面，这些广泛、多样和复杂的行政法律规范所体现的基本精神是统一的，相对多变的行政法律规范所体现的基本原则也是相对稳定的。法律体系的统一性不仅需要形式上的保障，还需要内容上的保障。在形式上，法律体系的统一性要求上位阶的法律规范的效力始终高于下位阶的法律规范的效力；在内容上，所有法律规范都必须以共同的价值为基础，即每一法律规范都不能与法律原则发生冲突。因此，确定而又相对不易变化的行政法基本原则有助于保持行政法规范的统一、协调和稳定。

2. 弥补行政法规范的空白或漏洞 “在没有现成规则可以适用的情况下，只要有概念和原则，照样可以作出适当的决定，这是现代法的一项重要技术。”行政法调整的领域非常广泛，涉及国家生活和社会生活的方方面面，要求立法机关制定没有任何空白或漏洞的法律是几乎不可能的。而现代科学技术的发展和全球一体化的趋势，使社会变革的步伐加快，部分行政法律规范落后于时代也是不可避免的。我国处于新旧体制的转型和社会快速发展变革时期，行政法律规范不适合或者没有相应的行政法律规范调整新型行政关系的情况就会更加突出。在这些情况下，内容及适用范围更加宽泛的行政法基本原则就可以起到弥补行政法律规范的空白或者漏洞的作用。一方面，在没有相应法律规范明确规定时，可以通过适用相关行政法基本原则直接解决特定问题；另一方面，在已有法律规定比较抽象或者宽泛而在具体适用上存在分歧时，可以依据行政法基本原则对其内容进行确定性解释。

3. 有助于对行政法律规范的准确理解和适用 法律规范的不明确性来源于立法者所使用的语言的局限性以及社会现象的无限性。对于行政法律规范来说，不明确性和不确定性有时可能表现得更为凸显。此时，法律适用者就可以依据行政法基本原则来解释某个法律规范的含义，以消除法律规范自身的不明确性，或者指导适用相冲突的行政法律规范以消除其不确定性。行政法基本原则贯穿并指导、统率着所有的行政法律规范，学习、理解和把握行政法的基本原则，有助于帮助社会公众更好地认识、理解行政法的实质和行政法律规范，有助于在行政执法和司法活动中准确地理解和适用行政法律规范。

第二节 行政法基本原则的内容

一、行政合法性原则

作为行政法基本原则之一的行政合法性原则，是法治原则在行政法上的体现，也是行政法治的核心内容。该原则也称为依法行政原则、行政法定原则，是指行政权的存在、行使必须依据法律、符合法律，不得与法律相抵触。行政合法性原则要求行政主体实施行政管理活动必须严格遵循行政法律规范的要求，不得享有行政法律规范以外的特权，超越法定权限的行为无效，行政主体应对其违法行为承担相应的法律责任。行政合法性原则的具体内容包括：

（一）职权法定

这一子原则要求任何行政权力的存在、行使，都必须有来自法律的明确授权。"无法律，无行政"，在现代法治国家，行政权力与公民权利有着完全不同的行使规则：对于公民权利而言，"法不禁止即自由"；但对于行政权力来说，"法无授权即禁止"。换言之，只有当法律对某种行为明确加以禁止时，公民才不得为之；对于法律未作规定的事项，公民就可以自由地为之。但行政机关则不同，只有当法律对其进行明确授权时才能实施相应的行为，否则，若缺乏法律授权，行政机关就不得为之。

职权法定从源头上即行政权的来源上确保行政活动的合法性，核心要求就是一切行政机关都不能自我设权，从而在根本上杜绝行政权的膨胀。正是从这个意义来说，职权法定是行政合法性原则的第一性要求，它是行政源于法律的真实写照。职权法定通常是在两个层面上使用的：一是职权来源于行政组织法的授予，如地方政府的规章制定权即来自《地方各级人民代表大会和地方各级人民政府组织法》的授予；二是由单行的法律授予行政机关或公务组织某方面的职权，如兽医主管部门对动物防疫的管理权即来自《动物防疫法》等单行法律的授予。

（二）法律保留

法律保留是指当宪法或法律将某些事项保留给立法机关时，行政机关非经特别授权不得对此制定任何规范性文件。法律保留原则中的"法律"一词是狭义的，指立法机关制定的法律。由于现代行政的发展，使得立法机关不可能对所有的行政活动都作出明确的授权和规定，行政管理就会出现无法可循、无据可依的问题。所以，除了涉及基本政治经济制度，特别是涉及公民基本权利的，必须由立法机关制定法律予以调整以外，许多国家立法机关一般都通过法律授予行政机关制定必要规则、调整相应管理和服务活动的权力。换言之，并非所有的行政行为、行政活动的所有实体内容和程序环节都必须有立法机关制定的法律规范为依据。法律保留的目的主要在于约束行政主体创制行政法律规范的活动，防止行政立法权的自我膨胀。

法律保留原则在我国《立法法》上有明确体现。如《立法法》第 8 条规定："下列事项只能制定法律：（一）国家主权的事项；（二）各级人民代表大会、人民政府、人民法院和人民检察院的产生、组织和职权；（三）民族区域自治制度、特别行政区制度、基层群众自治制度；（四）犯罪和刑罚；（五）对公民政治权利的剥夺、限制人身自由的强制措施和处罚；（六）税种的设立、税率的确定和税收征收管理等税收基本制度；（七）对非国有财产的征收、征用；（八）民事基本制度；（九）基本经济制度以及财政、海关、金融和外贸的基本制度；（十）诉讼和仲裁制度；（十一）必须由全国人民代表大会及其常务委员会制定法律的其他事项。"第 9 条又规定："本法第八条规定的事项尚未制定法律的，全国人民代表大会及其常务委员会有权作出决定，授权国务院可以根据实际需要，对其中的部分事项先制定行政法规，但是有关犯罪和刑罚、对公民政治权利的剥夺和限制人身自由的强制措施和处罚、司法制度等事项除外。"

通常认为，《立法法》第 8 条、第 9 条确立的是法律绝对保留和法律相对保留，有关犯罪和刑罚、对公民政治权利的剥夺和限制人身自由的强制措施和处罚、司法制度等事项，属于法律绝对保留的范围，其他任何规范都不得规定之；而除此以外属于第 8 条所列事项的，则在法律相对保留的范围之内，在法律未作规定的情况下，可授权国务院的行政法规予以规范。

（三）法律优先

法律优先又称为法律优位，是指在已有法律规定的情况下，行政法规、地方性法规及规章等规范性文件不得与法律相抵触，凡有抵触则以法律为准；在法律尚未规定而其他规范性文件率先作出规定时，一旦法律就同一事项作出规定，则法律具有优先地位，其他规范性文件必须服从之。具体而言，该原则有以下含义：①法律优先于行政。具有法律上约束力的规范，并不完全出自立法机关之手，有相当一部分源自行政机关。法律优先于行政就意味着行政机关制定的规范在效力上低于立法机关制定的规范。在我国，这就意味着全国人民代表大会及其常务委员会制定的法律高于行政法规、规章及其他行政规范性文件。②行政不得违法。换言之，行政机关无论是制定行政法规、规章或其他行政规范性文件还是作出具体行政行为，都不得与现行法律相抵触，否则，就会有不利的法律后果。

法律优先的目的在于解决不同行政法律规范之间的效力等级问题，防止行政机关置立法机关的法律于不顾，单纯依照其内部系统出台的规范行使行政权力。法律优先体现了行政立法应在法律之下的精神。法律优先原则和法律保留原则不同。前者是消极地禁止行政机关违反现行法律；后者是积极地要求行政活动必须有法律依据。在此意义上，法律保留原则的要求比法律优先原则更加严格。

（四）越权无效

越权无效是指凡是逾越行政职权边界的行为都应当作无效处理。如果说职权法定、法律保留、法律优先主要是一种对行政权行使所作的法律上的要求的话，那么越权无效无疑应当是一种直接的责任承担上的硬性规定。很显然，当行政权的行使尤其是越权行使之后的追责机制缺失时，行政权行使的前三方面要求都极其容易落空。换言之，离开了对越权行政的评判与审查，单方面地希冀行政机关自觉恪守职权法定、法律保留和法律优先原则是不太现实的。因此，越权无效是行政法定原则内在的重要保障。

二、行政合理性原则与比例原则

（一）行政合理性原则

行政合理性原则是与行政合法性原则相并列的另一项行政法基本原则，是对行政合法性原则的必要补充。该原则是指行政主体不仅应当按照行政法律规范规定的条件、种类、范围幅度作出行政决定，而且要求这种决定应符合法律的精神和意图，符合公平正义等理性。即行政主体的行政行为不仅要合法，而且同时要合理。违反合法性原则导致行政违法，违反合理性原则导致行政不当。

作为一项普遍适用的行政法基本原则，行政合理性原则的具体要求一般包括以下几个方面：

1. 行政行为的动因应符合法律目的 任何法律的制定都是基于一定的社会需要，为达到某种社会目的。而法律授予行政机关某种权力或规定某种行政行为的具体内容，都是为了实现该项立法目的。因此，无论有没有成文的法律规定，行政机关运用权力时必须符合法律目的。法律赋予行政机关自由裁量权正是为了实现立法目的。凡是有悖于法律目的的行为都是不合理的行为。

2. 行政行为应建立在正当考虑的基础上，要有正当的动机 所谓正当考虑、正当动机，是指行政机关作出某一行政行为，在其最初的出发点和动机诱因上，不得违背社会公平观念或法律精神，必须客观、实事求是，而不是主观臆断、脱离实际，或存在法律动机以外的目的追求。行政机关不能以执行法律的名义，将其偏见、歧视、恶意等强加于公民或社会组织。行政机关在实施行政行为时必须出于公心，不抱成见、偏见，平等地对待行政相对方。例如，在动物卫生监督管理执法时，应平等地对待所有行政相对人，让所有相对人的诉求都得到平等的表达和考虑。对相同或相似的违法案件适用相同或相似的处理，严格以违法事实为依据，以动物防疫法律法规为准绳，力求在处理结果上达到公正合理，不因行政相对人的态度或执法人员个人的憎恶喜好而加重或减轻处罚。

3. 行政行为的内容应当合乎情理 所谓合乎情理是指行政行为应符合常规或一般规律。如《畜牧法》第 61 条规定："销售、推广未经审定或者鉴定的畜禽品种的，由县级以上人民政府畜牧兽医行政主管部门责令停止违法行为，没收畜禽和违法所得；违法所得在五万元以上的，并处违法所得一倍以上三倍以下罚款；没有违法所得或者违法所得不足五万元的，并处五千元以上五万元以下罚款。"如果在具体处理案件时，重者轻处，轻者重处，显然违反常规和处罚要求，不符合行政合理性原则的要求。

（二）比例原则

行政法上的比例原则起源于大陆法系的德国，作为一项法律原则，最早是由德国联邦宪法法院通过判决提出来的。作为行政法上的一项重要基本原则，比例原则的基本含义是指行政机关实施行政行为时应兼顾行政目标的实现和保护行政相对人的合法权益，如果为实现行政目标可能对相对人权益造成某种不利影响，应使这种不利影响限制在尽可能小的范围和限度内，使二者处于适度的比例。比例原则的内容主要有三项要求，即三项子原则：

1. 适当性原则 又称为妥当性原则，是指行政主体所采取的措施（包括普遍的和个案的）必须能够实现行政目的或至少有助于行政目的的达成，并且是正确的手段。也就是说，在目的与手段的关系上，必须是适当的。这个原则是对行政行为的“目的导向”的要求。如果行政机关选择与法定目的无关的行为方式或其选择的方式不能促使行政目的的实现，则违反了适当性要求。

2. 必要性原则 又称为最少（小）侵害原则、最温和方式原则，是指在已符合适当性原则要求基础上，行政机关在依法有多种方式达到同一行政目标时，在不违背或减弱所追求法律目标效果之前提下，应尽可能选择对行政相对人损害最小（少）的方法方式。即所采用的行为方式具有必要性。

这里包含两层意思：其一，存在多种能够实现法律目的的行为方式可供选择，否则必要性原则将没有适用的余地。如果手段是唯一的，也就不存在必要性问题。其二，在能够实现法律目的的各方式中，选择对公民权利、自由侵害最轻的。必要性原则是从“法律后果”上来规范行政权力与其所采取的措施之间的比例关系，即行政机关采取的手段或行为方式应该是在可选择的几个措施之中对于相对人合法权益造成侵害最小的那一个措施。

3. 相当性原则 又称狭义比例原则、比例性原则、相称性原则，是指行政机关采取的措施对相对人权益造成的侵害不得与欲达成之目的显失均衡，两者之间应保持合理的比例关系。如根据《重大动物疫情应急条例》第 46 条规定：“违反本条例规定，拒绝、阻碍动物防疫监督机构进行重大动物疫情监测，或者发现动物出现群体发病或者死亡，不向当地动物防疫监督机构报告的，由动物防疫监督机构给予警告，并处 2 000 元以上 5 000 元以下的罚款；构成犯罪的，依法追究刑事责任。”在处理违法案件时，依法给予警告后，罚款数额的确定要根据违法行政相对人的情节程度而定，如并处罚款 2 000 元即能达到行政目的的，就应当避免处罚款 5 000 元。

比例原则主要适用于行政自由裁量权领域，要求行政机关在选择执法的方式、方法和范围、幅度时，必须注意把握合理的分寸和尺度。如果行政机关无视比例原则的要求，仅凭执法者的任意发挥，滥用职权现象就必然会出现。在行政执法中，行政机关应当严格遵循比例原则，合理地行使自由裁量权，使具体行政行为不仅合法，而且合理。在行政诉讼中，法院亦应当严格遵循比例原则，在充分尊重行政自由裁量权的基础上，适用比例原则来解决争讼，兼顾平衡行政目标和相对人的权益，在追求行政目标前提下，确保使相对人权益受到的损害最小。

三、信赖保护原则

（一）信赖保护原则的含义与要求

信赖保护原则是诚信原则在行政法领域中的转化运用与具体体现。诚信原则即诚实信用原则，其基本含义在于行使权利、履行义务应依诚实及信用之方法。诚信不仅是私法的要求，也是公法的精神。诚信原则在行政法中的运用十分广泛，但最能够直接体现诚信原则的就是信赖保护原则。

行政法上的信赖保护原则是指当行政相对人对行政主体实施的一个已经生效的行政行为（或决定）形成值得保护的合理信赖，并实施了一定信赖行为时，行政主体不得随意变更、撤销或者废止该行政行为；如果因公共利益需要确需撤销、废止或变更原行为，必须对行政相对人由此遭受的损失给予相应的补偿或赔偿。

信赖保护原则肇始于德国，由法院判例所确立，并为日本等国家和地区接受。其核心是要求政府应对自己作出的行为讲诚信、守信用，不得随意变更，不得反复无常。行政法上确立信赖保护原则的主要目的在于维护法律秩序的安定性和保护社会成员的正当的既得权益。

信赖保护原则的基本要求可概括为以下四个方面：

其一，行政行为具有确定力和公定力，即行政行为一经作出，非有法定事由并经法定程序不得随意撤销、废止或改变。

其二，行政机关对行政相对人作出授益性行政行为后，事后即使发现有违法情形，只要这种违法情形不是因相对人过错造成的，行政机关亦不得撤销或改变，除非不撤销或改变此种违法行政行为会严重损害国家、社会公共利益。

其三，行政行为作出后，如果据以作出该行政行为的法律、法规、规章修改或废止，或者据以作出该行政行为的客观情况发生重大变化，为了公共利益的需要，行政机关可以废止或改变先前作出的行政行为，但在作出废止或改变决定前，应进行利益衡量，只有认定废止或改变先前行政行为所维护的利益确实大于相对人因此损失的利益，才能废止或改变相应行政行为。

其四，行政机关撤销或改变其作出的违法行政行为，如该行政行为违法不是因相对人过错造成的，要对相对人因此受到的损失予以赔偿。行政机关因公共利益的需要废止先前作出的行政行为，亦应对因行政行为废止给相对人造成的损失予以相应补偿。

（二）信赖保护原则的适用条件

一般认为，信赖保护原则的适用需要满足三个基本条件：

1. 存在信赖基础 此处的信赖基础是指一个行政行为生效且生效事实被相对人获知。行政行为不存在，或者行政行为还在过程中、尚未对外生效，或者相对人不知该行政行为的存在，都属于缺少信赖基础。无信赖基础，即无信赖可言，也就无从适用信赖保护原则。

2. 具备信赖行为 这里的信赖行为亦可称为信赖表现，是指相对人基于对某一生效行政行为的信赖而采取的具体行为。信赖保护原则的适用，必须是相对人已采取了信赖行为，且信赖行为具有不可逆转性。比如，行政主体通过授益性行政行为赋予行政相对人某种物质利益，而行政相对人基于对该授益性行政行为的信赖已对该物质利益进行了处分；或该授益性行政行为赋予行政相对人某种行为能力资格，而行政相对人依此资格从事了某种行为等。无信赖行为，则无信赖利益产生。

3. 信赖值得保护 只有正当的、非恶意的信赖，其利益才能得到法律保护，所以值得保护的信赖须是“正当的信赖”。所谓正当，是指相对人对行政行为深信不疑，且对作为信赖基础的行政行为的成立和信赖利益的受损是善意的、无过错的。例如，相对人信赖的是行政主体依据相对人对重要事项提供不正确的或者经过故意删减的数据或者进行不完全的陈述而作出的违法行政行为，该信赖即为不值得保护的非正当信赖。

从各国的立法规定及实践做法来看，下列情形通常不适用信赖保护原则：①因相对人采用欺诈、胁迫、贿买或者其他不正当手段作出的行政行为；②相对人对重要事项作不正确或者不完全的说明；③相对人明知行政行为违法，或者应知其违法但因重大过失而不知其违法；④行政行为显然错误；⑤行政机关预先保留变更权。

四、程序正当原则

正当的行政程序即程序正当原则实质上是对个人自由提供的一种重要保障，是现代行政法治的核心要求，并日益成为各国对行政行为进行司法审查的一项重要标准。随着行政权力尤其是行政裁量权的不断扩张，肯定价值层面上的行政程序，即要求行政程序是一种正当性程序，对于规范行政权力的正当行使、保护公民权利具有十分重大的现实意义。

（一）程序正当原则的含义

西方法治国家尤其强调行政权行使的程序公正，即行政权力运行必须符合最低限度的程序公正标准——正当程序，并发展成为规范行政行为的重要程序性基本原则。从历史上看，该原则起源于英国古老的自然正义原则。在普通法的传统中，自然正义是关于公正行使权力的“最低限度”的程序要求，它的主要内容包含两条基本规则：一是避免偏私规则，即任何人不应成为自己案件的法官。根据这一规则，行政机关实施任何行政行为，参与行为的官员如果与该行为有利害关系，或被认为有成见或偏见，即应回避；否则，该行为无效。二是公平听证规则，即任何人在受到惩罚或其他不利处分前，应为之提供公正的听证或其他听取其意见的机会，每一个人都有为自己辩护和防卫的权利。根据这一规则，公民在财产被征用，申请许可证照被拒绝，或受到吊销证照、罚款等处罚或制裁等不利处分前，行政机关均应事前给予其通知，告知处分根据、理由，听取其申辩意见，否则该处分将被司法审查确认无效。

程序正当原则后来在美国宪法修正案中以成文法确定：未经正当法律程序，不得剥夺任何人的生命、自由或财产。20 世纪中期以后，随着各国行政程序立法的发展，程序正当原则在世界许多国家得到确立和广泛适用。许多欧洲大陆法系国家如德国、葡萄牙、西班牙、荷兰等，许多亚洲国家和地区如日本、韩国以及我国澳门地区等都纷纷进行行政程序立法，并通过立法确立程序正当原则为行政法的基本原则。

程序正当原则的基本含义是指行政机关作出影响行政相对人权益的行政行为，必须遵循正当法律程序，包括事先告知相对人，向相对人说明行为的根据、理由，听取相对人的陈述、申辩，事后为相对人提供相应的救济途径等。

程序正当原则直接体现了现代法治国家对行政权力公正行使的最低限度也是最基本的要求，从根本上承载了现代行政程序的基本价值追求——程序正义，是程序正义观念在行政行为中得以实现的重要保障。

（二）程序正当原则的内容

程序正当原则主要包括以下基本内容：

1. 避免偏私 指行政主体在行政活动进行过程中应当在参与者各方之间保持一种超

然的、不偏不倚的态度和地位，不得受各种利益或偏私的影响。它是程序中立性这一最低限度的程序正义要求在行政程序中的具体体现。具体而言，行政程序中的避免偏私具有如下要求：

（1）没有利益牵连　它要求行政主体及其行政人员和行政人员的亲属，与所作的行政行为没有个人利益上的联系。这里的个人利益，通常是指财产利益或金钱利益，但也不仅限于此，还包括“其他足以影响行政决定的非财产因素，例如感情利益和精神利益”。

（2）没有个人偏见　个人偏见不同于个人利益，它主要指个人情感受到某种预设的观点或偏好的支配。构成个人偏见的要件是不正当地偏向一方或对另一方怀有敌意。没有个人偏见要求行政主体应给予当事人同等的机会，不偏袒任何一方当事人。为了防止上述利益和个人偏见引起不公正的现象发生，一个直接的解决办法通常是要求行政官员遵循回避、禁止单方面接触等制度要求。

2. 说明理由　行政机关作出任何行政行为，特别是作出对行政相对人不利的行政行为，除非有法定的保密要求，都必须说明理由。对于抽象行政行为，如制定行政法规和规章，应通过政府公报或其他公开出版的刊物说明理由；对于具体行政行为，应通过法律文书（或口头）直接向行政行为的相对人说明理由。我国《行政处罚法》《行政许可法》《行政强制法》等法律、法规均明确规定了行政行为说明理由的要求。

3. 公平听证　公平听证是行政参与的核心内容与基本要求，即“被听取意见的权利”。行政机关作出任何行政行为，特别是作出对行政相对人不利的行政行为，必须给予相对人进行陈述和申辩的机会。行政机关作出严重影响行政相对人合法权益的行政行为，还应依相对人的申请或依法主动举行听证，通过相对人与执法人员当庭质证、辩论，审查行政机关据以作出行政行为的事实、证据的真实性、相关性与合法性。如《行政处罚法》第 42 条规定：行政机关作出责令停产停业、吊销许可证或者执照、较大数额罚款等行政处罚决定之前，应当告知当事人有要求举行听证的权利；当事人要求听证的，行政机关应当组织听证。那么当行政机关作出吊销许可证等行政处罚决定之前，应当告知当事人有要求举行听证的权利；当事人要求听证的，行政机关应当组织听证。

我国的《行政许可法》《行政强制法》等法律、法规也均明确规定了行政机关作出行政行为听取相对人陈述和申辩以及听证的要求。行政听证一般应当包括如下具体要求：①听证要公开进行；②听证前要给利害关系人及时而有效的通知；③听证要及时举行；④当事人在听证中有权自己或通过律师发表意见和反驳对自己不利的事实和观点；⑤听证应当制作记录；⑥通过听证而制作的决定必须以听证记录为依据；⑦当事人对听证决定不服有权申诉。

五、行政公开原则

（一）行政公开原则的基本含义与要求

行政公开原则是 20 世纪中叶以后迅速发展和推广开的一项行政法基本原则。它的基本含义是指政府行为除依法应保密的以外，应一律公开进行；行政法规、规章、行政政策以及行政机关作出影响行政相对人权利、义务的行政行为的标准、条件、程序应依法公布，让相对人依法查阅、复制；有关行政会议、会议决议、决定以及行政机关及其工作人员的活动情况应允许新闻媒体依法采访、报道和评论。

第二次世界大战以后，各国从法西斯统治的教训中认识到社会公众、新闻媒体等对政府行为监督的极端重要性，提出了“政府公开”“行政公开”“情报自由”“政府在阳光下”“提高政府行为透明度”等口号，并陆续制定了各种相应的法律、法规，如行政程序法、政府会议公开法、行政规章公布法、情报自由法、监察专员法、阳光下的政府法等。我国也在2007年颁布实施了《政府信息公开条例》，并于2019年进行了修订（国务院令第711号）。为了促进政府机关及其工作人员勤政、廉政，防止政府权力的滥用，保护行政相对人的合法权益，在行政管理领域实行行政公开原则是非常必要的。

行政公开原则的具体要求主要有下述四项：

1. 行政立法和行政政策公开 这一要求主要包括两方面的内容：①制定行政法规、规章、政策的活动应公开。法规、规章、政策制定之前应广泛征求和充分听取相对人的意见，重要法规、规章、政策的草案应在正式制定之前予以全文公布（或公布要点），允许相对人提出异议，必要时还应举行有利害关系人参加的听证会，行政机关对有关问题的背景情况应予以说明、解释，当场答复相对人提出的询问、质疑等。如我国国务院在2016年印发了《国务院关于在市场体系建设中建立公平竞争审查制度的意见》，明确要求：“制定政策措施及开展公平竞争审查应当听取利害关系人的意见，或者向社会公开征求意见。有关政策措施出台后，要按照《中华人民共和国政府信息公开条例》要求向社会公开。”国家发展改革委、财政部、商务部、工商总局、国务院法制办根据国务院文件精神，于2017年制定了《公平竞争审查制度实施细则（暂行）》，也明确提出：“政策制定机关开展公平竞争审查，应当征求利害关系人意见或者向社会公开征求意见，并在书面审查结论中说明征求意见情况。”②行政法规、规章应一律在政府公报或其他公开刊物上公布，行政政策除依法应予以保密的内容外，也应通过一定的形式予以公布。除此之外，对于特别涉及行政相对人权益的有关行政法规、规章、政策，政府还应印制成单行本，供公众购买。

2. 行政执法行为公开 这一要求主要包括三方面内容：①执法行为的标准、条件公开。行政机关实施涉及行政相对人权益的行为（如批准、许可、征收、发放、免除等），对行为的标准、条件应一律公开（如张贴于办公地点），让所有公众知晓。②执法行为的程序、手续公开。行政机关实施行政执法行为，其执法程序、手续（如申请、审批、鉴定、报送有关材料等）均应通过公开文件发布或在办公场所张贴等，使相对人事前了解。③某些涉及相对人重大权益的行政执法行为（如涉及人身权或重大财产权的行政处罚），应采取公开形式（如举行听证会）进行，允许一般公众旁听，甚至允许新闻记者采访、报道。

3. 行政裁决和行政复议行为公开 行政裁决是行政机关裁决作为行政相对人的个人、组织相互之间所发生的特定民事争议，如土地、森林、矿产资源等所有权、使用权的权属争议，有关民事赔偿争议、知识产权争议等。行政复议是行政复议机关审查、裁决作为行政相对人的个人、组织不服作为行政主体的行政机关或法律、法规授权组织具体行政行为的行政争议，如有关行政处罚、行政强制措施、发放许可证照等的争议。行政机关无论是实施行政裁决行为还是行政复议行为，其裁决、复议的依据、标准、程序应予以公开，让当事人事先知晓。至于裁决、复议的形式，依法可书面进行，必要时亦可举行正式听证会，公开进行。作为裁决、复议结果的裁决书、复议决定书，除了应送达当事人双方，让其知晓外，其他个人、组织亦应允许其依法查阅。

4. 行政信息、情报公开 行政公开原则除了上述三项要求外，另外一项重要的要求就是新闻媒体有权依法对有关行政信息情报进行公开发布。行政机关制定的法规、规章、政策，作出的行政决议、决定，发布的行政命令、指示，实施的行政执法、行政裁决、行政复议行为，除法律、法规明确规定应予保密的以外，均应允许新闻媒体予以发布、报道。另外，对于行政机关及其工作人员遵纪守法、廉政、勤政的情况，也应允许新闻媒体在真实、准确的前提下予以公开报道。国外经验和历史经验都表明，新闻舆论监督对于保障政府机关及其工作人员依法行政、防止滥用权力和腐败是非常有效的武器。

（二）行政公开的重要作用

1. 是监督行政行为的必然要求 在现代社会里，行政权相对于立法权和司法权，有膨胀和扩张的趋势，行政机关拥有越来越多的准立法权、准司法权以及广泛的自由裁量权。在这种情况下，对行政机关的权力加以制约和限制就成了必然要求。但无论是权力机关的监督、新闻舆论的监督还是行政相对人的监督，如果没有行政公开作为保障，监督是不可能实现的，对于行政相对人来说尤其如此。因此，强调行政公开、强调公众的知情权对于保障行政监督的实现异常重要。我国已在《行政复议法》（第 4 条）、《行政处罚法》（第 4 条）、《行政许可法》（第 5 条）中对行政公开原则作了原则性的规定。在将来的立法和行政机关的制度设定中，必然对行政公开原则作出更加合理的程序性规定，使行政公开逐渐成为一项习惯性制度。

2. 是公民参与行政活动的基础 在一些关系公民生活和其他基本权益的行政活动中，公民的参与对于保护行政相对人的合法权益具有现实的积极意义。行政参与的基础是行政公开，如果行政相对人对行政决定作出机关的职权、行政决定作出的程序以及自己享有的权利都不知晓，自然无法有效参与行政活动。

3. 有利于行政相对人合法权益的保护 “无救济的权利等于无权利”“权利救济胜于权利宣告”，这些古老的法谚早已告诉我们，权利的救济程序对于权利受侵害者具有重要意义。我国虽然已经颁布实施了《行政复议法》《行政诉讼法》《国家赔偿法》等行政救济法律规范，也建立了行政救济的部门和机构，但如果没有行政公开作为保障，行政相对人很难获得相关的文件、材料作为诉讼证据，那么在行政诉讼中与行政主体在证据掌握的质与量上必然处于不平等的地位，行政相对人通过行政救济实现正义目标就会变得非常困难。在听证程序中，如果不规定行政公开，不允许公民旁听和新闻媒体的介入，听证制度就无法在社会舆论监督的阳光下茁壮成长，就将逐渐流于形式，行政相对人合法权益的维护就成了“空中楼阁”。

4. 有利于提高行政行为的可接受性 行政权的实效更多地取决于行政相对人的接受和社会的认可程度，而不是行政权背后隐藏的强大的国家强制力。这就要求行政权行使要合法、合理。通过行政公开使行政相对人参与到行政权行使的过程中，从而使相对人因了解而认可、接受行政决定。

六、行政效益原则

（一）行政效益原则的含义

行政效益原则，又称效率原则，是指行政法律制度以及管理行为要以较小的经济耗费获取最大的社会效果。效益本是经济学的概念，后被导入法学并成为法律追求的基本价值之一。

与行政合法性原则、行政合理性原则以及信赖保护等原则相比，行政效益原则属于次一层次的原则，但仍具有重要意义。有人认为行政效率原则不能成为行政法的基本原则，因为它不是行政法的根本目标。这种观点值得商榷。虽然效率不是行政法的终极目标，但效率是现代法律的基本价值追求之一，行政法也不例外。一方面，该原则是市场经济下行政法发展的需要。市场经济体制作为一种对社会资源进行高效、合理配置的模式，客观上要求与之相匹配的法律制度保持一定的运行效率，从而促进社会的全面发展。另一方面，行政管理的高效对公民来说本身就意味着一种利益，能为公民提供更多的发展机会，与行政法的目的相一致。

行政效益原则与行政合法性原则等行政法基本原则既有相辅相成的一面，也有相互冲突的一面。当产生冲突时，首先要考虑并遵循行政合法性原则等基本原则要求，然后才能兼顾行政效益，这是为了确保依法行政的整体价值更高。

（二）行政效益原则的基本内容

行政效益原则的内容主要包括以下几方面：

1. 行政法律制度应符合效益要求 行政法律制度的建立、健全和完善都要融入效益的要素，以最小的资源消耗，换取最大的社会效益。

（1）行政组织法律制度要体现效益精神 现代社会需要反应迅速、运转高效的政府，而这又以行政组织设置简洁、结构合理、职责分明为基础。为此，在行政组织法律制度中要融入效益的要素，要符合行政管理的规律。

（2）行政程序法要考虑效率要求 20世纪以来，加强行政程序立法已成为世界潮流。行政程序法律制度的建立既要引入民主、公正的价值观，也要符合效率要求。只强调公正，牺牲效率，难以满足时代的需要；而仅追求效率，忽视公正，不利于对公民自由、权利的保护，与行政法的目的相左。在行政程序中，效率主要体现在程序的统一和简化，以及适用于紧急情况的特别程序的建立等方面。

（3）具体行政法律制度要考虑成本效益 这里的具体行政法律制度既包括具有普遍意义的行政许可制度、行政处罚制度、行政强制制度以及行政合同制度等，又包含具有专门意义的教育行政制度、经济行政制度、治安行政制度等。每一项具体行政制度的建立和完善，都应进行必要的成本效益分析，要从多个方案中选择最佳方案，以保证对社会资源的有效合理使用。

（4）行政救济法律制度也要符合效益精神 无论是行政诉讼、行政复议还是国家赔偿，或者是其他救济制度，都不得忽视效率的要求。一方面，对受害的行政相对人应提供及时、便捷的救济，使当事人迅速从行政纠纷中摆脱出来；另一方面，要及时排除违法，确保行政法律秩序的稳定和安宁。

2. 行政立法要重视成本效益 这里的行政立法是指所有制定行政法规以及规章的活动。行政立法需要人力、物力投入，因而也存在成本效益问题。为确保行政立法的高效，首先，要合理划分行政立法权，即在享有行政立法权的国家机关中确定各自的立法权限，以避免行政立法的交叉和冲突，同时保证重大事项由法律规定。其次，明确行政立法的程序和行政立法的技术要求，以保证行政立法的质量。劣质的行政法律规范会导致执行的困难以及管理秩序的混乱，是对资源的浪费。最后，行政立法要考虑时效性，不能久拖不决。

3. 行政管理行为要考虑效益因素 行政机关适用法律、实施管理行为时，无论是作出抽象行政行为，还是具体行政行为，或者是事实行为，都要分析成本效益，避免资源的浪费。当然，不能仅考虑效益的要求而牺牲自由、权利和公正等价值。

DI-SAN ZHANG

第三章 03

行政法律关系主体

行政法律关系主体就是行政法律关系的各方参加人，即在行政法律关系中享有权利或权力、承担义务的人或组织，通常包括行政主体、法定授权组织与行政委托的组织、个人以及行政相对人这几种类型。行政法律关系主体的相关理论是行政法学的重要内容之一，其目的主要在于解决行政法上的主体资格和法律地位问题，在整个行政法体系中占据重要地位。本章内容重点阐述行政主体基本理论，包括行政主体的概念、种类，行政主体与相关概念的区别，行政主体资格的取得与丧失以及行政职权与职责等内容；此外，对于法定授权组织和行政委托的概念、种类和法律地位，行政相对人的概念、特征、范围，以及行政活动中行政相对人的权利和义务等内容进行简要阐述。

第一节　行政主体

一、行政主体的概念与资格要件

我国的行政主体理论是在借鉴法国、德国、日本及我国台湾地区的行政主体理论的基础上，结合我国的国情经过吸收改造而建立起来的，所以行政主体概念在我国不是本土概念，而属于舶来品。作为一个法学概念，行政主体在实体法中通常表述为“行政机关或法律、法规授权的组织”。

我国行政法学界一般认为，行政主体指享有一定行政职权，能以自己的名义行使行政职权，作出影响行政相对人权利义务的行政行为，并能由其本身对外承担法律责任的组织。

据此界定，行政主体须具备以下资格要件：

1. 行政主体资格的获得必须有法律依据　行政权主体资格的取得来源于法律、法规的授权，根据法律依据的不同可以分为职权性行政主体资格和授权性行政主体资格两种类型。但是无论哪种类型的行政主体资格，其享有的行政权力均来源于法律、法规，以法律、法规的直接或间接规定为根本依据。在没有法律依据的情况下，无论是行政机关还是其他组织均不具备行政主体的资格。

2. 行政主体是承担行政管理职能的主体　行政权力是由法律法规所赋予的、运用国家强制力对公共利益进行维护和分配的权力。这种权力既不同于国家的立法权、司法权和军事权，也不同于公民、法人和其他组织的一般民事权利。一个社会组织要成为行政主体，就必须依法享有行政权，没有法定的行政权，任何组织都不能实施行政行为，不能成为行政主体。同时，即使享有行政权的社会组织也并不始终都是行政主体，它们只有在行使行政权时才是行政主体，而当它们从事非行政权力活动时仍然不是行政主体。如行政机关在从事民事活动时就不是行政主体。可见，行政权是行政主体的核心和本质特征。

3. 行政主体是具备行政法上人格主体的组织，能以自己的名义实施行政管理活动，并能独立承担因该活动而产生的相应法律责任　所谓“以自己的名义”，是指行为主体能够独立自主地表达自己的意志，并按照自己的意志实施特定行为，即具有独立的法律人格。判断某一组织是否具有行政主体资格，不仅要看其是否享有行政权，还要看其能否以自己的名义行使该权力。否则，即使行使着一定行政权，也只能是某一主体的代表及其意志的具体表达者，只能是行为主体而并非行政主体。如行政机关内部的行政机构大多属于这样的组织，尽管它们都经行政机关内部再分配而享有一定的行政权，可以具体实施行政行为，但它们只能代表其所在的行政机关并以其所在行政机关的名义实施行政行为，而不能以自己的名义实施行政行为，因而它们只是行为主体，不是行政主体。

任何行政主体，都必须是依法有能力承担实施行政行为所产生的法律后果的社会组织，否则，不能成为行政主体。能够独立承担法律后果实际上是能以自己的名义实施行政行为的必然结果。如果一个组织能以自己的名义实施行政行为，也就包含着它能以自己的名义独立承担这种行政行为的法律后果。能够独立承担法律后果的重要体现，就在于能独立作为行政复议、行政诉讼的主体以及行政赔偿义务的主体，如能成为行政复议的被申请人、行政诉讼的被告及行政赔偿中的赔偿义务机关，并独立承担相应的行政法律责任。从这一角度看，行政机关的一些内部机构及受委托的组织因不能独立承担法律后果而不能成为行政主体。

4. 行政主体是一个组织而非个人 只有组织才可能在一定条件下成为行政主体，任何个人即使是国家公务员，都不能成为行政主体。因为，法律将行政权力直接赋予一定的组织，是需要以一定的组织状态来享有某些行政职权和承担行政职责的。而个人无法实现国家行政职能，既无力维护和分配公共利益，更无法独立承担由此产生的法律责任。虽然国家行政活动大多由公务员来实施，但他们都必须以组织的名义而不能以个人的名义进行。

二、行政主体与相关概念的区别

（一）行政主体与行政法主体

行政法主体即行政法律关系的主体，指行政法调整的参加各种行政法律关系的有关组织和个人，即行政法律关系中的权利（权力）享有者和义务承担者，主要包括行政主体和行政相对人双方当事人，在有的行政法律关系中，还会有第三人。

行政主体只是行政法主体的一种，是行政法律关系各方当事人中的一方当事人。所以，行政主体必定是行政法主体，但行政法主体不一定是行政主体，因为它还包括其他主体如行政相对人、第三人等主体。

（二）行政主体与行政机关

行政机关是指按照宪法和有关组织法的规定而设立的，依法行使国家行政职权的，对国家各项行政事务进行组织和管理的国家机关。行政机关具有以下几方面的特征：①行政机关是国家机关之一种，是国家机构的组成部分；②行政机关是执掌和行使国家行政权的机关，它有别于立法机关与司法机关；③行政机关是具有执行性质的国家机关，在我国，它是国家权力机关的执行机关。按不同的标准，行政机关可划分为不同的类别，如中央国家行政机关与地方国家行政机关、一般权限行政机关与专门权限行政机关等。

行政主体与行政机关的主要区别在于：①行政主体是法学概念，行政机关是法律概念。②行政主体主要由行政机关充任，但行政机关并非是行政主体的全部，行政主体还包括法定授权组织和其他公权力组织。行政机关以外的其他组织如社会公共组织、企事业组织、行业协会组织、自治组织以及行政机关的部分内设机构，在法定条件下也可以成为行政主体。③行政机关并非在任何场合都是行政主体。行政机关只有在依法行使行政职权的情况下，才具有行政主体的地位和身份；行政机关在进行民事活动时，与对方的法律地位是平等的，受民事法律规范的调整，此时行政机关的法律身份为民事主体；行政机关在受另一个行政主体管理而处于被管理者地位时，为行政相对人。可见，只有当行政机关以自己的名义依法行使行政管理职权的时候，其才是行政主体，否则既可能是民事主体，也可能是行政相对人。

（三）行政主体与行为主体

这里的行为主体，也称行为的实施主体，是指虽无法律上的名义，但是代表行政主体并以行政主体名义直接、具体实施行政行为的组织或个人。行政主体主要是从法律角度来定义的，即行政主体是享有行政法上所认定的主体资格的组织。而行为主体则主要是从实际行为的角度来定义的，即行为主体是具体作出某一行为的主体，在行政法上不一定具有主体资格。两者在某些情况下是一致的，如行政机关和法律、法规授权的组织作出行政行为时，行政主体和行为主体是合一的；而在另一些情况下，两者则可以出现分离现象，如受委托的组织实施行政行为属于这种情况。

行政主体与行为主体的区别在于：①行政主体以自己的名义作出行政行为，而行为主体是以行政主体名义，代表着行政主体作出行政行为。②行政主体承担行政行为的法律后果，而行为主体只负责代表行政主体实施行政行为，行为的后果则由行政主体对外承担。

（四）行政主体与被授权组织

根据行政职权产生的方式不同，行政主体分为职权行政主体和授权行政主体。前者主要是各级各类国家行政机关，如各级人民政府、各级人民政府的职能部门等；而后者则主要是非国家机关的组织经法律、法规授权后在被授权范围内具有了行政主体资格，如动物卫生监督机构经《动物防疫法》授权承担动物防疫监督管理执法职责。被授权组织作为授权主体，是行政主体的一个种类。

（五）行政主体与行政公务人员

行政公务人员是在行政管理活动中，依法行使行政职权、以行政主体的名义从事行政管理活动的具体工作人员。行政公务人员与行政主体之间是一种基于行政职务上的委托关系，行政公务人员隶属于行政主体，通常作为具体行政行为的直接实施者，但不能以自己的名义从事行政管理活动，也不直接对外承担因其公务行为产生的法律责任，而由所属行政主体承担，所以行政公务人员不具有行政主体资格。行政公务人员可能因不当履职行为受到相应的追偿，如《国家赔偿法》第 31 条规定，“赔偿义务机关赔偿后，应当向有下列情形之一的工作人员追偿部分或者全部赔偿费用：（一）有本法第十七条第四项、第五项规定情形的；（二）在处理案件中有贪污受贿，徇私舞弊，枉法裁判行为的。”即行政主体承担相应法律责任后，也可以依据有关法律法规的规定向行政公务人员追偿。

三、行政主体的类型

根据行政主体资格取得的法律依据的不同，行政主体可划分为职权性行政主体和授权性行政主体。

（一）职权性行政主体

职权性行政主体是指根据宪法和组织法的规定，在依法成立时就拥有相应行政职权并同时获得行政主体资格的行政组织。从中央到地方的各级行政机关都是职权性行政主体。依据我国的行政机关组织设置体系，职权性行政主体主要包括以下几种类别：

1. 一般行政机关 即我国的五级政府：国务院，省（自治区、直辖市）人民政府，市人民政府，县（区、市）人民政府，乡（民族乡、镇）人民政府。

2. 专门行政机关 即国家、省、市、县级人民政府所对应设置的各种职能工作部门。乡级人民政府不设职能工作部门。

3. 派出机关 包括行政公署、区公所、街道办事处。

（二）授权性行政主体

授权性行政主体是指根据法律、法规的授权规定，可以以自己的名义从事行政管理活动，参加行政复议、行政诉讼并承担相应的法律责任的组织。主要包括以下几种类别：

1. 行政机构 依照法律、法规的授权规定直接设立的专门机构，例如根据《动物防疫法》设立的动物卫生监督机构，根据《兽药管理条例》设立的兽药检验机构；法律、法规授权的行政机关的内设机构，如经过《税收征收管理法》授权的税务机关内设的税务稽查分局。

2. 其他组织 包括企业组织（公用企业、金融企业、全国性公司）、事业组织（高等院校、科研院所）、社会团体（兽医协会、工会）、基层群众性自治组织（居委会、村委会）等。

需要说明的是，被委托的组织和个人不是行政主体。符合法定条件的企业法人、事业法人、社团法人和其他符合法定条件的社会组织，以及特殊情况下接受行政委托的个人，可以作出行政行为，但他们不是行政主体，例如经当地县级以上地方人民政府批准，在车站、港口、机场等相关场所派驻的官方兽医，根据重大动物疫情应急需要成立的应急队等。

四、行政主体资格的取得与丧失

（一）行政主体资格的取得

具有独立的行政职权与职责，是行政主体获得独立法律地位的核心要素与标志。根据行政主体的职权与职责的来源不同，行政主体资格的取得主要有两种途径：

第一种途径是职权性行政主体资格的取得，即依照宪法和组织法的有关规定依法取得行政主体资格。取得资格的对象主要包括国务院及其职能部门、地方各级人民政府及其派出机关、县级以上地方人民政府的工作部门。

第二种途径是授权性行政主体资格的取得，即依照宪法和组织法以外的单行法律、法规的直接授权或有权机关的合法授权而取得行政主体资格。取得资格的对象包括行政机关所属的内部行政机构、公共事业组织和其他社会组织。

（二）行政主体资格的丧失

行政主体资格的丧失是指已取得行政主体资格的组织，由于某种原因而解散或撤销，或者授权到期或被取消授权，导致丧失行政主体资格。

1. 行政主体资格的丧失是行政主体资格的不复存在 不同于行政主体资格的变更，行政主体资格的丧失意味着行政主体资格的灭失和不存在，没有新的行政主体作为其资格的继承者继续行使其行政职权。应当注意的是，行政主体资格的丧失并不必然导致该主体的灭失，比如授权性行政主体的授权被取消或收回，被授权的行政机构或社会组织不会因此灭失，而只是不再具有行政主体资格。

2. 行政主体资格的丧失是法定原因引起的 行政主体资格的丧失关系到某种行政职权的实施问题，非经法定程序不得随意取消行政主体资格。引起行政主体资格丧失的原因主要包括两种情形：一是行政主体的撤销或解散，即有权机关依法以决定或命令的方式解散或撤销行政主体；二是授权被收回或授权期限届满，其中收回授权是在授权期限届满之前依据法律法规的新规定或有权机关的决定而撤回原授权，授权期限届满则是授权法律关系因时间终了而结束。

行政主体资格丧失后，会发生一系列需要处理的法律问题，对原行政主体行使行政职权的行政行为承担法律责任的原则是：原行政主体依法实施的行政行为仍然有效，其所产生的法律效果，原行政主体依法律法规的规定消灭的，由法定机关或其主管机关承受；原行政主体依有权机关的决定消灭的，由决定其消灭的有权机关承受。

五、行政职权与职责

（一）行政职权

行政职权是国家行政权的具体表现形式，是行政主体实施国家行政管理活动的具体行政权能。行政职权包括固有职权和授予职权两大类。固有职权随行政主体的依法设立而产生，并随行政主体的消灭而消灭。授予职权源自法定授权，既可因授权机关收回授权而消灭，也可因行政主体的消灭而消灭。

行政职权的内容和形式因行政主体的不同而有一定的差异，主要包括行政立法、行政命令、行政处置、行政决定、强制执行、行政救济、行政司法等。

（二）行政职责

行政职责是行政主体在行使职权过程中必须承担的法定义务。任何行政主体在享有或行使行政职权的同时，又必须履行职责。行政职责随行政职权的产生、变更或消灭而发生相应变化。行政职责是法定义务，不能抛弃或违反，否则将承担相应的法律责任。

行政职责的核心是“依法行政”。其具体内容概括起来主要有以下几项：①遵守法定职权，在法定的权限范围内履行职务，不得失职、越权或滥权。②遵守法定程序，避免程序违法。③遵循合理、适当的原则，避免行政失当。

（三）行政优益权

国家为保障行政主体有效地行使职权、履行职责，赋予行政主体职务上或物质上的许多便利条件，行政主体享受这些便利条件的资格和可选择性便是行政优益权，包括行政优先权和行政受益权。

行政优先权是行政主体在行使职权时依法所享有的职务上的种种便利条件，主要包括：①先行处置权。即行政主体在紧急条件下，可以先行处置，如先行扣留、即时强制。②获得社会协助权。行政主体在从事紧急公务时，有关组织和个人有协助执行或提供方便的强制性义务，违反者可能会承担法律责任。如公安机关或消防机构在执行紧急公务时，有权要求其他交通车辆避让。③推定有效权。根据法律的有关规定，在行政复议和行政诉讼期间，不停止该行政决定的执行，这是为了保障行政秩序的稳定性和连续性，而推定该行政决定只要未被依照法定程序加以撤销就一直是有效的。例如，《重大动物疫情应急条例》第25条规定："在重大动物疫情报告期间，有关动物防疫监督机构应当立即采取临时隔离控制措施；必要时，当地县级以上地方人民政府可以作出封锁决定并采取扑杀、销毁等措施。有关单位和个人应当执行。"根据该项条款，在重大疫情期间动物防疫监督机构采取的临时隔离控制措施就属于先行处置权的内容，而要求"有关单位和个人应当执行"则体现了行政优先权中的推定有效权。

行政受益权是国家为保证行政主体有物质能力行使行政职权而向其提供的各种物质条件，从范围上讲包括财产利益、人身利益和其他各种利益，是行政主体从国家所享受的权益，而不是从行政相对人处得到的，具有可选择性，体现的是行政主体与国家之间的关系。如《重大动物疫情应急条例》第34条规定："重大动物疫情应急指挥部根据应急处理需要，有权紧急调集人员、物资、运输工具以及相关设施、设备"。

行政优益权与行政职权密切相关，但不同于行政职权。两者最明显的区别在于：行政优益权可以被行政主体放弃不用，但行政职权不能被放弃，否则将导致违法或失职。

第二节 法定授权组织与行政委托

一、法定授权组织

（一）法定授权组织的概念

法定授权组织在行政法中一般称为"法律、法规授权的组织"，是指行政机关以外的，依法被授予行政职权，以自己的名义进行行政活动并对外承担相应法律后果的组织。具体包括三个方面的含义：一是法定授权组织是国家行政机关以外的组织，不具有国家行政机关的法律地位；二是法定授权组织行使的行政职权来自法律、法规的授权，而非宪法、组织法的授权；三是法定授权组织行使的是法律、法规授予的特定行政职权，而非国家行政机关的一般行政职权。

（二）法定授权组织的范围与种类

目前我国现行法律、法规授权的组织主要包括以下几类：

1. 行政机构 行政机构是行政机关根据工作的需要，按照内部分工设立的办理或处理各项行政事务的工作机构。根据现行法律规定，经过行政授权能够取得行政主体资格的行政机构分为以下三类：一是行政机关内设机构。依照组织法和国家行政管理的需要而设立的行政机关内设机构，既包括各级人民政府所属的内设机构，也包括政府职能部门的内设机构。二是政府职能部门派出机构。政府职能部门根据工作需要在一定区域内可设置派出机构，代表该职能部门从事一定范围内的某些行政事项的管理工作，如派出所、税务所、工商所等。尽管它们原则上没有独立的法律地位，但经过法律、法规的授权后，就可以获得行政主体资格。三是依法设立的专门行政机构。为处理某些专业性、技术性的专门行政事务，法律、法规往往直接明确规定行政机关内应当设立一定的专门管理机构，并授予其相应的独立职权，这些专门机构便具有了行政主体资格。

2. 社会组织 社会组织主要是指行政机关以外的各种非政府的组织，包括企业、事业单位、社会团体、基层群众自治性组织等。社会组织是行政组织系统以外的组织，它们原本不享有行政职权，也不具有行政主体资格，但经过法定行政授权便可以成为行政主体。伴随着现代行政事务的增加和行政范围的扩展，一些社会组织依照法律、法规的直接或间接授权而参与行政活动，承担了本应由行政组织完成的许多社会性和专业性的行政事项，取得和行政机关相同的法律职权，在行政活动中具有和行政机关类似的行政主体地位。如《行政许可法》规定："法律、法规授权的具有管理公共事务职能的社会组织，在法定授权范围内，以自己的名义实施行政许可。被授权的组织适用本法有关行政机关的规定。"经过法律、法规的授权，可以成为行政主体的社会组织大致有以下类型：

（1）公用企业　在政企分开的改革实践中，为了对某些经营性、技术性或社会性的行政事项进行便捷有效的管理，国家将原来政府主管部门（主要是一些专业经济管理部门）转变或改建成行政性公司（物资公司、煤炭统配公司、烟草公司、自来水公司以及煤气公司等）。这些行政性公司依照法律、法规的直接或间接授权，取得了一定的行政管理职能和行政职权，具备了法定授权组织的行政主体地位。如国务院《邮政法实施细则》规定：市、县邮电局是全民所有制的经营邮政业务的公用企业，经邮电管理局授权，管理该地区的邮政工作。

（2）事业单位　事业单位是指国家为了社会公益事业目的，由国家机关或者其他组织利用国有资产举办的，从事教育、科技、文化、卫生等活动的社会服务组织。事业单位主要是行政管理的对象，但是在特定情况下也往往授权其行使一定的行政管理职能。比如，《教育法》授权公立学校及其他教育机构招收录取，对受教育者进行处分或颁发学业证书等。高等院校和科学研究机构经由法定授权，可以取得部分教育行政管理的行政主体资格。

（3）社会团体　社会团体形式各样、种类繁多，如工会、共青团、妇联（妇女联合会）、残联（残疾人联合会）、个协（个体劳动者协会）、律协（律师协会）等。法律、法规授权社会团体行使某种行政职能、办理一定行政事务的情况是很常见的。如《工会法》授权工会维护职工合法权益，对企业、事业单位侵犯职工合法权益的问题进行调查；对职工因工伤亡事故和其他严重危害职工健康的问题，有权参加调查，向有关部门提出处理意见等。《妇女权益保障法》授权各级妇联维护各族各界妇女的利益，做好保障妇女权益的工作；在妇女的合法权益受到侵害时，接受被侵害人的投诉，有权要求并协助有关部门或单位查处。《律师法》授予律协多项行政性职能，包括保障律师依法执业，维护律师的合法权益，组织律师业务培训和职业道德、执业纪律的教育，调解律师执业活动中发生的纠纷，等等。

（4）基层群众性自治组织　基层群众性自治组织主要是指城市的居民委员会和农村的村民委员会。基层群众性自治组织与国家基层政权有着极密切的联系，其工作受基层人民政府或其派出机构指导。居民委员会、村民委员会根据相应组织法的授权行使多种行政职能。例如，《村民委员会组织法》授权村民委员会办理本村的公共事务和公益事业，调解民间纠纷，协助维护社会治安，协助乡、民族乡、镇的人民政府开展工作，维护村民的合法权益等；《城市居民委员会组织法》授权居民委员会办理本居住地区的公共事务和公益事业，调解民间纠纷，协助维护社会治安，协助人民政府或它的派出机关做好与居民利益有关的公共卫生、计划生育、优抚救济、青少年教育等项工作。

（5）有关的技术检验、鉴定机构　出于行政管理事项专业领域需要，行政机关在行使行政职能时，会涉及运用专业知识、专门技能以及特殊设备进行检验、检疫、检测、鉴定等方面的问题。对于这些技术性事务，法律、法规往往会授权有关技术性机构实施。例如，《计量法》规定，县级以上人民政府计量行政部门可根据需要设置检定机构，或授权其他单位的计量检定机构，执行强制检定和其他检定、测试任务。此外，有关国境卫生检疫、进出口商品检验以及有关环境保护、资源利用、产品质量管理、药品管理等方面的法律、法规也规定了类似的授权条款。

（三）被授权组织的法律地位

被授权组织的法律地位体现在以下三个方面：

第一，被授权组织在行使法律、法规所授行政职能时，是行政主体，具有与行政机关基本相同的法律地位。被授权组织与行政机关同属行政主体，在行使被授予的行政职权时，具有与行政机关基本相同的地位，可以在被授权范围内依法发布行政命令，采取行政措施，实施行政行为，对违法不履行其义务或违反行政管理秩序的行政相对人采取行政强制措施或实施行政处罚。当然，被授权组织和行政机关的地位仍有一定区别：行政机关是一般行政主体，被授权组织只有在行使被授予的行政职权时，才成为行政主体；行政机关享有的某些职权和管理手段是被授权组织不能享有的，如行政立法权、行政处罚权中的行政拘留权及行政复议受理、裁决权等。

第二，被授权组织以自己的名义行使法律、法规所授予的行政职权，并由其本身就行使所授予的行政职权的行为对外承担法律责任。被授权组织是独立的行政主体，其行使行政职权直接以授权为根据，故其行为以自己的名义作出。正因为被授权组织是以自己的名义作出行政行为，因而其行为的责任也只能由其自己承担。此外，被授权组织通常是具有法人地位的社会团体或企事业组织，其本身也具有对外承担法律责任的能力。

第三，被授权组织在非行使行政职权的场合，不享有行政权，不具有行政主体地位。被授权组织的基本性质是法人或非法人组织，其只有在行使行政职能时才具有行政主体的地位。在执行它作为社会团体、企业事业单位等本身的职能时，与其他法人或其他组织一样，处于民事主体或行政相对人的地位，不具有行政主体地位。

二、行政委托

（一）行政委托的概念

行政委托是指行政主体为了实现行政目标，在自己不能亲自行使某项行政职权的情况下，委托其他有关组织或个人以该行政主体的名义行使行政职权，行为的法律效果由委托行政主体承担的活动。

（二）行政授权与行政委托的区别

与行政授权相比，行政委托在以下方面存在明显不同：

1. 权力来源依据不同　行政授权必须以法律、法规的授权规定为依据，行政委托则是依据委托行政机关的委托行为。

2. 对象不同　行政授权的对象必须是非国家机关组织，行政委托的对象包括组织和个人。

3. 行使权力的名义不同 被授权组织的行政权力来自法律、法规的授权，它可以以自己的名义行使权力；受委托主体的行政权力来自行政机关的委托，与行政机关之间存在委托与被委托的关系，因此只能以委托行政机关的名义行使权力。

4. 承担责任的主体不同 被授权的组织因为是以自己的名义行使行政权力，当然也由其自己承担法律责任；受委托主体是以委托行政机关的名义行使行政权力，也应当由行使行政权力的名义机关承担法律责任，而不由受委托者承担责任。

例如，根据《动物防疫法》的授权，动物卫生监督机构是法律、法规授权执法单位，可以对动物饲养、屠宰、经营、隔离、运输以及动物产品生产、经营、加工、贮藏、运输等活动中的动物防疫实施监督管理行为，能够以自己的名义执法并承担法律责任，属于行政授权。但在实践中，动物卫生监督机构的某些管理工作与动物疫病的监控无关，不属于动物防疫监督管理内容，行政执法权并不来自法律的直接授权，而是来自行政机关的委托。例如某地畜牧兽医局将该辖区内动物诊疗机构的日常管理工作委托给当地动物卫生监督机构。

第三节 行政相对人

一、行政相对人的概念和特征

行政相对人，是指行政管理法律关系中行政行为所指向的、与行政主体相对应的另一方当事人，即行政主体的行政行为影响其权益的公民、法人和其他组织。

行政相对人一般具有以下特征：

1. 行政相对人是行政法律关系的当事人 这里的行政法律关系主要是指行政法对行政活动所产生的各种社会关系加以调整后，形成的行政主体与行政相对人之间的权利和义务关系。应当注意两点：

第一，行政相对人不仅仅指个人，也包括处于被管理者地位的法人或非法人组织，例如畜牧兽医合作社。

第二，行政相对人必须是行政法律关系中的当事人。任何个人或组织如果不处于行政法律关系而是民事或其他法律关系中，就不是行政相对人。例如某地农业农村局将其闲置房屋出租给个人用于商业经营活动，虽然农业农村局是行政机关，但并没有在出租行为中行使行政权力，二者之间只是签订了民事上的租赁合同，因此租赁方并不是行政相对人。

2. 行政相对人是在行政法律关系中与行政主体相对应的个人、组织 行政法律关系中主体双方的法律地位不平等，行政相对人通常受到行政主体的管理，具有服从管理的义务。

3. 行政相对人在行政法律关系中是权利义务复合体 在行政法律关系中，行政相对人虽然处于被管理者地位，但并不意味着只承担义务不享有权利，相对人能够自己决定是否作出或不作一定的行为，如占有、使用和处分自己的合法财产或者要求他人作出或停止实施某种行为。如动物诊疗机构可以自主决定营业时间、对患病禽畜是否收治，对兽医主管部门的管理行为不满意的可以依照法律进行申诉、申请行政复议或提起行政诉讼等。

4. 行政相对人是行政法律关系中其权益受到行政主体行政行为影响的个人、组织 行政相对人的权益受到行政主体的行政行为影响，是行政相对人的基本要求，否则就不能成为行政相对人。这种影响可以是直接的，如被吊销营业执照等；也可能是间接的，如环境行政主管部门批准某造纸厂向某公民承包经营的渔场水库排放污水，该批准行为针对的直接对象是造纸厂，但该批准行为也对渔场承包人的权益造成一定影响，承包人也是该行政批准行为的相对人。作为个人、组织，无论其权益是受到行政主体行政行为的直接影响或是间接影响，都属于行政相对人。

二、行政相对人的分类

依据不同的标准，可以对行政相对人进行不同的分类。

（一）个人相对人与组织相对人

行政相对人以其是否具有一定的组织体为标准，可以分为个人相对人和组织相对人。个人相对人不一定是单个的个人，在一定的具体行政法律关系中，行政主体的行为可能涉及多个个体。只要这些个人不构成一定的组织体，相互之间无组织上的联系，即使这些个人数量再多，他们仍是个人相对人，而非组织相对人。例如，兽医行政主管部门一次性对多个执业兽医实施行政处罚，被处罚的兽医虽然数量众多，但仍是个人相对人；如果主管部门对辖区内某个动物医院、养殖企业实施行政处罚，则该动物医院、养殖企业是组织相对人。

（二）直接相对人与间接相对人

行政相对人以与行政主体行政行为的关系为标准，可以分为直接相对人和间接相对人。直接相对人是行政主体行政行为的直接对象，其权益受到行政行为的直接影响，如申请兽药经营许可证的申请人，因建设需要征收的原本用于畜牧的草原承包人，受到罚款、吊销营业执照等行政处罚的动物诊疗机构等。间接相对人是行政主体行政行为的间接对象，其权益受到行政行为的间接影响，即行政主体在作出一个行政行为时，虽然没有直接指向其本身，但该行政行为影响了其权益的当事人。如在动物防疫处罚关系中受到被处罚人违法行为侵害的受害人，以及行政许可关系中其权益可能受到许可行为影响的利害关系人（如相邻关系人、公平竞争关系人）。

（三）作为行政行为的相对人与不作为行政行为的相对人

行政相对人以影响其权益的行政行为的方式不同，可分为作为行政行为的相对人与不作为行政行为的相对人。行政相对人权益受到作为行政行为影响的称为作为行政行为的相对人，如行政主体实施行政处罚、行政征收等行政行为的相对人，其对应的行政行为是一种积极行使行政职权的行政行为；行政相对人权益受到行政不作为影响的称为不作为行政行为的相对人，如行政机关不履行法定职责，导致其人身权益或财产权被侵害的相对人，或灾难发生后向民政部门申请救济但民政部门迟迟不予作出答复或不依法发放救济金、抚恤金的相对人，其对应的行政行为是消极行使行政职权或不履行行政职责的行为。

（四）抽象行政行为相对人与具体行政行为相对人

行政相对人以行政主体行政行为影响其权益是否产生实际效果为标准，可以分为抽象行政行为相对人与具体行政行为相对人。行政行为对其权益尚未产生实际影响而仅仅具有潜在影响的相对人是抽象行政行为相对人，这部分相对人具有广泛性和不确定性，例如农业部出台《执业兽医管理办法》，对全国范围内想要申请执业兽医资格的人员都是有效的，但这些人的权益尚未受到《执业兽医管理办法》的直接影响，因而属于抽象行政行为相对人；行政行为对其权益已产生实际影响的相对人是具体行政行为相对人，如向主管部门提起执业兽医师资格申请的相对人。

（五）内部相对人和外部相对人

以行政法律关系的性质为标准，可将行政相对人分为内部相对人和外部相对人。内部相对人是指内部行政法律关系中的行政相对人；外部相对人是指外部行政法律关系中的行政相对人。外部行政法律关系中的行政相对人，通常是一般的公民、法人和其他组织。

（六）授益相对人与侵益相对人

以行政主体行政行为对行政相对人权益影响的性质为标准，可分为授益相对人与侵益相对人。授益相对人是指行政行为对其权益产生有利影响，包括对相对人增加了某种权利或减少了某种义务，即通过行政行为获取某种权益的相对人。例如根据《执业兽医管理办法》第 5 条的规定，因在预防、控制和扑灭动物疫病工作中做出突出贡献而受到表彰和奖励的执业兽医。侵益相对人是指行政行为对其权益产生不利影响，即因为行政行为而失去某种权益或其利益受到侵害的相对人。例如受到行政处罚的执业兽医、在动物卫生执法中被查封扣押财产的经营单位。

三、行政相对人的权利与义务

行政相对人的权利与义务是指由行政法所规定或确认的，在行政法律关系中由行政相对人享有和履行，并与行政主体的义务和权力相对应的各种权利与义务。行政相对人的权利与义务是行政法上的权利与义务，即个人和组织以行政相对人身份出现时所具有的权利与义务，这种权利与义务不同于个人和组织作为民事主体的权利与义务。行政相对人权利与义务是行政相对人在行政法律关系中的法律地位的综合体现。

（一）行政相对人的权利

行政相对人在行政法律关系中主要享有下列权利：

1. 申请权 行政相对人有权依法向行政主体提出实现其法定权利的各种申请，如申请取得抚恤金、救济金、补助金，申请办理许可证照，申请行政机关保护其人身权和财产权等。

2. 参与权 行政相对人有权依法参与行政管理。如参与行政法规、规章以及行政政策的制定；参与国民经济和社会发展计划的编制和实施；参与与自身有利害关系的具体行政行为的相应程序等。

3. 了解权 行政相对人有权了解行政主体的各种行政信息，包括各种规范性文件、会议决定、制度、标准、程序规则，以及与行政相对人本人有关的各种档案材料。除法律、法规规定应予保密的以外，行政相对人均有权查阅、复制。

4. 批评、建议权 行政相对人对行政主体及其工作人员实施的违法、不当的行政行为有权提出批评，并有权就如何改进行政主体的工作和提高行政管理的质量提出建议、意见。

5. 申诉、控告、检举权 行政相对人对行政主体及其工作人员作出的对其本身不公正的行政行为有权申诉，对行政主体及其工作人员的违法、失职行为有权控告和检举。例如，《重大动物疫情应急条例》第 8 条规定："对不履行或者不按照规定履行重大动物疫情应急处理职责的行为，任何单位和个人有权检举控告。"

6. 陈述、申辩权 行政相对人在行政主体作出与自身权益有关的、特别是不利的行政行为时，有权陈述自己的意见、看法，提供有关的证据材料，进行说明和申辩。如《行政处罚法》第 32 条规定，"当事人有权进行陈述和申辩。行政机关必须充分听取当事人的意见，对当事人提出的事实、理由和证据，应当进行复核；当事人提出的事实、理由或者证据成立的，行政机关应当采纳。"《农业行政处罚程序规定》第 23 条中同样规定："采取一般程序查办的案件，农业行政处罚机关应当制作行政处罚事先告知书送达当事人，并告知当事人可以在收到告知书之日起三日内进行陈述、申辩。符合听证条件的，应当告知当事人可以要求听证。"

7. 申请复议权 行政相对人对行政主体作出的具体行政行为不服，有权依法申请行政复议。

8. 提起行政诉讼权 行政相对人对行政主体作出的具体行政行为不服，有权依法提起行政诉讼。

9. 请求行政赔偿权 行政相对人在其合法权益被行政主体违法侵犯并造成损失时，有权依法请求行政赔偿。

10. 抵制违法行政行为权 行政相对人对于行政主体实施的明显违法或重大违法的行政行为有权依法予以抵制，如抵制没有法律依据的摊派、罚款和收费等。

（二）行政相对人的义务

行政相对人在行政法上享有一定权利的同时也必须履行行政法上的义务。行政相对人的义务是行政相对人在行政法律关系中对行政主体所承担的一定作为或不作为的义务，行政主体对行政相对人的这种义务则具有相对应的权力。在行政法律关系中，行政相对人的义务主要有：

1. 服从行政管理的义务 具体包括行政相对人应当遵守行政机关制定、发布的行政法规、行政规章和其他规范性文件的义务和执行行政命令、决定的义务，例如执业兽医应当遵守《执业兽医管理办法》，生猪屠宰场应当遵守《生猪屠宰管理条例》，饲养动物的单位和个人应当履行《动物防疫法》规定的强制免疫、清洗消毒义务等。

2. 协助公务执行的义务 行政相对人有义务协助行政主体及公务人员执行公务，例如配合行政主体的调查，为执行公务提供便利条件和设施等。如《动物诊疗机构管理办法》第 24 条规定，"动物诊疗机构应当配合兽医主管部门、动物卫生监督机构、动物疫病预防控制机构进行有关法律法规宣传、流行病学调查和监测工作。"该条款规定了动物诊疗机构具有协助宣传、调查和监测等公务行为的义务。

3. 接受行政监督的义务 行政主体在调查案件过程中可能会进行询问、讯问、勘验、鉴定以及抽样调查等，行政相对人在行政法律关系中，要接受行政主体依法实施的监督与调查，对合法的监督与调查行为应当予以配合。如《动物防疫法》第 59 条就规定"动物卫生监督机构执行监督检查任务，可以采取下列措施，有关单位和个人不得拒绝或者阻碍……”按照该条款，受到动物卫生监督机构监督检查的诊疗机构、兽医及相关人员均应当配合监督和调查工作，自觉接受行政监督。

4. 遵守法定程序的义务 程序性义务是与程序性权利相对应存在的，法定的行政程序不仅行政主体应当遵守，行政相对人亦应遵守。行政相对人无论是请求行政主体实施某种行政行为，还是应行政主体要求作出某种行为，均应遵守法律、法规、规章规定的程序。否则，可能导致自己提出的相应请求不能实现，甚至要为之承担相应的法律责任。

5. 提供真实信息的义务 行政相对人有义务提供真实的信息并对提供材料信息的真实性负责，如果故意提供虚假信息，要承担相应的法律后果。例如，根据《动物防疫法》第 83 条，对“不如实提供与动物防疫活动有关资料的”行为，动物卫生监督机构可以责令改正或处以罚款。由于许多行政许可和行政登记只进行形式审查，即只审查材料是否齐全、是否履行了法定的手续，行政主体不可能对申请人提交的材料真实性进行全面审查，如果申请人提供虚假材料信息，则行政许可和行政登记应当予以撤销，且相对人不得主张赔偿。

6. 维护公益的义务 行政相对人在行使自身权利的同时不得损害公共利益或他人的合法权益。在国家和社会公共利益正在受到或可能受到损害或威胁时，行政相对人应采取措施，尽可能防止或减少损害的发生，如为了避免疫情传播扩散而强制扑杀动物、销毁动物产品和相关物品等。当然，行政相对人因维护公益致使本人财产或人身受到损害或伤害，事后可请求国家予以适当补偿。

DI-SI ZHANG

第四章 04

行政行为概述

行政行为法是构成整个行政法体系的基石，是行政法学中的重要内容之一。行政法的基本原则、法律渊源和效力位阶等理论，都是为了解决行政行为在实施中所遵循的基本准则和法律依据等问题。行政处罚制度、行政许可制度以及行政诉讼制度、行政复议制度等具体行政法律制度都是以行政行为理论为基础。因此，对行政行为相关理论原理性内容的学习掌握是指导并解决行政监督执法工作中面临的各类法律问题和事实问题的基础。本章从行政行为的基本概念、分类等基础内容出发，对行政行为的内容与形式、成立与合法要件以及行政行为的效力等基本问题进行重点阐述和介绍。

第一节　行政行为的概念与特征

一、行政行为的概念

在我国，学界从广义和狭义的角度对行政行为有四种不同理解：一是最广义的行政行为，即指行政主体实施的所有行为，包括法律行为和事实行为。只要行为主体是行政主体，其行为即为行政行为，其他主体的行为都不是行政行为。二是广义的行政行为，指行政主体实施的所有能产生行政法律效果的行为。行政主体实施的行为可能是行政法律行为，也可能是民事法律行为，行政主体实施的不产生法律效果的行为比如行政事实行为，以及产生民事法律效果的行为不是行政行为。三是狭义的行政行为，指行政主体实施的外部单方行政法律行为。即行政主体对公民、法人或其他组织所实施的，并由行政主体单方面意思表示而形成的具有行政法律效力的行为。四是最狭义的行政行为，指行政主体实施的外部单方行为中的具体行政行为。即行政主体针对特定的人或特定的事所实施的，只对特定的人或特定的事产生行政法律效果的行为，不包括抽象行政行为。

比较普遍的观点即通说认为，行政行为是指行政机关及其他行政主体在行使行政职权过程中所作的能够引起行政法律效果的行为，也就是指行政主体运用行政权所作的行政法律行为。这一概念包含以下三个要素：

（一）主体要素

行政行为必须是行政主体所实施的行为，包括行政机关和法律、法规授权的组织实施的行为，也包括行政机关的公务员、被授权组织工作人员、被委托组织及其工作人员以行政主体名义实施的职权行为。非行政主体的其他国家机关、企事业组织、社会团体或公民个人，由于不具有行政职权或法定授权，均不能实施行政行为。

（二）权力要素

行政行为必须是职权行为，即一定主体行使行政职权作出的行为。任何不涉及行政职权行使运用的行为都不是行政行为，即便是行政机关和法律、法规授权的组织实施的行为，如果没有运用行政职权也不构成行政行为，只有行政主体为了实现国家行政管理职能而行使行政职权时所采取的公务行为才是行政行为。例如某行政机关购买办公设备的行为或租用办公大楼的行为就属于一般民事行为。所以，行政行为以行政职权的存在为前提，是行政职权的具体运用。

（三）法律要素

行政行为必须是法律行为，这就要求行政行为必须是具有行政法律意义，即能直接或间接地产生行政法上效果的行为。所谓直接或间接地引起行政法律效果，是指行政行为的实施，能对行政相对人直接或间接地产生法律上的影响，即导致行政法上权利义务的增减。行政行为的法律要素将事实行为排除在外。所谓事实行为，就是行政机关实施的不会对相对人的权利义务产生影响，不直接发生法律效果的行为，例如动物疫病预防控制机构在动物疫情监测过程中整理材料、分析数据的行为。

二、行政行为的特征

（一）从属法律性

行政行为是执行法律的行为，因而行政行为必须依据法律、从属于法律。这是因为行政主体的行政权与行政相对人的权利一样都来源于法律，行政主体行使行政权的行为必须有法律依据，并全面、全程地接受法律的监控，而不能凌驾于法律之上或游离于法律之外。

行政行为不同于立法行为，立法行为是创制法律规范的行为，行政行为是执行法律规范的行为。行政机关虽然也可以创制行政法律规范（行政立法），但行政立法不是严格意义的立法行为，它只是一种准立法行为，是从属性的立法行为。行政行为的从属法律性是由行政主体的法律地位所决定的。

（二）自由裁量性

行政行为必须依法实施，并不意味着行政机关只能机械地按照法律预先设计的具体路线、途径、方式行事，而不能有任何的自行选择、裁量，不能有任何的主动性参与。任何法律、法规，无论规定得如何严密，都不可能将行政机关的每一个行政行为的每一个细节都予以详细具体规定。加之社会事务是不断发展变化的，相对稳定的法律系统相对于变化的社会状况而言显得滞后保守，这就需要赋予行政机关一定的自由裁量的权力，否则行政机关将无法有效地实施行政管理。

行政行为的自由裁量性与从属法律性不是截然对立的，而是对立统一的。自由裁量不是无限制的自由裁量，而是在法律、法规范围内的自由裁量；从属法律也不是机械地执行法律、适用法律，而是充分运用其主观能动性，紧紧地把握立法目的，积极、灵活地执行法律、适用法律。

（三）单方意志性

行政主体实施行政行为，绝大多数情况下无须与行政相对人协商，不必征得对方的同意，而是根据法律规定的标准和条件，自行决定是否作出以及如何作出某种行为。行政行为的这种单方意志性既体现在依职权的行政行为中，也体现在依申请的行政行为中。尽管随着行政民主化的发展，现代社会的行政相对人已广泛参与行政程序或行政行为的实施，但这种参与的意思表示仍取决于行政主体的接受和采纳。

（四）效力先定性

这是行政行为区别于其他法律行为的显著标志。所谓效力先定性，是指行政行为一经成立，就具有法律约束力，在没有被有权机关宣布撤销、无效或变更之前，对行政主体和行政相对人以及其他机关、组织或个人都具有约束力，任何个人或组织都必须予以遵守和服从。

行政行为的效力先定是一种事先假定或推定，并不意味着行政行为绝对合法正确，但如果要否定或推翻一个已经成立的行政行为，要经过国家有权机关依职权和法定程序的审查认定。行政行为的这种效力先定性根源于行政行为的目的即维护公共秩序和公共利益，为了使公共秩序和公共利益得到有效保障，需要赋予其这种特殊效力性。

（五）国家强制性

行政行为是行政主体代表国家，以国家名义实施的职权行为，故其以国家强制力作为实现的保障。行政主体为实现其管理职能，需要享有相应的管理权力和管理手段。行政行为的强制性体现在：行政行为一经生效，行政相对人必须遵守和服从，否则，行政主体可以申请法院强制执行或依法强制执行。

第二节　行政行为的分类

对行政行为进行分类，有助于深入认识各类行政行为的具体特征，以便更好地理解、把握行政行为的概念，也有助于对行政行为的合法性和有效性进行分析，以及对行政行为的监督与救济途径、方式的判断适用。

行政行为根据不同的标准可以作不同的分类，常见的主要分类包括以下几种：

一、抽象行政行为与具体行政行为

这是以行政行为的对象是否特定为标准所作的分类。

抽象行政行为，是指行政主体针对不特定的对象作出的制定和发布具有普遍约束力的规范性文件的行政行为。如国务院制定《生猪屠宰管理条例》《兽药管理条例》等行政法规，农业部制定《执业兽医管理办法》和省级人民政府制定各类执行《动物防疫法》实施办法等行政规章的行为都属于抽象行政行为。

具体行政行为，是指行政主体针对特定对象所作的特定处理的行政行为。如发放执业兽医资格证、动物诊疗许可证，对动物饲养者、执业兽医作出罚款等行为等都属于具体行政行为。

抽象行政行为与具体行政行为之间最大的区别在于：

1. 在行为对象上，如果一种行政行为是针对特定的对象作出的，就是具体行政行为；反之，则是抽象行政行为。这里的特定性，包含两方面内容：一是明确性，即一种行为针对谁、约束谁，行为双方主体及第三人都是明确的；二是固定性，即该行为所约束的对象在该行为约束期间是固定的、可数的，既不会增加，也不会减少。

2. 在行为的溯及方向上，如果一种行政行为是约束人们业已发生的行为，即具有“向前约束性”，则该行政行为是具体行政行为。相反，如果一种行政行为是约束人们将来可能发生的行为，即具有“往后约束性”，那它便是抽象行政行为。

3. 在行为适用的次数上，如果一种行政行为只能适用一次，那它是具体的；如果一种行政行为可以反复适用，那它便是抽象的。

4. 在行为效力的间隔性上，如果一种行政行为无须通过中间的行为环节就可以直接约束行政相对人的权利和义务，那么该行为是具体行政行为；相反，如果一种行政行为还需要通过中间环节的行为才能对行政相对人的权利和义务发生影响，那它一般属于抽象行政行为。

抽象行政行为和具体行政行为是行政法学中的一种最基本的分类。这种分类对于确定我国行政复议和行政诉讼的受案范围具有重要意义。

二、内部行政行为与外部行政行为

这是以行政行为的效力范围为标准所作的分类。

内部行政行为，是行政主体代表国家对隶属于自身的组织、人员和财务等内部事务进行管理所实施的行政行为。内部行政行为也有抽象行政行为和具体行政行为之分。前者如行政主体对内部工作纪律、工作程序所作出的统一规定，后者如对某个公务人员实施的奖励、处罚、任免决定等。例如兽医主管部门对官方兽医的工资、福利、保险政策的变更属于内部抽象行政行为，而某个官方兽医岗位职务的调整就是内部具体行政行为。

外部行政行为亦称为公共行政行为，是指行政主体对国家和社会行政事务进行管理所实施的行政行为。外部行政行为同样也有抽象的外部行政行为和具体的外部行政行为之分。动物卫生行政活动中常见的外部行政行为种类也比较多样，例如对动物诊疗机构的监督、疫情的监控和组织扑灭重大动物疫情的行为都是外部行政行为。

两者的主要区别在于内部行政行为只对行政主体内部机构和人员产生法律效果，外部行政行为则对社会上的公民、法人或其他组织产生法律效果。根据我国《行政复议法》《行政诉讼法》《国家赔偿法》的规定，涉及内部行政行为引起的争议，一般不适用行政复议、行政诉讼和行政赔偿的方式解决。

三、羁束行政行为与自由裁量行政行为

这是以行政行为受法律约束的程度为标准所作的分类。

羁束行政行为，是指行政主体只能严格依法律、法规的明确、具体规定，没有裁量选择余地而作出的行政行为。如省级兽医行政主管部门核发兽药生产许可证即是一种羁束性行政许可行为，必须依照《兽药管理条例》《兽药生产质量管理规范》以及《兽药 GMP 检查验收评定标准》等有关规定、规范和标准，并遵循法定的发放程序。

自由裁量行政行为，是指行政主体在法律、法规规定的幅度或范围内，根据行政管理的具体情况，选择、裁量所作出的行政行为；或者法律、法规只规定了原则，授权行政主体自主行事，行政主体在符合立法目的和原则的前提下，自主作出的行政行为。如参照《兽药管理条例》中第 56 条，对“违反本条例规定，无兽药生产许可证、兽药经营许可证生产、经营兽药的，或者虽有兽药生产许可证、兽药经营许可证，生产、经营假、劣兽药的，或者兽药经营企业经营人用药品的”，行政处罚措施中有关罚款数额的范围、情节是否严重的判断，均由主管部门自由裁量。

羁束行政行为受合法性原则的约束，行政行为违反羁束规定，就构成违法行为，承担违法的后果。自由裁量行政行为受合理性原则的约束，在裁量权限范围内一般只发生是否合理的问题，不发生是否合法的问题。

四、依职权行政行为与依申请行政行为

这是以行政行为的启动方式为标准所作的分类。

依职权行政行为，是指行政主体根据其职权而无须行政相对人申请就能主动实施的行政行为，也称主动行政行为或积极行政行为。如兽医主管部门对动物饲养场、屠宰加工场所、无害化处理场所、隔离场所、动物交易市场、动物诊疗机构、兽医的监督管理行为。

依申请行政行为，是指行政主体只有在行政相对人提出申请后才能实施的行政行为，又称被动行政行为或消极行政行为。如动物和动物产品的货主向动物卫生监督机构申报检疫后，动物卫生监督机构按照检疫规程的规定实施的检疫行为。

行政行为的这一分类有助于分析行政行为的实施条件。依职权行政行为不需要行政相对人的申请这一条件就能实施；依申请行政行为只有在具备了行政相对人的申请这一条件后才能实施，否则，不能发生法律效力。

五、要式行政行为与不要式行政行为

这是以行政行为是否必须具备法定形式为标准作出的分类。

要式行政行为，是指行政主体的意思表示必须具备法定方式才产生法律效果的行政行为。例如，《动物防疫法》第 42 条明确规定，“动物卫生监督机构接到检疫申报后，应当及时指派官方兽医对动物、动物产品实施现场检疫；检疫合格的，出具检疫证明、加施检疫标志。”这就说明动物检疫是一种要式行政行为。

不要式行政行为，是指法律、法规未规定行政主体意思表示的具体方式，行政主体可以自由选择适当的方式即可发生法律效果的行政行为。不要式行政行为的特点主要有三个：①行政行为的形式是非法定的，行政机关可自由选择行为形式，采取书面形式或是口头形式均不受限制。②一般情况下这种行政行为不直接涉及行政相对人的权利义务。③即使涉及行政相对人的权利义务，行政机关在紧急情况下也可以作出不要式行政行为，不受通常情况下法定形式和程序的约束。例如，公安机关对醉酒的人采取强制约束的行为，消防机关为救火而对毗连火场的建筑进行部分拆除的行为都属于不要式行政行为。行政行为的这一分类，便于法律对不同行政行为作出不同的要求，以保障行政行为的有效性。

此外，行政行为还可以不同的标准划分为作为行政行为与不作为行政行为、可诉行政行为与不可诉行政行为、终局行政行为与非终局行政行为、单一行政行为与共同行政行为等。

第三节　行政行为的内容和形式

一、行政行为的内容

行政行为的内容是指某种行政行为对行政相对人的权利义务产生的具体影响。不同的行政行为内容不同，其产生的法律效果亦有差异。行政行为的内容大致可以归纳为以下几个方面：

（一）赋予权益和剥夺、限制权益

赋予权益是指行政主体依法赋予行政相对人某种法律上的权益，包括法律上的权能、权利和利益。行政相对人在从事某种社会经济活动时，必须具备某种资格，特定的行政相对人要得到法律一般性禁止从事某种行为的合法依据和权利，需要经过行政主体的审查批准。例如根据《动物防疫法》，设立从事动物诊疗活动的机构，应当向县级以上地方人民政府兽医主管部门申请动物诊疗许可证；根据《畜牧法》第 22 条，从事种畜禽生产经营或者生产商品代仔畜、雏禽的单位、个人，应当取得种畜禽生产经营许可证。主管部门受理申请并发放许可证的行为就是一种赋予权益的行政行为。

剥夺、限制权益是指行政主体剥夺、限制行政相对人已有的相关法律上的权能、权利或利益。一般来说，这种权益的剥夺只能针对行政相对人的违法行为做出，是一种行政制裁，主要表现为包括吊销许可证、责令停产停业等。如《动物防疫法》第 81 条第 2 款规定："动物诊疗机构违反本法规定，造成动物疫病扩散的，由动物卫生监督机构责令改正，处一万元以上五万元以下罚款；情节严重的，由发证机关吊销动物诊疗许可证。"这就是一种典型的剥夺、限制权益的行政行为。应当注意的是，也不能排除由于国家政治经济形势的需求和公共利益的需要而剥夺已无存在意义的某些组织、个人的从业资格，例如撤销某些地方农业技术协会、社团联合会等。

（二）科以义务或免除义务

科以义务是指行政主体使行政相对人承担某种作为或不作为义务。作为义务如税务机关的征税行为使行政相对人承担相应的纳税义务；不作为义务如《生猪屠宰管理条例》等法律法规中规定的行政主管机关进行监督检查并采取查封场所、设施，扣押工具、设备等行为，使得行政相对人承担不得继续从事经营活动的义务。

免除义务是指由于某种情况的出现而对行政相对人原来承担的或本应承担的义务予以免除。一般来说免除义务仅针对一些特殊情况。根据《执业兽医管理办法》，执业助理兽医师不得开具处方、填写诊断书、出具有关证明文件是一项法定义务，但是省级人民政府兽医主管部门可以根据本地区实际，决定取得执业助理兽医师资格证书的兽医人员，在一定范围和期限内可以开具兽医处方笺。因此在特定情况下，为了满足动物防疫的需要，免除执业助理兽医师的"不得开具兽医处方笺"的不作为义务就成为必要。

（三）确认法律事实和法律地位

确认法律事实是指行政主体依法对某个法律关系有重大影响的事实是否存在进行确定、认可或宣告的行为，如公安机关对其辖区内的公民是否有违法犯罪行为等出具证明，以及鉴定行为、公证行为等。确认法律地位是指行政主体依法确认某种法律关系中当事人的权利义务是否存在及存在范围的行为，如农业主管部门或人民政府对养殖权的确认，渔业主管部门在"禁渔期"内对捕捞权在时间、范围上的确认。基于对法律事实和法律地位确认的结果，行政主体可以采取特定的行为产生进一步的法律效果，因此确认结果将会对法律责任的认定、分担起重要作用。

二、行政行为的形式

行政行为的形式是指行政活动实施过程中行政行为的表现形式。可以分为抽象行政行为的形式和具体行政行为的形式。

（一）抽象行政行为的形式

抽象行政行为的形式比较单一，一般表现为各类行政立法性的活动，主要有：

1. 制定行政法规和规章 如制定《重大动物疫情应急条例》《生猪屠宰管理条例》《执业兽医管理办法》等行政法规和规章。

2. 提出法律议案 如提交全国人民代表大会审议关于修改《动物防疫法》议案的行为。

3. 编制规划和计划 如国家发展改革委会同农业部、财政部、国家质检总局、国家林业局编制《全国动物防疫体系建设规划》的行为，省、自治区、直辖市人民政府兽医主管部门制订本行政区域的强制免疫计划的行为。

4. 制定行政措施 如根据《重大动物疫情应急条例》制定应急预案中，规定关于疫情的隔离控制措施、扑杀销毁措施等。

5. 发布具有普遍约束力的决定和命令 如政府发布对疫区实施封锁、解除封锁的决定。

（二）具体行政行为的形式

具体行政行为的形式更加多样，包括行政许可、行政监督检查、行政处罚、行政强制、行政征收、行政征用、行政确认、行政给付、行政裁决、行政奖励、行政合同以及行政赔偿等多种类型。

1. 行政许可 行政许可是指具有许可职权的行政机关根据相对人的申请，以颁发书面证照的形式，依法赋予其从事某种活动的权利或资格的行为，如颁发动物防疫条件合格证、执业兽医资格证、动物诊疗许可证、动物检疫证明等，是比较常见的行政行为。行政许可具有以下特征：第一，行政许可是依申请的行政行为，相对人提出申请是行政许可的前提条件。第二，行政许可存在的前提是法律的一般禁止。许可是对禁止的解除，没有法律的一般禁止便不存在行政许可。国家为了国防安全、社会治安和社会建设需要，对符合特定条件的组织和个人准许其实施一般人被禁止从事的行为，如动物诊疗活动、屠宰经营活动，使其享有了从事该行业的特定资格和权利。第三，行政许可是一种授益性行政行为，免除了申请人不得实施某种行为的义务或赋予了其实施某种行为的权利。第四，行政许可的目的在于抑制公益上的危险或影响秩序的因素。人身医疗、动物诊疗等活动中，严令禁止将许可制度与创收相联系，诊疗活动开展的许可条件、费用标准被严格监管和限制，以避免医疗秩序的混乱。第五，行政许可必须遵循一定的程序，并以正规的文件形式呈现出来，这是行政许可的形式特点。

2. 行政监督检查 行政监督检查是指行政机关对被管理者是否遵守国家法律、法规的规定开展活动所进行的检视、调查、查验。如动物卫生监督机构对动物饲养场、动物和动物产品经营、运输单位和人员进行的监督检查。

3. 行政处罚 行政处罚即行政机关对违法者的惩戒制裁，它一般是在行政监督检查后的一种行为方式，是我国行政机关作出最多的行政行为类型，包括申诫罚（警告）、财产罚（罚款、没收违法所得、没收非法财物）、行为罚（暂扣或者吊销许可证、暂扣或者吊销执照，责令停产停业）、人身罚（行政拘留）等形式。《动物防疫法》《畜牧法》《重大动物疫情应急条例》《生猪屠宰管理条例》《执业兽医管理办法》《动物诊疗机构管理办法》

等法律文件中均通过罚则、法律责任等专章规定了对各类违法行为的处罚措施。

4. 行政强制 行政强制是指行政机关为达到行政目的，依据法定职权和程序作出的对相对人的财产、人身及行为产生强制力的单方行为的总称，包括行政强制措施和行政强制执行两种独立的具体行政行为。

行政强制措施是行政机关依其职权采取强制手段限制特定的行政相对人行使某项权利或强制其履行某项义务的处置行为。一般是在尚未查清行为人的违法事实之前采取的一种程序上的处置，为便于日后作出行政决定或实现行政目的，而采取暂时性控制措施，包括人身限制措施和财产限制措施。人身限制措施主要指限制公民人身自由；财产限制措施包括查封场所、设施或者财物，扣押财物，冻结存款、汇款和其他行政强制措施。《动物防疫法》第 59 条、《农产品质量安全法》第 39 条、《兽药管理条例》第 46 条、《饲料和饲料添加剂管理条例》第 34 条等条款中均规定了对相关场所和物品进行隔离、查封、扣押和处置的内容。

行政强制执行则是行政机关或行政机关申请人民法院对不履行行政决定的公民、法人或其他组织依法强制其履行义务的行为。相对于行政强制措施，行政强制执行更具依附性和终局性，是将已生效的具体行政行为所确定的义务动态实现的过程，从对财产权的影响程度上看其法律效果是对财产所有权的剥夺而非对使用权的限制。

5. 行政征收 行政征收是行政机关根据国家和社会公共利益的需要，依法向行政相对人强制地、无偿地征缴一定数额金钱或者实物的单方具体行政行为。行政征收具有强制性、形式多样性、无偿性和法定性的特点，主要包括以下几种类型：

（1）税收征收 即国家税收机关凭借其行政权力，依法强制地、无偿地取得财政收入，包括征收所得税、财产税、行为税等。企业、个人和其他组织在从事动物卫生工作中，应当依法缴纳各类法定的税费。

（2）费用征收 即行政机关为行政相对人提供公益服务或授予国家资源和资金使用权而收取一定的代价，主要包括排污费、公路运输管理费、车辆购置附加费、车辆通行费、港口建设费、滞纳金等。

（3）土地征收 即行政机关代表国家根据公共利益的需要，依照法律规定的程序和职权将农民集体所有的土地转化为国有土地，并给予一定补偿和妥善安置的行政行为。

（4）企业征收 是企业国有化的一种重要方式，国家可以在特殊情况下根据社会公共利益的需要强制取得外资、合资及私营等企业的所有权，并给予相应的补偿。

（5）其他法律、法规规定的财产征收。

6. 行政征用 行政征用是行政主体根据国家和社会公共利益的需要，强制地取得行政相对人财产使用权或者劳务，并给予相应补偿的行政行为。行政征用主要包括三种类型：①土地征用；②劳务征用；③房屋、设备、交通运输工具等财产的征用。

7. 行政确认 行政确认是行政主体依法对行政相对人的法律地位、法律关系或有关法律事实进行甄别，给予确定、认定、证明或否定并予以宣告的具体行政行为。包括医疗事故鉴定等技术鉴定，食品安全和动植物卫生检疫、公证等法律事实的确认和使用权、所有权、合同效力等法律关系的确认。

8. 行政给付 行政给付是指行政主体向社会特殊群体、弱势群体等符合一定条件的申请人提供物质利益或者赋予其与物质利益有关的权益的具体行政行为。主要包括抚恤金、特定人员离退休金、社会救济福利金、自然灾害救济金及救济物资等。

9. 行政裁决 行政裁决是行政机关根据法律授权，主持裁决当事人之间发生的与行政管理事项密切相关的民事纠纷的活动。主要涉及对权属纠纷、侵权纠纷、损害赔偿纠纷等民事纠纷的裁决。

10. 其他具体行政行为的形式 除上述主要的行政行为形式外，还包括行政奖励、行政赔偿、行政调解、行政指导、行政合同、行政命令等多种表现形式，共同构成了完整的行政行为形式。

第四节 行政行为的成立要件与合法要件

一、行政行为的成立要件

行政行为的成立要件，是指行政行为成立所必须具备的条件。如果一个行政行为不具备构成行政行为的基本要件，它就不能成为行政行为。一般而言，行政行为的构成要件有四个：

1. 行政职权的存在 行政职权代表了执行法律、作出行政行为的一种资格。通常来说，行政职权可以由法律赋予行政机关和社会组织，也可以由行政主体分配给行政机构和公务员。只有具备行政职权的组织或者个人才能作出行政行为，也只有具备行政职权的组织或者个人所实施的公务行为才能构成行政行为。如果主体不享有行政权，其行为就不能发生行政法上的效力，也不能按照行政法上的救济方式追究行政责任。

2. 行政权的实际运用 行政行为必须是行使行政权的行为，即行政主体运用行政权所作出的行为。运用行政权是以享有行政权为前提的，因此，只有享有行政权并实际上运用行政权所作出的行为才是行政行为，而没有运用行政权所作出的行为，即使实施者是享有行政权的组织或个人，也不是行政行为。

3. 法律效果的存在 行政行为必须是一种法律行为，即行政主体向行政相对人作出具有法律效果的意思表示，目的在于建立、变更或撤销双方之间的行政法律关系。只有当这种意思表示具备了设定、变更或消灭某种权利义务关系的内容时，才具有法律意义而构成法律行为。如果一个行为没有针对行政相对人，或者没有设定、变更或消灭相对人的某种权利义务，或者尚未形成或完成对相对人某种权利义务的设定、变更或消灭，则该行为不具有法律意义，不是法律行为。因此，法律效果的存在使得行为主体实施的行为能够具备直接或间接导致行政法律关系的产生、变更和消灭的功能，构成行政行为成立的法律要件。

4. 表示行为的存在 任何行为都必须借助于一定的形式表现出来。行政主体只有将自己的意志通过语言、文字、符号或行动等行为形式表示出来，并告知行政相对人后，才能成为一个行政行为。如果行政主体的意志还没有表现出来，或者还没有告知行政相对人，就无法被外界所识别，就应视为行政行为不存在或不成立。表示行为的存在可以称为行政行为成立的形式要件。

二、行政行为的合法要件

行政行为的合法要件，是指已经成立的行政行为合法所应当符合的条件。行政行为合法不同于行政行为的成立，已成立的行政行为不一定是合法的。违法的行政行为经过相应的程序，具备成立要件后，亦能对外产生法律效力。行政相对人只能通过行政复议、行政诉讼等法定途径请求有关国家机关确认该违法行为无效或撤销该违法行为。在此之前，除非该行政行为的违法是非常明显、重大的，行政相对人仍要受该行政行为的约束。

行政行为的合法要件一般包括以下几个方面。

（一）行为主体合法

只有合法主体的行政行为才是合法的行政行为。主要包括以下几点：

1. 行为主体应具备行政主体资格 这里的资格，是指能以自己的名义实施行政行为，并能够独立承担相应的法律后果。也就是说，行政行为必须由具备行政主体资格的主体作出，其他不具备行政主体资格的机关、组织、团体、单位都无权作出行政行为。有时国家行政机关会和其他社会组织、团体、企事业单位联合作出某一种行为，如兽医主管部门联合兽医协会共同制定和发布某一规范或非规范性文件，联合采取某一措施、实施某一具体行为等。这种行为如果是有法律根据的，且符合行为机关的职权范围，同样应视为合法行政行为。

2. 行政行为的实施者应具有合法的身份 即实施者必须有权代表行政主体对外行使职权，如官方兽医、农业综合执法队的执法人员都是有权代表动物卫生监督机构、兽医主管部门对外行使行政职权的合法公职人员。

具体来说，要判断实施者是否具有合法身份，应当按照其类别的不同进行审查：如果是行政机关，只要审查相应行政机关是否是依法设置的；如果是法律、法规授权的组织，则要审查法律、法规是否授予了该组织以相应权限；如果是行政机关和法律、法规授权组织的工作人员，则要审查这些人员是否确定为相应机关、组织的工作人员，是否受该机关、组织派遣实施相应行为；如果是行政机关委托的组织或个人，则要审查行政机关是否确有此委托，有无委托书或其他证据，被委托者的行为是否超出了委托范围。

3. 应以会议的形式作出的行政行为，必须依法通过一定的会议讨论，并经行政首长签署，才能对外发生法律效力 如果法律、法规对某种行政行为有此规定，该行政行为的作出则必须通过会议讨论，而且相应会议必须有法定人数出席，才能视为相应行政主体的行为。否则，即为行政主体不合法。例如，根据《行政法规制定程序条例》，除非是调整范围单一、各方面意见一致或者依据法律制定的配套行政法规草案可以直接由国务院审批，通常情况下制定行政法规的行为必须经过国务院常务会议审议，并由总理签署国务院令公布施行，才能够产生法律效力。

（二）符合法定管辖权的规定

管辖权是行政主体掌管某特定事务的权力与义务，即权能与资格。行为主体的行为必须是在其权限范围以内，即行政行为应当由有管辖权的行政机关实施，否则，行政主体的行为超出了自己的权限范围，应属无效。例如，动物卫生监督执法机关行使了工商管理职能，就因不符合管辖权规定而造成主体不合法。管辖权一般包括以下几个方面：

1. 事务管辖 不同的行政或社会公共事务由拥有不同专业人才的专门部门进行管理，以符合专业化的要求。例如动物产品检疫事务由动物卫生监督机构实施管理，就是符合事务管辖要求的表现。

2. 地域管辖 以行政区域的划分来确定行政体系内同级别的、有相同事务管辖权的不同行政主体间彼此的管辖范围，使任何一个行政主体都有其独立的行政管辖区域。

3. 层级管辖 即行政体系中上下级行政主体之间处理行政事务的分工和权限。级别管辖主要用于在多层级的上下级机关中确立上级机关可否以及在何种条件下可以就哪些行政事务直接决定。一般而言，非有法律明确授权，上级机关同样不能任意干涉下级机关管辖权范围内的事情。

行政主体仅能就自己管辖权范围内的事项实施行政行为，否则所作出的行政行为无效，这就是“越权无效”原则。

（三）符合法定内容

这是行政行为的内容要件，主要是指行政行为适法、适当等。具体而言，它意味着：

1. 行政行为有事实根据，证据确凿 行政行为内容合法必须以有事实根据为前提。例如，行政主体实施行政处罚行为，必须有行政相对人实施了违法行为的事实；行政主体向行政相对人征收个人所得税，必须有相对人已获得了某种个人收入的事实；行政主体拒绝给申请许可证的相对人颁发许可证，必须有相对人不符合取得相应许可证法定条件的事实。

行政主体作出相应行政行为，不仅要有事实根据，而且此种事实必须证据确凿，而不能根据道听途说或想象推理。否则，该行政行为就会因缺乏可靠的证据基础而受到行政相对人的指控，最终可能被有权机关撤销。

2. 行政行为的内容适法 适法就是指正确适用了法律、法规、规章和规范性文件，行政行为的内容与目的必须不是法律、法规所禁止的事项。对法律的正确适用，主要包括三个层面：

（1）正确把握法律规范的效力等级 先适用高效力层级的法律规范，然后再适用低效力层级的法律规范；若低效力层级法律规范与高效力层级法律规范相冲突，则只适用高效力层级法律规范而不适用低效力层级法律规范。

（2）正确选择与行政行为相适应的法律规范 适用法律规范应该是有针对性的，行政主体应在大量的法律规范中选择与解决相应问题相关的、同时是现行有效的法律规范。

（3）全面适用法律规范 对某一个行政行为，如果同时有几个法律规范对其进行调整，除非法条之间存在明显的冲突，行政主体应同时适用所有有关的规范。

3. 意思表示真实 行政主体在作出行政行为时，行政行为必须完全、真实地反映行政机关的本意，并无虚伪、错误、受欺诈或胁迫的情形。只有行政主体的意思表示真实，才能使行政行为建立在正当考虑的基础之上，使行政行为合乎情理。

4. 符合公共利益 行政行为的作出必须以公共利益的需要为基础，不能有损公共利益。

5. 符合立法目的 行政主体实施行政行为，应是为了实现相应立法所欲达到的目的，而不应以权谋私，通过行政职权的行使去实现自己的某种私利，如打击报复、为亲朋好友谋取某种好处等。行政主体实施行政行为如果不是为了实现相应立法的目的，而是出于某种个人的动机，则其行为就是滥用职权。

（四）符合法定程序

符合法定程序要求行政行为的实施必须符合法律规定的方式、步骤、顺序和时限等方面的要求。程序合法不仅是行为实体合法的保障，而且也是行为实体合理、公正的保障。行政主体违反行政程序所作出的行政行为当属无效，或者应当予以撤销。例如，根据《行政处罚法》第 3 条第 2 款规定："没有法定依据或者不遵守法定程序的，行政处罚无效。"符合法定程序的要件主要包括符合法定方式，符合法定步骤、顺序，以及符合法定时限。

第五节　行政行为的效力

一、行政行为效力的内容

行政行为的效力是指行政行为生效后在法律上能够产生的影响或效果，其内容主要包括以下几个方面：

（一）公定力

行政行为的公定力是行政行为的效力基础，指行政行为一经作出即被推定为合法，在有权机关予以撤销或变更之前，行政相对人和其他人均不能否认其效力存在并应当予以尊重。公定力是一种经推定或假定的法律效力，并非说明行政行为必然合法有效。行政行为的公定力意味着：行政行为受合法之推定，除了有权机关依法撤销或认定其无效，其他任何组织或个人不能否定行政行为之效力，仅得依法以诉讼手段请求救济，当法律不许诉讼时，则有赖行政权之自我克制。例如在动物卫生监督机构在对动物诊疗机构做出行政处罚决定后，只要行政相对人没有向复议机关申请复议并由有权机关作出撤销、变更行政行为的决定，也没有向法院提起行政诉讼并由法院作出撤销或部分撤销行政行为的判决，那么行政行为就在事实上具有效力，并且在复议或诉讼过程中不停止执行。

（二）确定力

确定力是一种不可改变的法律效力，要求行政行为一经确定，不能随意更改。确定力是一种对行政主体和行政相对人双方而言的法律效力：对行政主体的确定力，称为实质确定力，它要求行政主体不得任意改变自己所作出的行政行为，否则应承担相应的法律责任；对行政相对人的确定力，称为形式确定力或不可争力，是指当事人没有权利自行改变行政行为，除非向法定机关提起行政复议或行政诉讼，由法定机关变更或撤销该行政行为。

需要注意的是，一般而言行政行为作出后都会有一个可争议或可更改期，在经过一定的期限或程序后，行政行为将最终地、实质性地确定下来，如果行政行为没有在期限内被撤销或宣告无效，则由其确定的权利义务将不再变更。例如，动物卫生监督机构对某兽医处以罚款，被处罚人基于行政处罚的公定力应当履行该行政处罚为其确定的义务，但是如果对处罚决定不服，可以在一定期限内通过行政复议或行政诉讼等渠道进行救济。如果经过复议或诉讼该处罚决定被撤销，则被处罚人不再负有履行义务，已经缴纳的罚款应当予以退还。如果经过复议或诉讼，支持了动物卫生监督机构的处罚决定，行政处罚被维持下来，则基于行政行为的确定力，不得再对行政处罚进行争议，其不得被改变。

（三）拘束力

行政行为的拘束力是指行政行为具有法律规定或行政机关决定的法律效果，行政机关和行政相对人都必须尊重并遵守，其内容对相关人员产生约束的效力。拘束力可以分为对行政相对人的拘束力和对行政机关的拘束力。

1. 对行政相对人的拘束力 行政相对人有义务服从合法成立并已生效的行政行为，对合法成立的行政行为必须遵守，对行政行为规定的内容必须实际地、完全地履行，不能借口推诿、拖延。对于特定的相对人，拘束力以该相对人为限，不能转移；对于多数不特定的相对人，拘束力则作用于约束一般人，如法律、法规出台并生效后，相关人员均应积极地履行其中规定的义务，否则就要承担相应的法律责任。

2. 对行政机关的拘束力 在行政行为未被依法撤销或变更之前，作出行政行为的行政机关负有执行该行政行为的义务，任何机关或任何职务的人员均不能干预行政行为的执行并应当受该行政行为的拘束。例如，兽医行政主管部门对某肉产品生产加工单位作出处以一定数额罚款的行政处罚决定后，主管部门未经法定事由和程序不得再改变罚款金额，其他行政机关也应当尊重这一处罚决定，不得对同一行为再次进行罚款。

（四）执行力

行政行为的执行力是指已生效的行政行为要求行政主体和行政相对人将其确定的权利义务内容转化为现实的法律效力。执行力是行政行为的内容得以实现的保障，是实现行政行为内容的效力。这里的内容是指行政行为所设定的权利义务。行政主体和行政相对人双方对行政行为所设定的内容都有要求实现的权利义务。当该行政行为为行政相对人设定义务时，行政主体具有要求行政相对人履行义务的权力，依法享有强制行政相对人履行义务的手段，行政相对人负有履行的义务；当该行为为行政主体设定义务时，行政相对人具有要求行政主体履行义务的权利，并有通过行政复议或行政诉讼的方式要求行政主体履行义务的手段，行政主体负有履行的义务。

一般而言，执行力的实现方式包括自行履行和强制履行。其中，对行政相对人的强制履行包括行政强制执行和司法强制执行，对行政主体的强制履行包括行政诉讼裁判和行政复议决定。

应当注意的是，并非所有的行政行为都具有执行力：

第一，并非所有的行政行为都必须强制执行，例如行政许可、行政指导、行政处罚中的警告等行政行为不涉及强制执行的内容。

第二，强制执行的前提是行政相对人在期限内不履行其应当履行的义务，即相对人负有义务但不作为。

第三，有些行政行为应当先由相对人自己执行，如纳税行为；有些行政行为成立后，可以暂缓执行，如当事人对土地确权的行政裁决不服提起行政复议或行政诉讼期间，可以暂缓执行。

二、行政行为的无效

行政行为的无效，是指行政行为在法定情形下自始、当然不发生法律效力，亦即行政行为仅具存在的形式，而未能发生法律上的效果，对任何人均不具备拘束力。行政行为的无效，无须经有权机关确认并宣告。

（一）行政行为无效的条件

1. 行政行为具有特别重大的违法情形或具有明显的违法情形 如某县政府作出一个行政决定，规定其所作出的某类行政行为属终局行政行为，行政相对人不准对其提起行政诉讼。则此行政决定明显违反《行政诉讼法》的规定，并因存在违法情形而无效。

2. 行政主体不明确或明显超越相应行政主体职权的行政行为 如在作出行政处罚时，处罚决定书上没有签署行政主体的名称，使被处罚人不能确定实施该行政处罚行为的行政主体是谁，无法对其提起行政复议或诉讼，则该行政处罚应当视为无效行政行为。

3. 行政主体受胁迫作出的行政行为 如兽医主管部门的工作人员在行政相对人武力威胁下颁发的许可证、执照或作出的批准行为等，均是无效行政行为。

4. 行政行为的实施将导致犯罪 如某地方政府为了吸引外商在该地投资，命令捕杀若干国家保护的野生动物用于招待外商。因捕杀此类野生动物的行为属犯罪行为，故该政府命令他人实施此种将导致犯罪的行为的行政命令是无效行政行为，行政相对人有权抵制而不予执行。

5. 没有可能实施的行政行为 行政主体所作的行政决定可能不具备实施的现实条件，例如动物卫生监督机构要求辖区内所有的动物诊疗机构必须在三日内安装某种动物专用检查设备，但该设备从签订订单到运输、安装至少需要三十个工作日。因此，该行政命令不具备现实的可行性，从而属无效行政行为。

（二）行政行为无效的法律后果

1. 行政相对人可在任何时候请求有权国家机关，如行政行为的作出机关、其上级机关或人民法院宣布该行政行为无效。行政相对人要求撤销行政行为通常只能在法定期限内通过申请复议或提起行政诉讼提出请求。

2. 无效行政行为对行政相对人设定的义务，行政相对人没有服从的义务，有权抵制而不予执行，并且对此种不履行不承担法律责任。需要注意此处行政行为无效和撤销在法律后果上有所区别，可撤销的行政行为只是在撤销之后失去法律效力，在被撤销之前仍然对行政相对人有拘束力，行政相对人如在此前不履行该行政行为为其确定的义务，仍要承担法律责任。

3. 行政行为被宣布无效后，行政主体通过该无效行政行为从行政相对人处所获取的一切（如罚没款等）均应返还行政相对人；所赋予行政相对人的义务均应取消；对行政相对人所造成的一切损失均应赔偿。同时，行政主体通过相应无效行政行为所赋予相对人的一切权益，均应收回。但是如果此种收回给善意的相对人的合法权益造成了损害，行政主体应对其予以赔偿。例如，兽医主管部门在严重违法的情形下给某动物医院核发动物诊疗许可证，但该动物医院并无过错且不知晓该违法情形，后来该行政许可行为被宣布无效，但动物医院已经投入大量资金用于装修、购买设备，则应该对其予以一定的赔偿。总之，行政行为被宣布无效后，被行政行为改变的状态应尽可能恢复到行为以前的状态。

三、行政行为的撤销

行政行为的撤销，是指对已经发生法律效力的行政行为，因其违法或不当，由有权机关予以撤销，使其失去法律效力。行政行为的违法或不当是行政行为撤销的条件。撤销是对行政行为的完全否定，因而不仅使该行政行为对以后不具有效力，而且撤销的后果要溯及既往，使其自始至终都归于无效。行政行为撤销与行政行为无效的区别在于：无效的行政行为自始无效，始终无效，而可撤销的行政行为只有在撤销之后才失去法律效力，尽管这种失效可以追溯到行政行为作出之日，但行政相对人却在撤销决定作出之前一直要受该行政行为约束。而且，可撤销的行政行为不一定必然被撤销，行政相对人申请行政复议或提起行政诉讼均有一定时限，超过此时限即不能申请撤销相应行政行为，除非作出行政行为的机关主动撤销或有权机关通过法定监督途径撤销。

行政行为的撤销必须通过有撤销权的机关经过法定程序进行，这些机关通常包括作出行政行为的行政机关、上级行政机关、行政复议机关、人民法院和权力机关。在行政行为被撤销之前，基于行政行为的公定力，该行政行为将一直有效，当事人应当受其约束。

（一）行政行为撤销的条件

1. 行政行为的合法要件缺损 即行政行为违反了合法性原则。根据前文所述，合法的行政行为必须具备多个要件，如主体合法、内容合法、形式合法等。如果某种行政行为缺损其中一个或以上要件，该行政行为就是可以被撤销的行政行为。

2. 行政行为不适当 不适当的行政行为也是可撤销的行政行为。所谓“不适当”，一般是指行政行为虽然没有违反合法性原则，但是违反了合理性原则，即具有不合理、不公正、不符合现行政策、不合时宜、不合乎有关善良风俗习惯等情形，或者行政行为的形式、内容存在一定的瑕疵，但没有到明显重大的程度以至于无法从表面上判断或认定其无效。不适当的行政行为在很多情形下同时也是不合法的行政行为，从而主要是以“违法”为由予以撤销。但在有些情况下，不适当的行政行为并不违法，因此，“不适当”亦可成为撤销行政行为的条件之一。例如，根据《动物防疫法》第 77 条的规定，在未取得动物防疫条件合格证的情况下兴办动物饲养场（养殖小区）和隔离场所，动物卫生监督机构可以“处一千元以上一万元以下罚款；情节严重的，处一万元以上十万元以下罚款”。那么在情节并不严重的情况下，比如建造该饲养场所的规模较小，饲养动物的数量有限，仍然对其处以五万元的罚款，虽然该罚款决定并不违法，但明显违背了合理性原则，则依然可以通过行政复议或行政诉讼的方式予以撤销。

（二）行政行为撤销的法律后果

从法律后果上看，如果行政行为的撤销是由于行政主体的违法行为引起的，则行政相对人因为撤销而遭受的损失应当由行政主体赔偿；如果行政行为的撤销是由于行政相对人的过错（如通过欺诈的方式取得执业许可证）或双方共同过错（如通过行贿的方式取得执业许可证）造成的，行政相对人因行政行为撤销而遭受的损失均由其自己负责，或由行政主体和行政相对人依其过错程度共同承担。行政行为撤销的效力通常应追溯到行为作出之日。

四、行政行为的废止

行政行为的废止，是指原已经成立并生效的合法行政行为，基于法律上、政策上或事实上的原因，决定将其废弃，使其自废止之日起向将来丧失效力。行政行为废止的原因是多种多样的，国家政策变更、法令修正、情势变迁、不合公益等，均可导致行政行为废止。行政行为的废止，只向后失去效力，对行政相对人的既得权益不发生影响。具体来说，行政行为废止的条件包括以下几个方面：

1. 行政行为所依据的法律、法规、规章、政策经有权机关依法修改、废止或撤销，相应行政行为如继续存在，则与新的法律、法规、规章、政策相抵触，故行政主体必须废止原行政行为。

2. 国际、国内或行政主体所在地区的形势发生重大变化，原行政行为的继续存在将有碍社会政治、经济、文化的发展，甚至给国家和社会利益造成重大损失。为此，行政主体必须废止原行政行为。

3. 行政行为已完成原定目标、任务，实现了其历史使命，从而没有继续存在的必要，为此，行政主体废止原行政行为。

行政行为的废止与无效（或撤销）的根本区别在于：后者以行政行为本身的违法或瑕疵为理由，而前者以情势变化为基础；后者的效果溯及既往，前者原则上只对将来产生约束力。因此行政行为的废止实质上是行政机关基于公共利益因素对行政行为的撤回。为了维护法律秩序，确保撤回行为的公正和行政相对人的合法的信赖权益，行政行为的废止应当受到一定的限制，并且行政主体应对行政相对人的损失予以适当补偿。例如，对建立某动物诊疗机构的批准是合法的，但由于国家政策的变更，该批准被废止，则该机构不能要求行政机关予以赔偿，但可以就未来可能的损失要求行政机关给予一定的补偿。

DI-WU ZHANG

第五章 05

行政立法

随着行政干预社会事务范围的扩大，行政管理的内容日益复杂且也越来越专业化、技术化，传统立法机关的立法已不能适应现代社会发展的要求。因此，立法机关通过立法规定一般的、抽象的原则和标准，而具体的、实质性的内容则由行政立法予以规定，从而使法律的内容更加具体，更便于操作实施，也更容易获得实现。在现代国家立法体系中，行政立法是指一定范围内依法享有立法权的国家行政机关制定具有法的地位的规范性文件的活动。在性质上，行政立法属于抽象行政行为。本章主要介绍行政立法的基本知识与原理，包括行政立法概念、特征，行政立法的分类，我国行政立法的形式和体制，以及行政立法的原则与程序等内容。

第一节　行政立法的概念和特征

一、行政立法的概念

关于行政立法的概念，有狭义与广义之分。前者是指特定行政机关制定关于行政管理的规范性文件的活动（动态意义的行政立法）或者特定行政机关制定的关于行政管理的规范性文件（静态意义的行政立法）；后者指不论制定主体是谁，只要是关于行政管理方面的立法统称为行政立法（实际上是有关行政管理的立法）。大多数学者认同和使用狭义上的行政立法，本章也采用行政立法的狭义概念，行政立法是指特定的行政机关根据法定权限，按照法定程序制定、发布行政法规和行政规章等行政规范性文件的活动（动态意义）或制定、发布的行政法规和行政规章等行政规范性文件（静态意义）。行政立法的概念包含以下几层含义：

1. 行政立法是国家行政机关的行为　行政立法是现代社会中行政机关不可缺少的重要的行为形式。从行为的主体来看，行政立法是行政机关实施的职权行为，而且是特定的国家行政机关实施的行政行为，不是其他国家机关如权力机关的行为。比如，《动物防疫法》《畜牧法》的制定主体是全国人民代表大会常务委员会，因此不是行政立法。而《重大动物疫情应急条例》《生猪屠宰管理条例》《兽药管理条例》以及《执业兽医管理办法》等规范性文件是以国务院、国务院部门为制定主体，属于行政立法。

2. 行政立法是行政机关依照法定权限和法定程序所为的行为　作为行政行为的一种，越权无效同样适用于行政立法。行政立法并非行政机关固有的权力，更非行政机关能任意进行的行为，要求行政机关必须依据宪法、法律或有权机关的授权进行行政活动。此外，行政立法还必须依照法定立法程序进行，这是行政立法同其他行政行为的显著区别。一般来讲，行政立法必须经过立项、起草、审查、决定、公布、备案等一系列立法程序，这就使得它与行政处罚、行政许可等由行政机关作出的具体行政行为有明显的不同。

3. 行政立法是行政机关制定行政法规、行政规章等规范性文件的抽象行政行为　从行为的结果上看，行政立法的结果是产生具有普遍约束力的行政规范性文件，具体包括行政法规与行政规章。这些规范性文件并不是针对某个具体的人或具体的事，而是具有普遍约束力和普遍适用性，属于典型的抽象行政行为范畴。

二、行政立法的特征

行政立法具有立法和行政的双重属性。一方面，行政机关作为立法主体进行的立法活动具有立法性质，是一种“准立法”行为；另一方面，行政立法作为国家行政机关对社会公共事务进行管理的一种手段，它带有典型的行政性质，是一种抽象行政行为。因此，行政立法活动既不同于纯粹的立法行为，又区别于对行政事务作出具体处理的一般行政行为，具有如下特点：

1. 行政立法的主体是特定的 行政立法的主体是行政主体，但并不是所有的行政主体都有权进行行政立法，只有特定行政主体才享有行政立法权成为行政立法的主体。在我国现阶段，依法享有行政立法权的主体包括：国务院，国务院各部门，省、自治区、直辖市人民政府，设区的市、自治州人民政府以及经济特区所在地的市人民政府。这些行政机关的行政立法权来源于《宪法》《立法法》以及行政组织法的明确规定。

2. 行政立法的形式是行政法规和行政规章 行政法的渊源种类有很多，包括宪法、法律、行政法规、地方性法规、规章和其他规范性文件等。但是这些并不都是行政立法的结果。行政立法的结果表现为特定行政机关制定的行政法规和行政规章，不包括他们制定其他形式的规范性文件。

3. 行政立法是具有普遍约束力的行为 它是针对不特定的公民、法人和其他组织所制定的行为规则，具有适用性、针对性和普遍约束力；同时，行政立法也是行政主体作出具体行政行为的执法依据。

4. 行政立法是从属性立法 根据我国的宪政体制，行政机关由权力机关产生，对其负责、受其监督，是权力机关的执行机关。行政立法必须在宪法、法律规定的具体权限范围内进行，行政立法的内容和范围不得与权力机关立法的内容和范围相冲突。行政机关的立法主要表现为执行性立法，目的是为了准确、高效地执行权力机关通过立法确立下来的基本准则和大政方针。所以，行政立法是对权力机关立法的延伸和具体化，属于从属性立法。

第二节 行政立法的分类

一、一般授权立法和特别授权立法

依据行政立法权力来源的不同，行政立法可分为一般授权立法和特别授权立法。

一般授权立法亦称为职权行政立法，是指行政机关根据宪法和组织法所赋予的行政立法权，制定、颁布行政法规和行政规章的立法行为。比如，《立法法》第 65 条规定：“国务院根据宪法和法律，制定行政法规……”这属于国务院的职权立法，或者叫一般授权立法。根据现行宪法和行政组织法的规定，国务院，国务院各部委、具有行政管理职能的直属机构，省、自治区、直辖市人民政府，设区的市、自治州人民政府，可以进行一般授权立法。行政机关通过一般授权立法所制定的行政法规和规章应该符合法律、法规的规定，不能变通法律和法规的内容。

特别授权立法也可称为授权行政立法，是指国家行政机关根据宪法、行政组织法以外的单行法律、法规或权力机关的授权决议所授予的立法权进行的行政立法。特别授权立法的根据分为两类：一是宪法和组织法以外的单行法律、法规，二是国家权力机关作出的专门授权决议。被授权的主体既可以是一般授权立法的主体，也可以是本来不具有行政立法权的主体。行政主体通过特别立法授权所制定的行政法规可以变通、修改法律的个别规定，或者对法律的有关规定作出补充；行政主体通过特别立法授权制定的行政规章，可以修改行政法规的个别规定，或者对行政法规的有关规定作出补充。

二、中央行政立法和地方行政立法

根据行政立法主体的不同，行政立法可以分为中央行政立法和地方行政立法。

中央行政立法是中央行政机关依法制定和发布行政法规和规章的行政立法活动。例如国务院和国务院各部委、具有行政管理职能的直属机构等所进行的行政立法，都属于中央行政立法。比如，为了加强生猪屠宰管理，保证生猪产品质量安全，保障人民身体健康，国务院制定、颁布《生猪屠宰管理条例》。中央行政立法调整全国范围内的普遍性问题和须由中央作出统一规定的重大问题，例如全国性治安管理问题、资源问题、环境保护问题等。由中央行政立法所制定的行政法规和规章在全国范围内具有法律效力。

地方行政立法是地方行政机关依法制定和发布地方政府规章的行政立法活动。在我国，省、自治区、直辖市人民政府，省、自治区人民政府所在地的市人民政府，设区的市、自治州人民政府，以及全国人民代表大会常务委员会授权的经济特区所在地的市人民政府所进行的行政立法，都是地方性行政立法。地方行政立法所制定的行政规章，只在本行政区域内发生法律效力。

三、执行性立法、补充性立法、试验性立法

根据行政立法的内容、目的的不同，可以将行政立法分为执行性立法、补充性立法和试验性立法。

执行性立法，是指为了执行效力更高的规范性文件（上位法）而进行的行政立法活动。如国务院为实施《进出境动植物检疫法》而制定的《进出境动植物检疫法实施条例》就是执行性立法。其特点是不创设新的法律规则，只对效力比自身高的法律、法规的具体执行问题作出说明或规定办法。执行性立法通常称为“实施条例”“实施细则”“实施办法”等。

补充性立法是指国家行政机关根据法律、法规和权力机关的明确授权，对已经发布的法律、法规进行补充规定的立法活动。这种立法是针对法律、法规尚未规定的事项而作出的补充性规定。补充性立法所制定的行政法规、规章通常称为补充规定或补充办法。如《行政处罚法》第 8 条规定：“行政处罚的种类：（一）警告；（二）罚款；（三）没收违法所得、没收非法财物；（四）责令停产停业；（五）暂扣或者吊销许可证、暂扣或者吊销执照；（六）行政拘留；（七）法律、行政法规规定的其他行政处罚。”根据这一条第（七）项规定，国务院设定其他行政处罚类型的行政立法，即为补充性立法。

试验性立法是指对法律相对保留的事项中尚未制定法律或者制定法律的条件不成熟的，国务院根据最高权力机关的专门授权决定，制定行政法规的立法活动。试验性立法是在特殊条件下采取的临时立法，是一种产生新的法律规则的活动，因而属于创制性立法。

试验性立法所制定的行政法规通常称为暂行条例或暂行规定。如本应由全国人民代表大会或其常务委员会制定法律的事项，因立法条件尚不成熟，而由国务院接受全国人民代表大会或其常务委员会的特别授权，先制定行政法规，以适应需要，同时也便于总结实施的经验，为制定法律作准备。有时某全国性的、本应由国务院制定行政法规的事项，因制定行政法规条件不成熟，而先由某个地方政府制定地方规章加以试行的地方立法活动，也属于这一类。

四、法规性立法和规章性立法

根据行政立法最终结果的表现形式不同，行政立法可以分为法规性立法和规章性立法。

法规性立法是特指国务院依法制定和发布行政法规的行政立法活动。国务院为了执行法律、实现国务院对全国各项工作的领导，可以就全国性的政治、经济、教育、科技、文化和外事等方面制定行政法规。可以由国务院直接组织起草、制定和发布，也可以由国务院主管部门组织起草、制定，经国务院批准，由制定部门发布。通过法规性立法制定出来的行政法规，有“条例”“规定”和“办法”三种名称。条例是对某一方面行政工作作出比较全面、系统的规定；规定是对某一方面行政工作作出部分规定；办法是对某一项行政工作作出比较具体的规定。

规章性立法是指法定的国务院主管部门和特定的地方人民政府依法制定和发布规章的行政立法活动。规章一般以“规定”“办法”“实施细则”和“规则”等作为名称。法定的国务院部门制定的规章，称为部门规章；特定的地方人民政府制定的规章，称为地方政府规章。

第三节　我国行政立法的形式和体制

一、行政立法的法定形式

行政立法的法定形式也就是行政立法的法定表现形式。概括而言，我国行政立法的法定表现形式包括行政法规和规章。

（一）行政法规

行政法规是国务院依据宪法和法律授权制定的规范性文件。一般称“条例”，也可以称“规定”“办法”。体例上一般分为章、节、条、款、项、目。国务院根据全国人民代表大会及其常务委员会的授权决定制定的称“暂行条例”或“暂行规定”。根据宪法规定，国务院制定行政法规是为了执行法律的规定，或者是为了行使宪法赋予的管理职权等事项。国务院领导和管理国家各项行政工作，根据宪法和法律，可以就政治、经济、教育、科技、文化、外事等各方面制定行政法规。行政法规有以下特点：

第一，从主体上看，行政法规的制定权专属于国务院，其他任何组织无权制定行政法规，这是国务院依据宪法享有的固有职权。

第二，从依据上看，行政法规是依据宪法和法律而制定，因此它具有从属法律性，其内容不得与宪法和法律相抵触。

第三，从性质上看，行政法规属于法律规范的一种形式，属于“法”的范畴。其效力等级仅次于宪法和法律，是法的重要渊源。

第四，从内容上看，除专属于宪法和法律规定的内容以外，行政法规可以规范政治、经济、教育、科技、文化、外事等各个领域的国家和社会事务。这是由国务院的性质和地位所决定的。

（二）规章

规章包括部门规章和地方政府规章。部门规章是指国务院各部委及具有行政管理职能的直属机构根据法律和国务院的行政法规、决定、命令，在本部门的权限范围内制定的规范性文件。地方政府规章是指省、自治区、直辖市和设区的市、自治州人民政府，根据法律、行政法规和本省、自治区、直辖市的地方性法规，制定的规范性文件。规章一般称“规定”“办法”，但不得称“条例”。除内容复杂外，规章一般不分章、节。规章具有如下特征：

第一，从主体上看，制定规章的机关是特定的。包括国务院各部委、直属机构，省、自治区、直辖市人民政府，设区的市、自治州人民政府。

第二，从依据上看，规章是根据国家法律、行政法规和地方性法规制定的，它是行政法规或地方性法规的具体化，在一定的事项范围内或者一定的行政区域内实施。

第三，从性质上看，虽然规章也是行政法律规范的形式之一，具有普遍的适用性，但它的位阶层次最低，属于“准法”的范畴。

第四，从内容上看，规章不是对新的权利、义务的创制，而是对法律、行政法规或者地方性法规已经规定了的权利、义务内容的一种具体化。因此，凡是法律和行政法规还没有规定的权利、义务，规章不能创制。

二、行政立法体制

行政立法体制是国家行政立法主体的设置及其权限划分，是一个国家的立法体制的组成部分。中国现行的行政立法体制是一个多层次、分等级的严密统一体系。中国行政立法系统包括：国务院立法、国务院各部委立法及地方行政机关立法。从立法权限划分的角度看，它是中央统一领导和一定程度分权的，多级并存、多类结合的立法权限划分体制。

行政立法的体制就是行政立法的结构体系和行政立法权限的统一。行政立法的结构体系是指具有行政立法权的行政机关进行立法而共同构成的一个联系紧密、层级分明的系统；行政立法的权限划分则是指具有行政立法权的行政机关进行立法时各自的立法范围及相互的立法界限。

（一）行政立法体系

我国的行政立法体系在整个国家立法体系中具有重要地位。我国的立法体系可以分为权力机关立法体系、行政机关立法体系和军事机关立法体系。其中权力机关立法体系居于最高地位。《立法法》第 65 条第 1 款规定：“国务院根据宪法和法律，制定行政法规。”第 103 条第 1 款规定：“中央军事委员会根据宪法和法律，制定军事法规。”可见，行政立法和军事立法都必须以权力机关所立之法为依据。我国的行政立法体系根据不同的标准可以作出不同的划分，不同的行政立法机关制定不同的行政法律规范，其相互关系是：在内容上，每一低层级行政立法机关制定的法律规范都要以上级行政立法机关和本级以上的权力机关制定的法律规范为根据，不得与之相抵触；在程序上，行政立法机关制定的法律规范要报上一级行政机关和权力机关备案，接受备案的机关对之有审查权；在适用上，上级行政机关和本级权力机关有权改变或者撤销不符合法律规定的行政法律规范。

（二）行政立法权限

行政立法权限是我国《立法法》明确规定的行政立法主体必须遵守的权限范围。

1. 行政法规的立法权限 根据《立法法》第 65 条的规定，行政法规的立法权限包括：①为执行法律的规定需要制定行政法规的事项。国务院是国家最高权力机关的执行机关，为了执行法律的规定，国务院可以根据法律制定行政法规，这属于国务院的执行性立法，必须与法律保持一致，不能超出法律规定之外创设新的权利和义务。②《宪法》第 89 条规定的国务院行政管理职权的事项。除法律保留的事项以外，国务院可以就自己的行政管理职权范围内的事项制定行政法规。③全国人民代表大会及其常务委员会授权国务院制定行政法规的法律相对保留事项。法律相对保留事项是指除了犯罪和刑罚、对公民政治权利的剥夺和限制人身自由的强制措施和处罚、司法制度之外的《立法法》第 8 条中规定的其他事项。对这类立法事项，国务院经授权可以先行制定一些暂行条例，经过实践检验，制定法律的条件成熟时，国务院应当及时提请全国人民代表大会及其常务委员会制定法律。

2. 部门规章的立法权限 有部门规章制定权的行政机关包括国务院各部委、中国人民银行、审计署和具有行政管理职能的直属机构。部门规章的立法事项：一是属于执行法律的事项；二是属于执行国务院行政法规、决定、命令的事项。可见部门规章都属于执行性立法。部门规章在本部门的权限范围内对需要在全国范围内统一执行的事项进行规定。

3. 地方政府规章的立法权限 有地方政府规章制定权的行政机关包括省、自治区、直辖市人民政府，省、自治区人民政府所在地的市、经济特区所在地的市和设区的市、自治州人民政府。地方政府规章立法权限包括：为了执行法律、行政法规、地方性法规的规定需要制定规章的事项；属于本行政区域内的具体行政管理事项。地方政府根据本地方的实际情况，在不与上位法相抵触的情形下作出具体规定。

如，在制定动物卫生监督管理措施相关规范性文件时，不能逾越法律、法规、规章规定的权限，创设行政处罚、行政许可、行政强制等事项。各级动物卫生监督管理执法工作者更不能以未经授权的规范性文件作为对相对人的处罚、许可或强制措施依据。这既是对政策的制定也是对政策的执行的基本原则要求。例如，《动物防疫法》设置了动物防疫条件审查，动物和动物产品检疫，跨省、自治区、直辖市引入乳用、种用动物及其精液、胚胎、种蛋审批，动物和动物产品输入到无规定动物疫病区的二次检疫等多项行政许可。国家倡导简政放权，行政机关不能为追求“监管力度”随意增设许可，而应当适时开展许可必要性评估，适时将部分自主权交给行政相对人，交给市场调节，交给行业协会自律，行政权力退至事后监督。

应注意的是，法律、法规的适用应遵循法律优先原则。例如，在动物卫生监管领域，《动物防疫法》《畜牧法》是管理、执法时所必须遵循的最权威的专业法律依据。从法规层面来讲，为了落实相关法律规定，国家制定了《重大动物疫情应急条例》《生猪屠宰管理条例》《种畜禽管理条例》等一系列行政法规，用于细化法律规定，指导执法实践；各省、自治区、直辖市也有权结合本地实际在不突破法律、行政法规的规定下制定地方法规，如《山东省动物防疫条例》《山东省屠宰管理条例》等。从规章层面来讲，农业部（现农业农村部）颁行有《动物检疫管理办法》《动物防疫条件审查办法》《执业兽医管理办法》《乡村兽医管理办法》《动物诊疗机构管理办法》等部门规章；也有各省、自治区、直辖市制定的，进一步对法律、法规进行细化的地方政府规章，如辽宁省人民政府颁布了《辽宁省无规定动物疫病区管理办法》、杭州市人民政府颁布了《杭州市实施〈中华人民共和国动物防疫法〉办法》、山东省人民政府颁布了《山东省无规定动物疫病区管理办法》等。在依据上述法律规范做出具体动物卫生监督管理执法行为时，必须遵守法律优先原则，即就同一事项《动物防疫法》、行政法规、地方性法规、部门规章、地方政府规章均有规定时，应依次优先适用法律、法规和规章。上位法无规定时，可适用下位法；上位法有新的规定时，必须以新的上位法规定作为具体行政执法行为的依据。

第四节　行政立法的原则与程序

一、行政立法的原则

行政立法的原则是指行政立法机关在制定行政法规、规章时应该遵循的基本准则，体现于行政立法的全过程，指导整个行政立法活动。根据《立法法》的规定，行政立法应依照下列原则进行：

（一）行政立法法定原则

行政立法法定原则包括权限法定和程序法定两个方面。

1. 行政立法权限法定　有权进行行政立法的行政机关各自拥有的立法权限是不同的。《立法法》对于法律、行政法规、地方性法规、自治条例、单行条例、规章规定了不同的立法内容。相应地，不同的立法主体（包括立法机关和行政机关）的立法权限是不同的。

2. 行政立法程序法定　行政立法从立项、起草、审查到决定和公布、解释与备案，必须依据法律、法规的规定。《立法法》《行政法规制定程序条例》和《规章制定程序条例》对此内容做了详细规定。

（二）法制统一原则

由于立法主体的多样性，各种行政法律规范之间很容易出现不一致、互相冲突的情况，所以，维护、坚持法制统一原则尤为必要。《立法法》对法制统一原则做了一系列规定，如：各立法主体必须在自己的权限范围内制定行政法规、规章；在行政立法的适用上，必须遵守不同位阶行政法律规范的效力等级的规定；遵守《立法法》中备案制度、处理法律冲突制度等规定。这就要求行政立法既要完善有关制度，又要增强技术性。当前在行政立法实践中应坚决反对破坏法制统一原则的部门垄断主义和地方保护主义。

（三）民主立法原则

民主的本质就是尊重大多数人的意见。行政立法的民主原则，就是为了充分体现人民的意见，采用有效方式保障人民参与立法的原则。在行政行为的实施问题上，民主不仅应体现在具体行政行为的实施中，而且应体现在抽象行政行为的制定中。作为最主要的抽象行政行为——行政立法，当然应该体现民主原则。民主立法体现在行政立法程序上，就是行政立法的开放性和相对人对行政立法的参与，确认相对人对法案的提议权和讨论权，并建立对所提意见、建议和要求是否采纳的答复制度。在立法起草过程中，可以采用座谈会、论证会、听证会等形式听取各方面意见。民主立法体现在行政立法的内容上，就是要求制定出来的行政法规和规章尊重人权，真正反映和体现相对人的利益和要求。行政法规、规章的决定应当集体讨论作出。民主立法体现在事后程序上，就是对行政立法的民主监督，包括权力机关的监督、行政机关自身的监督，当然还有司法机关和人民的监督。

（四）科学立法原则

《立法法》第 6 条规定："立法应当从实际出发，适应经济社会发展和全面深化改革的要求，科学合理地规定公民、法人和其他组织的权利与义务、国家机关的权力与责任。"这就要求立法要从实际出发，尊重客观规律，反映社会现实问题，真正使法律能够为人民服务，成为社会秩序的准则。

二、行政立法的程序

行政立法程序是指行政立法主体依法定权限制定行政法规和其他规范性法律文件所应遵循的步骤、方式和顺序。具体是指国家行政机关依法制定、修改和废止行政法规和规章的活动程序。

（一）立项

立项是指各级人民政府的法制机构或者各级人民政府所属工作部门，根据国民经济和社会发展五年计划所规定的任务，编制有指导性的行政立法的五年计划和年度计划。其主要内容包括在一定时期里行政法规、规章的拟定、修改、补充、清理等各项工作。

国务院每年年初编制本年度的立法工作计划。列入计划的行政法规项目应符合：①适应改革、发展、稳定的需要；②有关的改革实践经验基本成熟；③所要解决的问题属于国务院职权范围内并需要国务院制定行政法规的事项。

国务院部门内设机构或者其他机构认为需要制定部门规章的，应当报请立项。省、自治区、直辖市和设区的市、自治州的人民政府所属工作部门或者下级人民政府认为需要制定地方政府规章的，应当向该省、自治区、直辖市或者设区的市、自治州的人民政府报请立项。

（二）起草

起草是指对列入规划的需要制定的行政法规和规章，由人民政府各主管部门分别草拟法案。部门规章由国务院部门组织起草，地方政府规章由省、自治区、直辖市和设区的市、自治州的人民政府组织起草。

国务院部门可以确定规章由其一个或者几个内设机构或者其他机构具体负责起草工

作，也可以确定由其法制机构起草或者组织起草。省、自治区、直辖市和设区的市、自治州的人民政府可以确定规章由其一个部门或者几个部门具体负责起草工作，也可以确定由其法制机构起草或者组织起草。

行政法规和规章的起草一般有两种：一是较为重要的行政法规和规章，其主要内容涉及几个具体部门业务的，由政府法制机构或主要的部门负责，组成由有关部门参加的起草小组进行工作；二是行政法规和规章的主要内容不涉及其他部门业务的，由主管部门负责起草。在起草行政法规、规章的过程中，应当广泛听取有关机关、公民、社会各组织的意见。听取意见可以采取座谈会、论证会、听证会等多种形式。对于涉及其他主管部门的业务或者与其他部门关系密切的规定，应当与有关的部门协商一致。经过充分协商不能取得一致意见的，应当在上报草案时专门提出并说明情况和理由，由上级机关出面协商或决定。对于直接涉及公民利益的某些重要的行政法规和规章草案，应当进行公开讨论，广泛听取人民群众的意见，听取有关专家的意见，包括技术专家、管理专家和法学专家的意见，特别是利害相关人的意见。起草行政法规、规章时，应当对与内容相同的行政法规、规章作出清理。对同一事项，如果作出与其他行政法规、规章不相一致的规定，应当在上报草案时专门提出并说明情况。如果现行的法规、规章被新的法规、规章所代替，必须在草案中明示废止。

（三）审查

审查是指行政法规、规章草案拟定之后，送交政府主管机构进行审议、核查。承担行政法规、规章审查职能的是司法行政部门。司法行政部门对行政法规、规章草案审查的主要内容有：①制定行政法规、规章的必要性和可行性；②是否符合党和国家的方针、政策、法律以及上一层次规范性文件的规定；③是否在本机关的权限范围内，是否有越权或滥用职权的现象；④行政法规、规章草案的结构、文字等立法技术是否规范；⑤是否符合上报手续，以及有关的资料、说明是否齐备等。司法行政部门审查后，写出审查报告，提出是否提交会议讨论通过的建议。若需讨论通过，应将行政法规、规章草案的上报稿和修改稿一并呈送。

（四）决定

这里的决定，又称“通过”，是指行政法规、规章在起草、审查完毕后，交由主管机关的正式会议讨论表决。行政法规要经过国务院全体会议或常务会议审议通过；部门规章要提交部委常务会议审议通过；地方政府规章要提交地方政府常务会议或办公会议审议通过。

（五）签署与公布

行政法规、规章通过后，还须经制定机关的行政首长签署。国务院发布的行政法规，应由国务院总理签署；各部委发布的规章，应由部长或委员会主任签署；地方人民政府发布的地方政府规章，应由省长、自治区主席或市长签署。公布是行政法规、规章生效的必经程序和必要条件。凡是未经发布的行政法规、规章都不能认为已发生效力。行政法规由总理签署，以国务院令的形式公布，并应及时在国务院公报和在全国范围内发行的报纸上刊登。在国务院公报上刊登的行政法规文本为标准文本。部门规章由部门首长签署命令公布，并应及时在国务院公报和在全国范围内发行的报纸上刊登。地方政府规章由省长、自治区主席、市长签署命令公布，并应及时在本级人民政府公报上和本行政区域范围内发行的报纸上刊登。

（六）备案

备案是指将已经发布的行政法规、规章上报法定的机关，使其知晓，并在必要时备查的程序。备案本身只是立法程序的一个后续阶段，而不是立法本身。行政法规报全国人民代表大会常务委员会备案；部门规章和地方政府规章报国务院备案；地方政府规章应当同时报本级人民代表大会常务委员会备案；设区的市、自治州的人民政府制定的规章应当同时报省、自治区的人民代表大会常务委员会和人民政府备案；根据授权制定的法规报授权决定规定的机关备案。

DI-LIU ZHANG

第六章 06

行政许可

行政许可是各国政府在国家行政管理中广泛采用的一种行政手段，也是行政法上最基本的具体行政行为之一。作为重要的行政管理方式，行政许可是指行政主体根据行政相对人的申请，依法准予申请人从事特定活动或实施某种行为的权利或资格的行政行为，其在保护公民合法权益、维护公共利益、实现危险控制和社会资源的合理配置等方面发挥重要作用。动物卫生监督管理过程中广泛存在行政许可，《动物防疫法》《畜牧法》《重大动物疫情应急条例》等法律、法规中均规定了有关行政许可的内容。为规范行政许可的设定与实施，第十届全国人民代表大会常务委员会第四次会议于 2003 年 8 月 27 日审议通过《行政许可法》，并于 2004 年 7 月 1 日起生效施行，2019 年 4 月 23 日第十三届全国人民代表大会常务委员会第十次会议审议通过的《全国人民代表大会常务委员会关于修改〈中华人民共和国建筑法〉等八部法律的决定》予以部分修改。《行政许可法》是规范行政许可行为的基本法。本章主要依据《行政许可法》相关立法规定，对行政许可的概念与特征，行政许可的分类，行政许可的原则、设定与实施，行政许可的程序以及监督检查、法律责任等内容进行介绍与阐释。

第一节　行政许可的界定

一、行政许可的概念与特征

（一）行政许可的概念

行政许可，是指行政主体根据行政相对人的申请，通过颁发许可证、执照等形式，依法赋予行政相对人从事法律一般禁止的活动或实施法律一般禁止的行为的权利或资格。《行政许可法》第 2 条规定：“本法所称行政许可，是指行政机关根据公民、法人或者其他组织的申请，经依法审查，准予其从事特定活动的行为。”第 3 条第 2 款进一步规定：“有关行政机关对其他机关或者对其直接管理的事业单位的人事、财务、外事等事项的审批，不适用本法。”以兽医师执业注册为例，法律禁止一般人员从事兽医师执业活动，只有申请人通过国家执业兽医资格考试，取得执业兽医师资格证书并向当地县级人民政府兽医主管部门申请注册（未来或将改为备案），获得执业兽医注册（备案）许可后，才可从事动物诊疗、开具兽药处方等活动。在动物卫生监督执法领域，如发放动物防疫条件合格证、动物诊疗许可证、兽药经营许可证、动物检疫合格证、生猪定点屠宰许可证以及兽医师执业注册等，均为常见的行政许可。根据法律、法规的规定与行政相对人的实际情况，行政主体既可能准许申请也可能拒绝申请，在行为内容及法律结果上存在多样性。

（二）行政许可的特征

1. 行政许可是法定行政主体的行政行为　行政主体即行政机关或法律、法规授权的组织，其基于行政管理职权行使审核与批准权利的行为才是行政许可。而一般社会团体、组织等向其成员颁发资格证书及许可性文件的行为不是行政许可行为。

2. 行政许可是依申请的行政行为　行政许可依行政相对人的申请而发生，没有行政相对人的申请，行政主体不能主动实施许可行为。行政相对人应具备行政许可规定的法定条件并提交申请书，由行政主体依相应法律、法规等规定的法定条件进行审核。

3. 行政许可是一种授益性行政行为　通过行政许可，行政相对人被赋予了从事其他人被禁止的特定活动或实施特定行为的权利，从而获得相应利益。这一特征使行政许可与行政确认、行政裁决等区别开来。不过授益性并不排除在许可的同时附加一定的义务或条件，如某些被许可人负有依法开发利用自然资源或者依法利用公共资源的义务。

4. 行政许可以法律的一般禁止为前提 行政许可以禁止义务的存在为前提。法律的一般禁止既包括明确禁止也包括非明确禁止。行政许可对行政相对人是否符合法律、法规规定的权利资格和行使权利的条件进行审查核实，就是对提出申请并符合规定条件的公民、法人或其他组织，免除相应禁止义务。无禁止义务的存在，行政相对人无须申请许可就能够从事相应行为，行政许可便失去了存在的意义。如动物防疫条件合格证的行政许可，以法律禁止一般人兴办动物饲养场（养殖小区）和隔离场所、动物屠宰加工场所以及动物和动物产品无害化处理场所为前提。当然，目前也有观点认为这一前提除禁止义务外也有限制义务，如企业用水的取水许可证，是对取水数量限制的许可。

5. 行政许可是要式行政行为 要式行政行为是指必须根据法定的方式或者必须具备法定的形式才能产生法律效力和后果的行政行为。行政许可应遵循一定的法定程序，并应以正规的文书如许可证或执照形式予以批准、认可和证明。许可证书作为行政许可行为的凭证，本身就具有特定的法律效力。

6. 行政许可是外部法律行为 《行政许可法》第 3 条第 2 款规定："有关行政机关对其他机关或者对其直接管理的事业单位的人事、财务、外事等事项的审批，不适用本法。"行政许可是行政主体对行政相对人的管理行为，行政机关审批其他行政机关或者其直接管理的事业单位的人事、财务、外事等事项，上级行政机关对下级行政机关工作中重要计划、规划决策及贯彻执行法律、法规和国家方针政策中的问题所作请示的审查批准等，均是内部管理行为，不属于行政许可。

二、行政许可与相关概念的区分

（一）行政许可与行政审批

行政审批是行政管理的概念，可以是许可审批或确认审批，也可以是其他类型的审批。如 2002 年 11 月 1 日发布的《国务院关于取消第一批行政审批项目的决定》中，被取消的 789 项行政审批项目中不仅包括特种刀具生产许可证核发、建设类培训机构资质审批、邮政车辆特许通行核准等典型的行政许可项目，也包括天然橡胶定价等非行政许可事项。

所以，行政许可的外延小于行政审批，行政许可是行政审批的一部分。从主动性上来说，行政审批可以依职权主动作出，也可以依申请作出，但是行政许可只能是被动地依申请作出；从行为的内外性上来说，行政审批可以是内部行为，如上级机关对下级机关请示的批准，也可以是外部行为，如行政许可。

（二）行政许可与行政确认

行政确认，是行政机关依法对行政相对人的法律事实、法律关系或法律地位给予肯定或否定的认定并予以宣告的行为。行政确认和行政许可的区别可从表现形式、作用对象、行为性质、行为主动性、违反后果等方面予以说明。

从表现形式上讲，行政确认中，行政相对人的权利产生于行政机关作出决定之前，行政确认是对已有事项的确认，具有前溯性；而行政许可的行政相对人权利产生于行政机关作出决定之时，行政许可是对未来事项的许可，具有后及性。从作用对象上讲，行政确认是指对行政相对人既有法律地位、权利义务的确定和认可，主要是指对身份、能力和事实的确认；行政许可的作用对象是行政相对人进行某种行为的权利或资格。从行为性质上讲，行政确认属于确认性或宣示性行政行为，它仅表明现有的状态，而不以法律关系的产生、变更或消灭为目的；行政许可则一般是建立、改变或者消灭具体的法律关系，是形成性行政行为。从行为主动性上讲，行政确认既有依申请的确认也有依职权的确认；而行政许可则只能是依申请才能发生的行政行为。从违反后果上讲，行政许可以一般禁止为前提，未经许可的作为属于违法；而未经确认的作为可能导致无效，但是不一定违法，如结婚登记。另外，行政确认一般只能以证书形式出现；而行政许可的表现形式尽管以书面的形式为主，但也存在口头、默示等许可方式。

比如，兽医师执业注册是行政许可，经注册的执业兽医，方可从事动物诊疗、开具兽药处方等活动，而乡村兽医登记则可以面向在乡村从事动物诊疗服务连续 5 年以上的人员，属于对此类从业人员的权利确认。

第二节　行政许可的分类与基本原则

一、行政许可的分类

为深入了解行政许可的特点，学界根据行政许可的某一特征，将行政许可进行分类，形成了多种学理分类方式，在此仅选取被广泛接受的几种予以说明。同时，《行政许可法》规定了可设定行政许可的事项，形成了行政许可的法定种类。

（一）行政许可的学理分类

1. 一般许可和特别许可　以行政许可的范围为标准，可分为一般许可和特别许可。一般许可是指只要符合法定的条件，就可向主管行政机关提出申请，对申请人并无特殊限制的许可，如动物检疫、动物防疫条件审查等。特别许可是指除一般条件外，还对申请人予以特别限制的许可，如生猪定点屠宰许可、病原微生物实验室设立许可等。

2. 排他性许可和非排他性许可　以行政许可享有的程度为标准，可分为排他性许可和非排他性许可。排他性许可是指某个人或组织获得该项许可以后，其他任何个人或组织都不能再申请获得的许可，如商标许可。非排他性许可是指可以为所有具备法定条件者申请、获得的许可，大部分行政许可为非排他性许可，如动物防疫条件合格证、动物检疫合格证明等的许可。

3. 独立证书许可和附文件许可　以行政许可是否需附文件为标准，可分为独立证书许可和附文件许可。独立证书许可是指单独的许可证便已表明持证人被许可的活动范围、方式、时间等，无须其他文件加以补充说明，如入境检疫证、持枪证、特种工具购买证、驾驶执照等。附文件许可是指必须附加文件说明被许可的活动内容、范围、方式、时间等的行政许可，如专利许可、商标许可、建设许可、对动植物及其产品入境的海关许可等，附加文件是该类行政许可中一个不可或缺的组成部分。

4. 权利性许可和附义务许可　以是否附加义务为标准，可分为权利性许可和附义务许可。权利性许可是指行政许可获得者可以根据自己的意志来决定是否行使该许可所赋予的权利和资格的行政许可，如护照、驾驶证等。附义务许可是指行政许可获得者必须同时承担一定的义务，否则，要承担一定法律责任，如获得生猪定点屠宰许可的单位在进行生猪定点屠宰活动时，需履行查验动物检疫证明和用药记录等文件，如实记录屠宰生猪的来源、数量、动物检疫证明号、用药情况和供货者名称、地址、联系方式等内容，并保存相关凭证等义务。其来源和依据体现在《行政许可法》第67条第1款的规定："取得直接关系公共利益的特定行业的市场准入行政许可的被许可人，应当按照国家规定的服务标准、资费标准和行政机关依法规定的条件，向用户提供安全、方便、稳定和价格合理的服务，并履行普遍服务的义务；未经作出行政许可决定的行政机关批准，不得擅自停业、歇业。"

（二）行政许可的法定种类

除最后一款作为兜底条款外，《行政许可法》第12条共规定了5种行政许可，分别为普通许可、特许、认可、核准和登记。

1. 普通许可 普通许可是行政主体应行政相对人的申请，对行政相对人是否具备从事特定活动的条件进行审查，并决定是否予以批准的具体行政行为。普通许可一般没有数量上的限制，属于非排他性许可。这类许可主要适用于下列事项：直接关系国家安全、公共安全的活动，基于高度社会信用的行业的市场准入和法定经营活动，利用财政资金或者由政府担保的外国政府、国际组织贷款的投资项目和涉及产业布局、需要实施宏观的投资项目，直接关系人身健康、生命财产安全的产品、物品的生产、销售等活动。

2. 特许 特许是在有限自然资源开发利用、公共资源配置以及直接关系公共利益的特定行业的市场准入等领域进行的许可。因特许分配的是稀缺资源，一般有数量限制，被许可人要支付一定费用，且被许可人需承担提供普遍服务、不得擅自歇业等义务。《行政许可法》第53条规定特许应当通过招标、拍卖等公平竞争的方式作出。如国有土地出让许可、海滩使用权出让许可、出租车经营许可、无线电频率使用许可等。

3. 认可 认可一般需经考试、考核，是对行政相对人是否具有职业、行业的特殊信誉、条件或技能的资格、资质作出决定的具体行政行为。获得认可后的资格、资质具有人身性，不得转让。认可主要适用于为公众提供服务、直接关系公共利益的行业，主要功能是提高从业者的水平或者某种技能、信誉，一般没有数量限制。根据《行政许可法》第54条规定，考试是对公民特定资格认可的主要方式，考核是对法人或其他组织特定资格、资质的认定的主要方式。如执业兽医即需通过国家组织的执业兽医资格考试，由国务院兽医主管部门颁发执业兽医资格证书。

4. 核准 核准是通过检验、检测或检疫的方式审定直接关系公共安全、人身健康、生命财产安全的重要设备、设施、产品和物品，以确定其是否符合技术标准、技术规范的具体行政行为。此类行政许可具有较强的专业性、客观性，一般需实地检测、检疫、检验，主要目的是防止危险、保障安全，没有数量限制。比如，屠宰、出售或者运输动物以及出售或者运输动物产品前，货主应当按照国务院兽医主管部门的规定向当地动物卫生监督机构申报检疫，动物卫生监督机构接到检疫申报后，应当及时指派官方兽医对动物、动物产品实施现场检疫，检疫合格的，出具检疫证明、加施检疫标志。《行政许可法》第55条规定了按照技术标准、技术规范依法进行检验、检测、检疫的要求。

5. 登记 登记是就企业或其他组织的设立等事项进行审查，从而决定是否赋予其主体资格的行政许可。行政机关对行政相对人的申请只作形式审查，由相对人对申请材料的真实性负责，未经登记从事涉及公众利益的经济社会活动会构成违法。需要注意的是，并非所有登记都属于行政许可的范畴，一般认为，如工商企业登记、户外广告登记以及商业展销会登记等，属于行政许可，户口登记、婚姻登记、不动产登记等则不属于行政许可。

二、行政许可的基本原则

（一）许可法定原则

《行政许可法》第4条规定，“设定和实施行政许可，应当依照法定的权限、范围、条件和程序。”许可法定就是指行政许可的设定权限、实施范围、审批条件与批准程序等，均不得与法律相抵触。

行政许可法定原则包含两方面内容。一方面，行政许可申请的条件、程序等需要依照法律、法规的规定。根据《行政许可法》第14条至第17条，行政许可只能由法律、行政法规或国务院采取发布决定的方式设定，地方性法规和地方性规章在上位法尚未规定时可以有条件地设定行政许可，其他规范性文件一律不得设定行政许可。另一方面，行政主体实施行政许可不能越权、越级。只能由具有行政许可权的行政机关或法律、法规授权的具有管理公共事务职能的组织，在其法定授权范围内，依照《行政许可法》和其他有关法律法规、规章规定的条件和程序，以自己的名义实施行政许可。

（二）许可公开、公平、公正与非歧视原则

《行政许可法》第5条第1款规定，“设定和实施行政许可，应当遵循公开、公平、公正、非歧视的原则。”公开原则既满足公民的知情权，也能够对行政主体的行为起监督作用。公开既包括设定过程公开、实施行政许可的法定依据公开，也包括实施过程和结果公开。《行政许可法》第5条第2款规定，“有关行政许可的规定应当公布，未经公布的，不得作为实施行政许可的依据；行政许可的实施和结果，除涉及国家秘密、商业秘密或者个人隐私的外，应当公开。”为保护国家秘密、商业秘密及个人隐私，2019年修正的《行政许可法》在第5条第2款增加了规定：“未经申请人同意，行政机关及其工作人员，参与专家评审等的人员不得披露申请人提交的商业秘密、未披露信息或者保密商务信息，法律另有规定或者涉及国家安全、重大社会公共利益的除外；行政机关依法公开申请人前述信息的，允许申请人在合理期限内提出异议。”

同时，实施行政许可要遵守公平、公正、非歧视的原则，如符合法定条件和标准的，行政机关不得对申请人实行歧视性待遇；存在多个许可申请的，应当根据受理行政许可申请的先后顺序作出决定。此外，公平、公正还表现在保护第三人利益、保护相对人权利上，如审查行政许可申请过程中发现行政许可涉及第三人利益的，应当告知第三人；当事人要求听证的，应当举行听证；作出不予许可的决定，应当说明理由、依据，并告知申请人有依法申请行政复议或者提起行政诉讼的权利等。

（三）便民原则

《行政许可法》第六条规定了行政许可的便民原则：“实施行政许可，应当遵循便民的原则，提高办事效率，提供优质服务。”便民原则指以为公民、法人或者其他组织尽可能

提供方便为原则组织行政许可的实施。

如行政许可既可以由申请人本人到行政主体处申请，也可以由申请人委托代理人代为申请；既可以交书面申请，也可以通过信函、电报、电传、传真、电子数据交换和电子邮件等方式提出申请。行政公开原则同样体现便民，如将法律、法规、规章规定的有关行政许可的事项、依据、条件、数量、程序、期限以及需要提交的全部材料的目录和申请书示范文本等在办公场所公示，行政机关对有说明要求的相对人应当说明、解释，提供准确、可靠的信息。同时，目前所推行的网上申请行政许可等电子政务方式，也能够方便相对人的申请；而行政许可由一个机构统一受理申请、统一送达，应当尽量做到当场受理、当场决定，也可组织涉及行政许可的多部门联合办理、集中办理等，是在审查流程上的便民设计。

（四）信赖保护原则

《行政许可法》第 8 条第 1 款规定，“公民、法人或者其他组织依法取得的行政许可受法律保护，行政机关不得擅自改变已经生效的行政许可”；因情势变更，“为了公共利益的需要，行政机关可以依法变更或者撤回已经生效的行政许可。由此给公民、法人或者其他组织造成财产损失的，行政机关应当依法给予补偿。”第 69 条规定了因行政主体过错可以撤销行政许可的情形，并规定，“被许可人的合法权益受到损害的，行政机关应当依法给予赔偿”，“可能对公共利益造成重大损害的，不予撤销。”立法机关与部分学者认为，这两条确定了我国行政许可的信赖保护原则。

《行政许可法》的规定所涉及的主要是行政行为撤销层面的信赖利益保护。行政行为具有确定力，一经作出，无法定事由和非经法定程序不得随意撤销、废止或改变。但是为公共利益的需要，不得不撤销或改变已经生效的行政许可时，行政相对人基于信任国家公权力的信赖利益受损，行政机关对撤销或改变此种合法行政许可给无过错的行政相对人造成的损失应给予补偿；若行政主体作出行政许可违法，在撤销不会对公共利益造成重大损害时，作出决定的行政机关或者其上级行政机关可以依请求或者依申请撤销行政许可，并对被许可人的损失依法给予赔偿。传统理论认为，只有行政相对人无过错时，其信赖利益才值得保护；不过近些年来随着实践和理论的发展，一般认为即使行政相对人自身存在过错，行政主体的违法行政许可被撤销时所造成的行政相对人的损失，也需综合分析因果关系，合理确定赔偿责任比例。

另外，部分学者认为我国《行政许可法》的规定与德国行政法中的以“违法授益行为形成的利益保护”为核心的信赖保护存在区别，即《行政许可法》第 8 条规定的是行政补偿制度，而不是对违法授益性行政行为撤销的限制；第 69 条的规定原则上是公共利益至上，而不是针对行政相对人的信赖利益保护。

第三节　行政许可的设定与实施

一、行政许可的设定

行政许可的设定是指法律、法规、规章等对行政主体可实施的行政许可的创制，是从无到有的首次规范。

（一）行政许可的设定原则

《行政许可法》第 11 条规定了行政许可设定应遵循的原则。设定行政许可，首先应当遵循经济和社会发展规律，如尽量发挥市场在资源配置中的决定性作用，不以政府权力施加不必要的干预；其次要有利于发挥公民、法人或者其他组织的积极性、主动性，促进公民、法人或其他组织作为市场真正主体发挥作用；同时应当维护公共利益和社会秩序，保护公民、社会和国家的利益不受侵犯；此外还需促进经济、社会和生态环境协调发展，不以牺牲社会发展和生态环境为代价而发展经济。

（二）行政许可的设定事项范围

《行政许可法》第 12 条从正面规定了可以设定行政许可的事项，分别为直接涉及国家安全、公共安全、经济宏观调控、生态环境保护以及直接关系人身健康、生命财产安全等特定活动，需要按照法定条件予以批准的事项；有限自然资源开发利用、公共资源配置以及直接关系公共利益的特定行业的市场准入等，需要赋予特定权利的事项；提供公众服务并且直接关系公共利益的职业、行业，需要确定具备特殊信誉、特殊条件或者特殊技能等资格、资质的事项；直接关系公共安全、人身健康、生命财产安全的重要设备、设施、产品、物品，需要按照技术标准、技术规范，通过检验、检测、检疫等方式进行审定的事项；企业或者其他组织的设立等，需要确定主体资格的事项；法律、行政法规规定可以设定行政许可的其他事项。

同时，《行政许可法》第 13 条也从反面规定了对第 12 条所列事项可以不设定行政许可的情形。一是公民、法人或者其他组织能够自主决定的，即公民个人私生活事项不应由公权力加以干涉；二是市场竞争机制能够有效调节的，说明政府调节处于经济生活的补充地位，在市场竞争机制能够发挥有效作用时，公权力不应加以不必要的干预；三是行业组织或者中介机构能够自律管理的，可以通过行业组织机构的自我发展与自我服务，减轻政府压力，促进政府职能转变；四是行政机关采用事后监督等其他行政管理方式能够解决的，可以不设置事前行政许可从而实现行业监管松绑。

（三）行政许可的设定主体

根据《行政许可法》第 14 条至第 17 条的规定，法律、行政法规、国务院决定、地方性法规、省级人民政府规章可以设定行政许可，除此以外的任何其他规范性文件，如国务院部门规章、部门文件、省级人民政府制定的规章以外的文件、省级人民政府有关部门的文件、设区的市的人民政府规章以及文件等，一律都不得设定行政许可。因此，行政许可的设定主体为全国人民代表大会及其常务委员会、国务院、省级的地方人民代表大会及其常务委员会、设区的市地方人民代表大会及其常务委员会和省级人民政府。

省、自治区、直辖市和设区的市人民代表大会及其常务委员会制定的地方性法规、省级人民政府制定的规章，在设定行政许可时存在事项范围的禁止性规定。一是应当由国家统一确定的公民、法人或者其他组织的资格、资质的行政许可，不得设定。如执业兽医资格，关涉全国范围内的相关行业人员资质能力的统一事项，不应当由地方性法规与规章予以规定。二是企业或者其他组织的设立登记及其前置性行政许可，不得设定。三是不得限制其他地区的个人或者企业到本地区从事生产经营和提供服务，不得限制其他地区的商品进入本地区市场。目的是为避免地方保护主义设置贸易壁垒，影响社会经济的公平发展，如不得设定限制已经附有检疫证明的屠宰、经营、运输以及参加展览、演出和比赛的动物进入本地的许可（无规定动物疫病区除外）。

根据《行政许可法》，行政许可的设定可根据许可持续时间而区分为经常性行政许可与非经常性行政许可，以下将根据这一分类进行设定主体的具体说明。

1. 经常性行政许可 法律可以设定行政许可；尚未制定法律的，行政法规可以设定行政许可；尚未制定法律、行政法规的，地方性法规可以设定行政许可。

所以，经常性行政许可的设定主体为：全国人民代表大会及其常务委员会、国务院、省级和设区的市级人民代表大会及其常务委员会。可以看出，下位法设定经常性行政许可，需上位法尚未制定作为条件。

2. 非经常性行政许可 国务院的决定与各省级人民政府规章可以设定非经常性行政许可。

必要时，国务院可以采用发布决定的方式设定行政许可。尚未制定法律、行政法规和地方性法规的，省、自治区、直辖市人民政府因行政管理的需要，确需立即实施行政许可的，相应政府规章可以设定临时性的行政许可。因法律、法规的制定程序较为烦琐，耗时较久，此时若确有必要，情况紧急，来不及以法律、法规的形式制定行政许可，可以以国务院决定或省级人民政府规章设立必要时与临时性的行政许可。

国务院设定的必要时与临时性的行政许可、省级人民政府规章设定的临时性行政许可，存在期满后的处理要求，避免长期以行政权代替立法权职能行使。国务院设定的临时性行政许可，在实施期满后自然终止；若属于非临时性行政许可，国务院应当及时提请全国人民代表大会及其常务委员会制定法律，或者自行制定行政法规。省、自治区、直辖市人民政府规章设定的临时性行政许可，实施满一年需要继续实施的，应当提请本级人民代表大会及其常务委员会制定地方性法规。

（四）行政许可的规定

行政许可的设定是从无到有的首次创制，而行政许可的规定则是下位法对上位法已经制定的许可，进行具体化的、执行与操作要求上的规定。行政法规、地方性法规以及省级人民政府规章可以对上位法设定的行政许可予以细化规定。

根据《行政许可法》第 16 条，行政法规可以在法律设定的行政许可事项范围内，地方性法规可以在法律、行政法规设定的行政许可事项范围内，规章可以在上位法设定的行政许可事项范围内，对实施相应行政许可作出具体规定。同时，法规、规章对实施上位法设定的行政许可作出的具体规定，不得增设行政许可；对行政许可条件作出的具体规定，不得增设违反上位法的其他条件。

二、行政许可的实施

行政许可的实施是指行政主体依据法律、法规等授权，按照法定程序对行政相对人的申请是否符合规定条件进行审查，并作出是否准许从事相应活动的决定。

（一）实施主体

行政许可的实施由具有行政许可权力的机关在其法定职权范围内行使，或者由法律、法规授权的具有管理公共事务职能的组织在授权范围内行使。根据《行政许可法》第 22

条至第 26 条，行政许可的实施主体包括行政机关、被授权的组织、被委托的机关等。

1. 行政机关 原则上，行政许可由行政机关予以实施，依据法律规定享有行政许可职权的行政机关，在法定职权范围内实施行政许可，不得越权。

2. 被授权的组织 法律、法规可以授权具有管理公共事务职能的组织实施行政许可，被授权的组织以自己的名义对外实施行政许可，并独立承担法律责任。

3. 被委托机关 法律、法规和规章可以作为委托实施行政许可的依据，被委托者必须是行政机关且不得再委托，委托的机关需公示受托机关和委托的内容。与被授权的组织不同，被委托的机关应当以委托机关的名义实施行政许可，由委托机关承担法律责任。

4. 行政许可权的相对集中 经国务院批准，省、自治区、直辖市人民政府根据精简、统一、效能的原则，可以决定一个行政机关行使两个或两个以上行政机关的行政许可权。相对集中行政许可权是权力的集中与转移，目的是为了便利相对人的行政许可申请，加快许可办理速度，减少多头实施许可的弊端，如一些地方设立的行政审批局。

5. 行政机关的相对集中 《行政许可法》第 26 条规定，行政许可需要行政机关内设的多个机构办理的，该行政机关应当确定一个机构统一受理行政许可申请，统一送达行政许可决定，即一个窗口对外。行政许可依法由地方人民政府两个以上部门分别实施的，本级人民政府可以确定一个部门受理行政许可申请并转告有关部门分别提出意见后统一办理（并联式审批），或者组织有关部门联合办理（政务审批大厅）、集中办理（权力的移转）。

（二）实施程序

根据《行政许可法》第 4 章的规定，行政许可的一般实施程序依时间顺序分别为申请、受理、审查与决定。

1. 申请 行政许可是应申请的具体行政行为。公民、法人或者其他组织从事特定活动，依法需要取得行政许可的，应当向行政机关提出申请。申请必须采用书面形式，不得口头作出。具体方式包括：申请人到行政机关办公场所提出行政许可申请；申请人通过信函、电报、电传、传真、电子数据交换和电子邮件等规定的方式提出行政许可申请；申请人委托代理人提出行政许可申请。不同的行政许可的申请方式不同，均需以具体法律规定为依据。申请人需要履行诚信义务，包括如实提交材料，反映真实情况，对材料实质内容的真实性负责。

需注意行政机关在此程序中的义务。一是公示义务。行政机关应当将法律、法规、规章规定的有关行政许可的事项、依据、条件、数量、程序、期限以及需要提交的全部材料的目录和申请书示范文本等在办公场所公示。二是提供格式文本的义务。申请书需要采用格式文本的，行政机关应当向申请人提供行政许可申请书格式文本，申请书格式文本中不得包含与申请行政许可事项没有直接关系的内容。三是说明义务。申请人要求行政机关对公示内容予以说明、解释的，行政机关应当说明、解释，提供准确、可靠的信息。四是不得强制转让技术。2019 年 4 月 23 日审议通过的《行政许可法》修正案中，增加了规定：行政机关及其工作人员不得以转让技术作为取得行政许可的条件，不得在实施行政许可的过程中，直接或者间接地要求转让技术。同时，行政机关不得要求申请人提交与其申请的行政许可事项无关的技术资料和其他材料。五是推行电子政务。行政机关应当建立和完善有关制度，推行电子政务，在行政机关的网站上公布行政许可事项，方便申请人采取数据电文等方式提出行政许可申请。这是《行政许可法》第 33 条赋予行政机关的义务。同时，行政机关应当与其他行政机关共享有关行政许可信息，提高办事效率。

2. 受理 行政机关收到申请人提出的行政许可申请，如申请事项属于本行政机关职权范围，申请材料齐全，符合法定形式，应当受理行政许可申请。但是如果存在一些特殊情形，则需作出相应处理。

（1）如果申请事项依法不需要取得行政许可，应当即时告知申请人不受理；如果申请事项依法不属于本行政机关的职权范围，应当即时作出不予受理的决定，并告知申请人向有关行政机关申请。

（2）如果申请材料存在可以当场更正的错误，应当允许申请人当场更正（主要是指文字错误、计算错误或其他类似错误），更正后符合受理条件的，应当受理申请；如果申请材料不齐全或者不符合法定形式，应当当场或者在 5 日内一次告知申请人需要补正的内容，申请人按照行政主体的要求提交全部补正材料的，应当受理其行政许可，若行政主体逾期不告知补正的全部内容，自收到申请材料之日起即为受理。

需要注意的是，无论是否受理行政许可申请，行政机关都应当出具加盖本行政机关专用印章和注明日期的书面凭证。

3. 审查 行政主体在受理许可申请后，对申请材料的内容是否符合法定条件和标准需进行检查和核实。根据《行政许可法》第 34 条的规定，行政主体对申请人提交的申请材料的审查有两种：形式审查和实质审查。

（1）形式审查 形式审查是行政主体只对申请材料是否齐全、是否符合法定形式的审查，也可叫书面审查。此时的形式审查和受理时的审查有着明显的区别，受理时的审查是对许可申请是否符合受理条件的审查，审查的目的是决定是否受理许可申请，其中包括对申请材料是否齐全、是否符合法定形式的审查，对材料内容的真实性、合法性不作审查；而审查过程中的形式审查目的在于确定申请人是否符合取得许可的法定条件和标准，审查的结果是作出准予或拒绝行政许可的决定。

（2）实质审查 实质审查以法定条件和程序为依据，需要对申请材料的实质内容进行核实，行政机关应当指派两名以上工作人员核查。一般来说，实质审查需要审查材料反映的申请人条件能否适格，比如申请兽医执业资格，行政机关需通过考试审查申请人能否达到法律规定的领取执业兽医师资格证书的条件。实质审查还需审查申请材料反映的实质性内容的真实性，比如，屠宰、出售或者运输动物以及出售或者运输动物产品前，货主应当向当地动物卫生监督机构提交申报检疫材料，动物卫生监督机构需指派官方兽医实施对动物、动物产品的现场检疫。

部分行政许可涉及多级行政机关的审查，依法经下级行政机关审查后报上级行政机关决定的行政许可，下级行政机关应当在 20 日内将初步审查意见和全部申请材料报送上级行政机关，期限上法律、法规另有规定的从其规定。上级行政机关不得要求申请人重复提供申请材料。

同时，在行政许可的审查过程中，如发现行政许可事项直接关系他人重大利益的，应当告知利害关系人，并听取申请人、利害关系人的意见。比如，行政机关许可建设无害化处理场所，因许可直接关系到周边居民的重大合法权益，应当告知居民并听取意见。

4. 决定 实施行政许可权力的行政主体在审查相对人申请是否达到法律、法规规定的条件后，根据实际情况作出准予行政许可或拒绝行政许可的决定。

(1) 决定的方式 申请人的申请符合法定形式和标准，准予行政许可的，应当作出书面决定。根据《行政许可法》第 39 条、第 44 条，需要颁发行政许可证件的，应当自作出行政许可决定之日起 10 日内向申请人颁发、送达加盖本单位印章的许可证件（如动物防疫条件合格证），或者加贴标签，或者加盖检验、检测、检疫印章（如受动物卫生监督机构指派的官方兽医实施现场检疫，检疫合格时加施的检疫标志）。准予行政许可的应当公开。

行政主体依法作出不予行政许可的书面决定时，应当说明不予行政许可的理由、依据，并告知申请人享有依法申请行政复议或提起行政诉讼的权利。

(2) 决定的期限 行政许可的决定需要在一定期限内作出，这是对行政许可公平公正原则的贯彻，也是为便利行政相对人。行政许可决定的期限有当场作出与一定期限内作出的区别。若相应行政主体拒绝行政许可或超过法定期限，既不作出决定，又不向申请人说明理由的，除法律、法规规定视为许可的以外，申请人可以依法申请行政复议或提起行政诉讼。

一是当场作出。经对申请人提交的申请材料是否齐全、是否符合法定形式进行审查，依法不需要对行政许可申请作实质性审查、核实，能够当场作出决定的，相应行政主体应当当场作出是否准予行政许可的书面决定。

二是 20 日内作出。无法当场作出决定的，相应行政主体应当自受理行政许可申请之日起 20 日内作出是否准予行政许可的决定；20 日内不能作出决定的，经本单位负责人批准，可以延长 10 日，但是应当将延长审查期限的情况告知申请人。多层级机关实施的，下级机关自受理申请起 20 日内完成审查。但是法律、法规有其他规定的，从其规定。

三是 45 日内作出。依法可以采取统一办理或联合办理、集中办理行政许可的，办理的时间不得超过 45 日；45 日内不能办结的，经本级人民政府批准，可以延长 15 日，但是也应当将延长审查期限的情况告知申请人。

需要听证、招标、拍卖、检验、检测、检疫、鉴定和专家评审的，所需时间不计算在规定期限内，行政主体应当将所需时间书面告知申请人。

（三）行政许可的特殊程序

除上述行政许可的一般程序外，《行政许可法》还规定了一些特殊程序以应对多样化的行政许可。如对于涉及公共利益的重大行政许可事项或关系第三人重大利益的行政许可，设置行政许可的听证程序以维护行政许可的公平、公正与公开；在行政许可作出后，因某些原因可能需要适用变更程序，而行政许可到期后，可能适用延续程序；此外，针对特许、认可、核准与有数量限制的许可等，《行政许可法》规定了与普通许可不同的额外程序要求。

1. 听证 听证是行政许可实施中的重要程序。行政许可实施中的听证包括依职权听证，也包括依申请听证。依职权听证适用于法律、法规、规章规定实施行政许可应当听证的事项，以及行政机关认为需要听证的其他涉及公共利益的重大行政许可事项；依申请听证，即行政许可直接涉及申请人与他人之间重大利益关系的，行政机关在作出行政许可决定前，应当告知申请人、利害关系人享有要求听证的权利，申请人、利害关系人在被告知听证权利之日起 5 日内提出听证申请的，行政机关应当在 20 日内组织听证。

根据《行政许可法》第 48 条，听证有必须遵守的规则程序。

(1) 行政主体应当于举行听证的 7 日前将举行听证的时间、地点通知申请人、利害关系人，必要时予以公告。行政相对人在听证举行前得到通知是其听证权利得以实现的重要保障。

(2) 行政主体应当指定审查该行政许可申请的工作人员以外的人员为听证主持人，申请人、利害关系人认为主持人与该行政许可事项有直接利害关系的，有权申请回避。这是对行政许可听证主持人的规定。

(3) 听证应当公开举行。听证公开举行是指听证过程对社会公众开放，允许公众旁听和新闻界报道。听证公开举行，有利于公众了解听证的过程，加强对听证程序的监督，从而确保其公正进行。但是当听证的事项涉及国家秘密、商业秘密以及个人隐私时，听证不应公开举行。

(4) 举行听证时，审查该行政许可申请的工作人员应当提供审查意见的证据、理由，申请人、利害关系人可以提出证据，并进行申辩和质证。

(5) 听证应当制作笔录，包括听证参加人的基本情况，听证的时间、地点，行政主体的审查意见以及证据、理由，申请人和利害关系人提出的证据和理由、申辩和质证等。听证笔录应当交听证参加人确认无误后签字或者盖章。参照诉讼法的规定，参加人提出异议的，有权申请补正，如果不予补正则将当事人的申请记录在案；拒绝签名盖章的，记明情况附卷。

行政主体应当基于听证笔录作出行政许可决定，即案卷排他性原则；但对于众所周知的事实以及其他无须证明的事实，则可不必拘泥于案卷排他性原则，而行政处罚、行政立法、行政复议的听证程序均未采取此原则。

2. 变更与延续

(1) 变更　根据《行政许可法》第 49 条，行政许可的变更是指行政机关根据被许可人的申请，依法对已经准予的行政许可事项的具体内容加以改变的行为。被许可人要求变更行政许可事项的，必须依法提出申请，而行政主体未经被许可人申请，也不能主动地变更行政许可事项。行政主体作出的行政许可确有错误的，行政主体可依法主动变更。

一般而言，行政主体所颁发的行政许可证件中所记载的内容有所变化的，必须申请变更，变更行政许可事项必须按照行政许可实施的一般程序进行。如果行政许可有有效期限，变更后的行政许可的有效期限应与原行政许可的有效期限一致，而不能变相地予以延长。如从事动物诊疗活动的机构，在获得载明诊疗机构名称、诊疗活动范围、从业人员和法定代表人等事项的动物诊疗许可证后，如需变更上述载明事项，应当向县级以上人民政府兽医主管部门申请变更或换发动物诊疗许可证，变更的申请与受理、审查与决定、期限等应当按照设立从事诊疗活动机构时的程序进行。

(2) 延续　行政许可的延续是指行政机关依被许可人的申请，延长行政许可有效期限的行为。被许可人需要延续依法取得的行政许可的有效期的，应当在该行政许可有效期届满 30 日前向作出行政许可决定的行政机关提出申请，法律、法规、规章对期限另有规定的除外。行政机关应当根据被许可人的申请，在该行政许可有效期届满前作出是否准予延续的决定，逾期未作决定的，视为准予延续即默示批准。

3. 特许、认可、核准与有数量限制的许可

（1）拍卖、招标程序　《行政许可法》第 12 条第 2 项规定了关于有限自然资源开发利用、公共资源配置与特定行业的市场准入等特许事项。根据《行政许可法》第 53 条，特许事项原则上需要通过招标、拍卖等公平竞争的方式作出决定，法律、行政法规另有规定的除外。通过招标、拍卖等方式作出行政许可决定的具体程序，依照有关法律、行政法规的规定。招标的具体程序包括公开招标或邀请招标、投标、开标、评标以及中标，随后签订合同，颁发许可证；拍卖的具体程序包括拍卖委托、拍卖公告与公示、拍卖实施，拍卖成交后，行政许可机关根据法定的期限，作出行政许可决定，并依法向买受人颁发行政许可证件。

（2）考试、考核　根据《行政许可法》第 12 条第 3 款规定，国家对部分特殊行业、职业设定资格与资质的许可，是因为这些行业、职业关系公共利益，要求从业人员具备一定的知识或技能。公民、组织取得该类资格、资质不可转让。

资格认可有多种方式，考试是其中之一。赋予公民特定资格，依法应当举行国家考试的，行政机关根据考试成绩和其他法定条件作出行政许可决定，公民特定资格的考试依法由行政机关或者行业组织实施，公开举行。行政机关或者行业组织应当事先公布资格考试的报名条件、报考办法、考试科目以及考试大纲。但是，不得组织强制性的资格考试的考前培训，不得指定教材或者其他助考材料。

考核主要适用于对法人或其他组织的资格、资质认可。赋予法人或者其他组织特定的资格、资质的，行政机关根据申请人的专业人员构成、技术条件、经营业绩和管理水平等的考核结果作出行政许可决定。法律、行政法规另有规定的，依照其规定。

（3）核准　对于《行政许可法》第 12 条第 4 款规定的事项，行政主体需依据核准（检验、检测、检疫）的结果作出行政许可决定。适用核准的事项的技术性较强，申请人能否取得许可取决于其是否符合相应技术标准、技术规范的要求，在核准过程中，行政主体没有裁量权。根据《行政许可法》第 55 条，行政主体应当自受理申请之日起 5 日内指派两名以上工作人员按照技术标准、规范进行核准，不需要对核准结果进一步技术分析的，应当场作出行政许可决定。作出不予行政许可决定的，应当书面说明不予行政许可所依据的技术标准、技术规范。

（4）有数量限制的许可　有数量限制的许可是指一个地区在一段时期内，对于从事某种活动只能发放一定数量的行政许可。如果申请人取得该项许可的限额已满，那么其他的申请人就不能再申请此项许可，如排污证、电台许可证和出口配额等。《行政许可法》规定，若多个申请人均符合法定条件标准，行政机关应当根据受理行政许可申请的先后顺序作出准予行政许可的决定。但是法律、行政法规另有规定的除外。

在其他法律、行政法规中，还规定了择优原则与照顾原则。择优原则是由申请人公平竞争，条件最优的获得许可；照顾原则是行政机关可依据法律、法规的规定，对于经济欠发达地区的申请人或者残疾人等弱势群体予以扶持，在同等的条件下，将数量有限的许可颁发于此类主体。对于遵循择优原则和照顾原则作出行政许可决定的，应当有法律或者行政法规规定的依据。

第四节 行政许可的监督检查

一、行政许可监督检查的主体

行政许可的监督检查主要是指行政主体在实施行政许可之后依法对被许可人及事项的监督。事前的许可审批与事后的监督检查共同构成对被许可事项的许可管理整体。行政机关应当建立健全监督检查制度，尤其是动物卫生监督领域，因与公民的生命健康和财产安全关系重大，既要重视事前审批，也不能忽视事后监督。一般来说，行政许可监督检查包括两类：一是上级行政机关对下级行政机关实施行政许可的检查、监督与纠正等；二是行政机关依职权对被许可人从事许可事项的检查、监督与纠正等。所以，行政许可的监督检查主体包括颁发行政许可的行政主体，也包括非颁发许可但依法享有监督检查权的行政主体，如上级行政机关。

上级机关对下级机关的监督检查，是通过行政主体的内部工作程序展开，不直接对外发生效力，主要由下级机关承担内部责任，但在最终效果上也可能及于行政许可相对人，如上级行政机关认为应当撤销已作出的行政许可。行政主体依职权对被许可人的监督检查是行政许可的必要阶段和组成内容。

二、行政许可监督检查的程序

《行政许可法》第 60 条规定，上级行政机关应当加强对下级行政机关实施行政许可的监督检查，及时纠正行政许可实施中的违法行为。国务院及其部门、县级以上地方各级人民政府及其部门都要加强对下级行政机关及其工作人员实施行政许可情况的监督检查，如行政机关是否在法定职权范围内实施行政许可，法律、法规授权的组织是否在授权的范围内依法实施行政许可，受委托行政机关是否在委托范围内实施行政许可，准予许可或者不予许可的决定是否依法作出，依法应当举行听证的是否举行听证等方面。

《行政许可法》还规定了对行政许可相对人监督检查的有关程序，包括核查有关书面材料、产品的抽样检测检验、场所的实地检查，同时对个人和组织的举报应当及时处理。在属地管辖方面，被许可人在作出行政许可决定的行政机关管辖区域外违法从事行政许可事项活动的，违法行为发生地的行政机关应当依法将被许可人的违法事实、处理结果抄告作出行政许可决定的行政机关。

（一）书面材料核查与监督检查情况记录

《行政许可法》第 61 条规定，行政机关应当建立健全监督制度，通过核查反映被许可人从事行政许可事项活动情况的有关材料，履行监督责任。行政机关依法对被许可人从事行政许可事项的活动进行监督检查时，应当将监督检查的情况和处理结果予以记录，由监督检查人员签字后归档。公众有权查阅行政机关监督检查记录。此外，行政机关应当创造条件，实现与被许可人、其他有关行政机关的计算机档案系统互联，核查被许可人从事行政许可事项活动情况。该条规定的行政许可书面材料核查程序，能够在不给行政相对人增加过多负担的情况下，实现对行政许可的监督检查。对检查情况与处理结果的记录与签字，既有利于促进监督检查人员依法监督，增强其责任心，又能通过公众查阅渠道，实现公众对监督检查行为的监督。

（二）抽样检查与实地检查

《行政许可法》第 62 条规定了对被许可人生产经营的产品依法抽样检查、检验、检测，对生产经营场所依法实地检查的程序。在某些特定情况下，通过书面材料的检查难以达到监督效果，如动物屠宰加工场所经过动物防疫条件审查后，作出准予行政许可的行政机关还要经常对这些场所是否持续符合动物防疫条件进行实地检查。所以，行政机关可以采取抽样检查、检验、检测和实地检查等方式对被许可人从事被许可事项的活动进行监督检查。行政机关可以依法查阅或者要求被许可人报送有关材料，被许可人应当如实提供有关情况和材料。

对直接关系公共安全、人身健康、生命财产安全的设备、设施通过检测、检验等方式审定合格后，还需要对其运转情况进行定期检查。《行政许可法》第 62 条第 2 款规定，行政机关根据法律、行政法规的规定，对直接关系公共安全、人身健康、生命财产安全的重要设备、设施进行定期检验。行政机关还应当督促设计、建造、安装和使用单位对直接关系公共安全、人身健康、生命财产安全的重要设备、设施建立相应自检制度等。

无论是材料检查还是实地检查，行政机关都不得妨碍被许可人正常的生产经营活动，不得索取或者收受被许可人的财物，不得谋取其他利益。

（三）对个人、组织举报的处理

个人、组织的举报和投诉，是重要的公众监督方式，也是发现违法活动的有效手段。《行政许可法》第 65 条规定，个人和组织发现违法从事行政许可事项的活动，有权向行政机关举报，行政机关应当及时核实、处理。

行政机关对举报和投诉应当及时作出反应。对举报反映的情况属实的，行政机关应当对不依法开展行政许可事项活动的被许可人和未经许可擅自从事依法应当取得行政许可的活动的自然人、法人或者其他组织作出相应处理，并将处理结果告知举报人；对举报和投诉反映的问题不符合实际情况的，行政机关应当向举报人、投诉人说明有关情况。

（四）特定行业行政许可的特殊义务审查

对于对自然资源开发利用的行政许可，以及关系公共利益的特定行业市场准入许可，《行政许可法》规定了特殊义务。

《行政许可法》第 66 条规定，被许可人未依法履行开发利用自然资源义务或者未依法履行利用公共资源义务的，行政机关应当责令限期改正；被许可人在规定期限内不改正的，行政机关应当依照有关法律、行政法规的规定予以处理。《行政许可法》第 67 条规定，取得直接关系公共利益的特定行业的市场准入行政许可的被许可人，应当按照国家规定的服务标准、资费标准和行政机关依法规定的条件，向用户提供安全、方便、稳定和价格合理的服务，并履行普遍服务的义务；未经作出行政许可决定的行政机关批准，不得擅自停业、歇业。被许可人不履行上述义务的，行政机关应当责令限期改正，或者依法采取有效措施督促其履行义务。

三、行政许可监督检查的后果

行政许可主体依据监督检查的实际情况可以采取多种处理方式，并产生不同的法律后果，必要时可采取撤销与注销措施。

（一）撤销

撤销是指行政机关在监督检查过程中发现行政许可的颁发本身是违法的，或者虽然颁发是合法的，但是当事人滥用许可的权利，实施了违反行政许可规定的违法行为，行政机关取消已经颁发的行政许可。行政机关行使撤销权需依照法律规定，不能肆意行使。基于保护公共利益的需要，对违法作出的行政许可决定，该撤销的，行政机关应当予以撤销；撤销可能对公共利益造成重大损害的，不予撤销。

《行政许可法》第 69 条规定了撤销的情形，即：被许可人以欺骗、贿赂等不正当手段取得行政许可的，行政许可应当予以撤销；行政机关工作人员滥用职权、玩忽职守，或超越法定职权，违反法定程序，对不具备申请资格或不符合法定条件的申请人准予行政许可的，作出行政许可决定的行政机关或其上级机关，可以根据利害关系人的请求或依据职权予以撤销。

此外，基于公共利益衡量考虑，即使行政许可是违法颁发的，但撤销许可可能给公共利益造成重大损害的，不予撤销。但《行政许可法》并没有禁止行政机关采取其他相应的补救性措施，例如给予行政处罚、为行政许可设定期限或者条件的限制等。

撤销行政许可应遵循信赖利益保护原则。造成撤销许可的违法事由是行政机关过错的，行政机关应当赔偿因撤销许可而给当事人造成的合法权益损失；造成许可被撤销的事由是出于当事人自己的过错的，当事人因行政许可而获得的利益不受保护，不予赔偿。

（二）注销

注销是指因法定事由的出现，行政许可失去了效力，没有继续存在的意义，行政机关依法办理的废止手续。注销不取消行政许可以前的效力，而只是取消以后的效力。

注销的事由可以分为法律事件和法律行为两类，前者如不可抗力使行政许可的事项无法实施，后者如行政许可的有效期限届满。根据《行政许可法》第 70 条的规定，注销事由包括：行政许可有效期届满未延续的；赋予公民特定资格的行政许可，公民死亡或者丧失行为能力的；法人或者其他组织依法终止的；行政许可依法被撤销、撤回，或者行政许可证件依法被吊销的；因不可抗力导致行政许可事项无法实施的；法律、法规规定的应当注销行政许可的其他情形。

上述注销事由第四项中提及的“撤回”，是指为了公共利益的需要，行政机关可以撤回（收回）已经生效的行政许可，其与撤销的不同之处在于，被撤回的生效的行政许可是合法作出的。撤回行政许可造成公民、法人或其他组织信赖利益损害的，作出撤回决定的行政机关应当依法予以补偿。根据《行政许可法》规定，撤回一般出现在行政许可所依据的法律、法规、规章修改或者废止，或是准予行政许可所依据的客观情况发生重大变化时。

注销事由第四项中的“吊销”，是被许可人因违法从事行政许可事项活动，而被行政主体作出取消其行政许可的行政处罚，属行政处罚的措施。

四、违反《行政许可法》的法律责任

违反《行政许可法》的相关规定，不论行政主体及其工作人员还是行政相对人，都需要承担相应责任。《行政许可法》规定的法律责任主要有行政责任与刑事责任。

（一）行政机关及其工作人员的法律责任

1. 违法设定行政许可的法律责任 行政机关违法设定行政许可的，有关机关应当责令设定该行政许可的机关改正，或者依法予以撤销。

2. 违反法定行政许可程序的法律责任 行政机关及其工作人员违反《行政许可法》的规定，有下列情形之一的，由其上级行政机关或者监察机关责令改正；情节严重的，对直接负责的主管人员和其他直接责任人员依法给予行政处分：对符合法定条件的行政许可申请不予受理的；不在办公场所公示依法应当公示的材料的；在受理、审查、决定行政许可过程中，未向申请人、利害关系人履行法定告知义务的；申请人提交的申请材料不齐全、不符合法定形式，不一次告知申请人必须补正的全部内容的；违法披露申请人提交的商业秘密、未披露信息或者保密商务信息的；以转让技术作为取得行政许可的条件，或者在实施行政许可的过程中直接或者间接地要求转让技术的；未依法说明不受理行政许可申请或者不予行政许可的理由的；依法应当举行听证而不举行听证的。

3. 违反廉政要求的法律责任 行政机关工作人员办理行政许可、实施监督检查，索取或者收受他人财物或者谋取其他利益，构成犯罪的，依法追究刑事责任；尚不构成犯罪的，依法给予行政处分。

4. 违法实施行政许可的法律责任 行政机关实施行政许可，有下列情形之一的，由其上级行政机关或者监察机关责令改正，对直接负责的主管人员和其他直接责任人员依法给予行政处分；构成犯罪的，依法追究刑事责任：对不符合法定条件的申请人准予行政许可或者超越法定职权作出准予行政许可决定的；对符合法定条件的申请人不予行政许可或者不在法定期限内作出准予行政许可决定的；依法应当根据招标、拍卖结果或者考试成绩择优作出准予行政许可决定，未经招标、拍卖或者考试，或者不根据招标、拍卖结果或者考试成绩择优作出准予行政许可决定的。

5. 违法收费的法律责任 行政机关实施行政许可，擅自收费或者不按照法定项目和标准收费的，由其上级行政机关或者监察机关责令退还非法收取的费用；对直接负责的主管人员和其他直接责任人员依法给予行政处分。截留、挪用、私分或者变相私分实施行政许可依法收取的费用的，予以追缴；对直接负责的主管人员和其他直接责任人员依法给予行政处分；构成犯罪的，依法追究刑事责任。

6. 实施许可后不履行监督职责的法律责任 行政机关不依法履行监督职责或者监督不力，造成严重后果的，由其上级行政机关或者监察机关责令改正，对直接负责的主管人员和其他直接责任人员依法给予行政处分；构成犯罪的，依法追究刑事责任。

（二）行政相对人的法律责任

1. 行政许可申请人隐瞒有关情况或者提供虚假材料申请行政许可的，行政机关不予受理或者不予行政许可，并给予警告；行政许可申请属于直接关系公共安全、人身健康、生命财产安全事项的，申请人在 1 年内不得再次申请该行政许可。

2. 被许可人以欺骗、贿赂等不正当手段取得行政许可的，行政机关应当依法给予行政处罚；取得的行政许可属于直接关系公共安全、人身健康、生命财产安全事项的，申请人在 3 年内不得再次申请该行政许可；构成犯罪的，依法追究刑事责任。

被许可人有下列行为之一的，行政机关应当依法给予行政处罚；构成犯罪的，依法追究刑事责任：涂改、倒卖、出租、出借行政许可证件，或者以其他形式非法转让行政许可的；超越行政许可范围进行活动的；向负责监督检查的行政机关隐瞒有关情况、提供虚假材料或者拒绝提供反映其活动情况的真实材料的；法律、法规、规章规定的其他违法行为。

3. 公民、法人和其他组织未经行政许可，擅自从事依法应当取得行政许可的活动的，行政机关应当依法采取措施予以制止，并依法给予行政处罚；构成犯罪的，依法追究刑事责任。

DI-QI ZHANG

第七章 07

行政处罚

行政处罚是国家法律责任制度的重要组成部分。实践中，行政处罚是行政主体在日常执法活动中运用的非常重要的一种管理社会的方式。对于行政相对人而言，由于其处于弱者的地位，很容易受违法或者不当的行政处罚的侵害，因此，行政处罚实施必须受到法律的严格约束。我国《行政处罚法》于 1996 年 3 月 17 日经第八届全国人民代表大会第四次会议审议通过，后根据 2009 年 8 月 27 日第十一届全国人民代表大会常务委员会第十次会议《关于修改部分法律的决定》第一次修正，根据 2017 年 9 月 1 日第十二届全国人民代表大会常务委员会第二十九次会议《关于修改〈中华人民共和国法官法〉等八部法律的决定》第二次修正。行政处罚的规范化对于规范行政机关行为、促进依法行政、改进行政管理工作、维护社会秩序和公共利益，以及保护公民、法人和其他组织的合法权益，具有重要意义。本章主要结合《行政处罚法》的相关规定，阐述行政处罚法律制度的基本原理理论，主要包括行政处罚的基本概念和基本原则，行政处罚的种类、设定和各类程序，行政处罚的实施主体、管辖及其适用等内容。

第一节　行政处罚概述

一、行政处罚的概念与特征

行政处罚，是指行政主体依法对违反行政法律规范但尚未构成犯罪的公民、法人和其他组织给予行政制裁的具体行政行为。作为一种常见的具体行政行为，行政处罚具有以下基本特征：

1. 行政处罚由特定的行政主体依法实施　行政处罚的实施主体法定，只有依法拥有行政处罚权的特定主体才能在其法定处罚权限范围内作出行政处罚。行政主体是否享有行政处罚权以及在多大范围内享有行政处罚权，必须以行政法律规范的明文规定为依据。如《动物防疫法》第 8 条规定，“县级以上地方人民政府设立的动物卫生监督机构依照本法规定，负责动物、动物产品的检疫工作和其他有关动物防疫的监督管理执法工作”；第 73 条赋予了动物卫生监督机构的相关行政处罚权力。不具有行政处罚职能的单位或组织为维护其内部的工作秩序而设置的处罚措施，不是代表国家公权力的行政处罚。目前，行政处罚权的实施主体有三类，分别为有权行政机关，法律、法规授权的组织，以及行政机关依法委托的组织。

2. 行政处罚的对象是外部的公民、法人或其他组织　行政处罚是行政机关对外实施管理的一种手段，行政处罚针对的对象是违反了行政法律规范的公民、法人或其他组织。如果公民、法人或其他组织违反了组织的内部纪律，或者违反的是刑事、民事法律规范，则应承担刑事与民事责任，不能给予行政处罚。公务员在工作中违反行政法律规范时应受行政处分而非行政处罚。

3. 行政处罚以被处罚人违反行政法律规范为法定前提　与民事制裁和刑事制裁不同，行政处罚是对违反行政法律规范但尚未构成犯罪的相对人所实施的制裁。只有相对人实施了必须依法给予处罚的违反行政法律规范的行为，才能够受到行政处罚。

4. 行政处罚的目的既是对违法者的惩戒和教育，又是维护行政管理秩序　相对人实施了违反行政法律规范的违法行为，就应当受到相应的惩戒，通过行政处罚，教育违法者严格遵守法律，避免再犯。同时，行政主体要对社会实施管理就必须拥有一些制裁权，通过具有强制性、制裁性的行政处罚，能够使社会得到稳定、高效的管理。

二、行政处罚与相关概念的区分

（一）行政处罚与行政处分

行政处分是指行政机关对系统内部违法失职的公务员实施的一种惩戒措施。行政处分和行政处罚虽然都是由行政机关作出的制裁性行为，但具有以下区别：

1. 作出决定的主体不同 行政处罚是由依法拥有行政处罚权的行政主体实施，并不是每一个行政主体都可以行使行政处罚权。而行政处分是由受处分的公务员所在机关，或上级机关，或监察机关作出的，也就是说一般的行政机关都有行政处分权。

2. 形式不同 行政处罚的形式有警告，罚款，没收违法所得与没收非法财物，责令停产停业，暂扣或吊销许可证、执照，行政拘留等六种，同时单行法中还有其他类型的规定。如《动物防疫法》中规定的动物卫生监督机构实施的行政处罚种类主要有警告、罚款、没收违法所得或非法财物、责令暂停或停止诊疗服务活动等。而行政处分的形式，根据《公务员法》的规定，主要有警告、记过、记大过、降级、撤职、开除等六种。

3. 法律依据不同 行政处罚是依据《行政处罚法》《动物防疫法》《畜牧法》《兽药管理条例》等有关行政管理的外部行政法律规范作出；行政处分依据的是管理行政机关工作人员或公职人员的内部行政法律规范，如《公务员法》《监察法》《人民警察法》等。

4. 制裁的性质和对象不同 行政处罚是以行政管理关系为基础而作出的外部行政行为；行政处分则是以行政隶属关系为基础的内部行政行为。行政处罚是对违反行政法律规范的公民、法人和其他组织实施的制裁；行政处分是对违法失职的公务人员实施的惩戒，仅限于行政系统内部的人员。

5. 法律救济不同 当事人如果对行政处罚不服，除法律、法规另有规定外，可以提起行政复议或者行政诉讼；当事人对行政处分不服，则只能通过内部的申诉途径解决，向作出处分决定的原机关申请复核，或向上一级机关或监察部门提起申诉。

（二）行政处罚与行政强制

行政强制是指行政机关为达到行政目的，依据法定职权和程序作出的对相对人的财产、人身及行为产生强制力的行政行为的总称，包括行政强制措施和行政强制执行两种独立的具体行政行为。行政处罚与行政强制都是对违反行政法律规范作出的具体行政行为，部分情况下有承接关系，但是二者也存在明显的区别。

1. 性质不同 行政强制是行政执法过程中的一种手段和保障，其中行政强制措施是为防止危险扩大或制止违法行为而作出的暂时性、阶段性行为，不是最终的处理行为。行政强制执行是为迫使相对人履行行政决定所确定的义务，具有较强执行性，不以制裁为目的。行政处罚是对违法行为人的最终处理结果，是通过科以或增加义务或剥夺权益对行政违法行为人进行的制裁，具有较强制裁性。

2. 目的不同 行政强制措施是为了制止违法行为、防止证据损毁、避免危害发生、控制危险扩大等，行政强制执行是为了促使相对人履行法律规范确定的义务或行政决定确定的义务。而行政处罚的目的是通过对违法相对人实施一定的惩罚，使其承担一定的法律责任，惩戒行政违法行为，教育行政相对人守法。如行政执法过程中，为查清违法行为而采取查封的行政强制措施；在查清事实后，依法对违法责任人处以罚款的行政处罚；如果受罚人在规定的期限届满不履行缴纳罚款义务，可以依法定程序采用执行罚等行政强制执行，迫使相对人履行行政处罚义务。

3. 适用次数不同 行政强制可以适用一次，特殊情况下也能持续适用，直至行政相对人履行义务或停止违法活动，如执行罚的目的在于迫使义务人履行义务，若义务人受执行罚后仍不执行，可再次施加执行罚，直至履行义务；而行政处罚遵守一事不再罚的原则，不能对同一违法行为以同一事实和理由施加多次处罚。

4. 实施机关不完全相同 行政强制由法律、法规规定的行政机关在法定职权内实施，其中行政强制执行还可以由人民法院依行政机关的申请而实施；行政处罚则只能由行政机关或法定组织实施。

5. 诉讼后结果不完全相同 行政强制是羁束性行政行为，在诉讼中，人民法院可以判决撤销违法或适用不当的行政强制措施；行政处罚中有大量的自由裁量行政行为，人民法院可以判决变更显失公正的行政处罚。

（三）行政处罚与刑罚

刑罚是《刑法》规定由国家审判机关依法行使的，剥夺或者限制犯罪分子权利的最严厉的制裁方式。行政处罚与刑罚都具有国家强制力，但二者存在较大区别。

1. 实施主体不同 行政处罚主要由国家行政机关或法律、法规授权的组织来实施，有时由受委托的组织实施，属行政权的一部分；刑罚则由国家司法机关即人民法院实施，属于司法权。

2. 实施的前提和对象不同 行政处罚一般是对违反行政管理秩序但尚未构成犯罪的相对人的制裁，有些情况下，相对人既违反了行政法律规范又违反了刑事规范，也可能并行实施两种处罚。而刑罚是司法主体对违反刑事法律规范的犯罪分子所实施的，不能对只违反行政法律规范的主体实施。

3. 处罚的种类不同 行政处罚的形式在《行政处罚法》中规定了六种，单行法律、法规中也有其他类型处罚的规定。而刑罚统一由《刑法》规定，刑罚分为主刑和附加刑，主刑有管制、拘役、有期徒刑、无期徒刑和死刑；附加刑有罚金、剥夺政治权利、没收财产和适用于外国人的驱逐出境。

4. 处罚适用的依据不同 行政处罚适用法律、法规以及规章等规定，遵循法定程序实施；而刑罚只能适用法律，即《刑法》，并根据《刑事诉讼法》的程序作出。刑罚是国家法律专属立法权的事项，法规及规章无权作出规定。

第二节　行政处罚的原则与种类

一、行政处罚的原则

行政处罚的原则是体现行政处罚的共同性质，对行政处罚设定与实施具有普遍指导和规范作用的准则。根据我国《行政处罚法》的规定，我国的行政处罚原则可归纳为处罚法定，公正、公开，处罚与教育相结合，权利保障与一事不再罚等几项。

（一）处罚法定原则

处罚法定是依法行政原则在行政处罚中的要求。为防止行政处罚的随意性，避免处罚手段的滥用，行政处罚实行法定原则，要求在设定和实施上均依法进行。《行政处罚法》第3条规定："公民、法人或者其他组织违反行政管理秩序的行为，应当给予行政处罚的，依照本法由法律、法规或者规章规定，并由行政机关依照本法规定的程序实施。没有法定依据或者不遵守法定程序的，行政处罚无效。"

1. 行政处罚的依据法定 法无明文规定不受处罚，对哪些违反行政管理秩序的行为进行处罚应该有法律、法规和规章的明确规定；如无具体、明确的法律依据，即使行政相对人违反了行政管理秩序，也不能对其施以行政处罚。此处的"法"不是狭义的法律，而是指法律文件，即《行政处罚法》规定的法律、行政法规、地方性法规和规章，均可依法设置行政处罚。

2. 实施行政处罚的主体及职权法定 《行政处罚法》第15条规定，行政处罚由具有行政处罚权的行政机关在法定职权范围内实施。这意味着，哪一行政主体拥有行政处罚权，以及它拥有多大的行政处罚权，均须由法律、法规和规章予以规定。目前行政处罚由具有法定职权的行政机关，法律、法规授权的具有管理公共事务职能的组织以及符合条件的受委托的组织共三类主体行使。

3. 实施行政处罚的程序法定 《行政处罚法》为行政处罚主体实施行政处罚设定了严格的程序，施罚主体不遵守法定程序实施行政处罚，则构成程序违法的行政处罚，当事人起诉的，人民法院可以以违反法定程序为由判决撤销被诉行政处罚。

（二）公正、公开原则

行政处罚法第4条规定，"行政处罚遵循公正、公开的原则。"

公正原则不仅要求处罚在形式上合法，而且要在内容上符合立法目的，在设定和实施行政处罚时必须具体遵循"过罚相当"的原则，即设定和实施行政处罚必须以事实为依据，与违法行为的事实、性质、情节以及社会危害程度相当。为保证公正原则的实现，《行政处罚法》规定了若干具体措施，如规定行政处罚与刑罚折抵制度，在处罚程序上贯彻案件调查人员与处罚决定人员分离的原则，建立处罚过程中的回避制度以及设置听证程序等。

公开原则既是公正原则的必然要求，同时也是公正原则的必要保障。《行政处罚法》在制定过程中十分重视贯彻和体现公开原则。如，作为行政处罚依据的法律、法规和规章必须事先公布，否则不能成为行政处罚的依据；实施行政处罚的主体及具体工作人员必须公开身份；行政主体在作出处罚决定之前，必须向被处罚人公开处罚决定的事实、理由及依据，并告知当事人依法享有的权利；行政处罚听证必须公开等。

（三）处罚与教育相结合原则

行政处罚不仅是制裁行政违法行为的手段，而且也应起到教育的作用，不能为罚而罚，处罚只是手段而不是目的。行政处罚应让违法的相对人从内心认识到违法的危害，否则只会屡罚屡犯。所以，《行政处罚法》规定，"实施行政处罚，纠正违法行为，应当坚持处罚与教育相结合，教育公民、法人或者其他组织自觉守法。"第27条也规定，"当事人如主动消除或者减轻违法行为危害后果，或者配合行政机关查处违法行为有立功表现的，应依法从轻或者减轻行政处罚。”惩罚和教育有助于使人们认识到违法行为的违法性与危害性，培养公众守法意识。

但是教育不能完全代替处罚，行政违法行为既然已经做出，那么处罚的同时予以教育才是更为公正的处理方式。所以，对已然发生的行政违法行为，要根据法律、法规及规章的规定，依法进行行政处罚，并将教育作为处罚的补充。

（四）权利保障原则

权利保障原则即处罚救济原则，行政主体作出行政处罚的决定，要保障相对人的救济途径。《行政处罚法》第 6 条规定：“公民、法人或者其他组织对行政机关所给予的行政处罚，享有陈述权、申辩权；对行政处罚不服的，有权依法申请行政复议或者提起行政诉讼。公民、法人或者其他组织因行政机关违法给予行政处罚受到损害的，有权依法提出赔偿要求。”行政主体在实施行政处罚时，必须保证相对人获得救济途径，否则不能实施行政处罚。

被处罚人对行政主体实施的行政处罚，享有陈述权、申辩权，也享有获得法律救济的权利，包括申请行政复议权、提起行政诉讼权和获得行政赔偿权。获得赔偿的救济是指因行政机关的违法或不当行政处罚而造成相对人的合法权益受到损害，请求国家予以救济。除此之外，行政救济还包括要求行政机关改正错误、请求听证等权利。

（五）一事不再罚原则

《行政处罚法》第 24 条规定，对当事人的同一个违法行为，不得给予两次以上罚款的行政处罚。一事不再罚原则要求，针对相对人的同一违法行为，不得以同一事实和理由给予两次以上的同类处罚，其目的是解决实践中的多头处罚与重复处罚问题。应当注意的是，一事不再罚是指同类处罚，不排除法律规定的并处处罚，例如罚款并处吊销营业执照。同时，若同一违法行为违反多个法律、法规的规定，可以依法给予多种处罚。

此外，对于行政处罚与刑罚竞合的处理，《行政处罚法》第 22 条规定，违法行为构成犯罪的，行政机关必须将案件移送司法机关，依法追究刑事责任，行政机关不再给予违法行为人行政处罚。即违法行为构成犯罪的，移交司法机关，不再给予行政处罚。但存在例外情况：若法律、法规规定追究刑事责任的同时应予行政处罚的，则应依法追究行为人违法的行政责任。

二、行政处罚的种类

行政处罚可根据不同分类标准进行划分。以行政处罚的内容为标准，可以分为短期内限制或剥夺人身自由的人身罚，如行政拘留；限制或剥夺相对人某种行为能力的行为罚，如责令停产停业、吊销或暂扣许可证、执照等；影响相对人财产权利或利益的财产罚，如罚款、没收财物等；影响违法者名誉、声誉等精神利益的声誉罚，如警告、通报批评等。以行政处罚的性质为标准，可以分为限制剥夺权利的行政处罚、科以义务的行政处罚、影响声誉的行政处罚等。

《行政处罚法》规定了六种行政处罚方式，同时也授权法律、法规可以设定其他行政处罚的种类。以下根据《行政处罚法》的规定分别介绍行政处罚的常见具体方式。

（一）警告

警告属申诫罚，是指行政机关对违法相对人提出谴责和告诫，申明其行为违法并教育违法者避免以后重犯的处罚方式，既有教育性又有制裁性。警告具有精神惩戒的作用，一般用于轻微行政违法行为，可单处也可依法并处。警告可以当场作出。因警告的惩戒性较低，有时不能引起行政相对人的重视，所以实践中应告知其行为违法性，使相对人意识到其行为的社会危害性以及可能产生的法律后果。如《动物防疫条件审查办法》第 36 条第 2 款对未经审查擅自变更布局、设施设备的违法行为设定了警告处罚；《动物防疫法》第 73 条规定了对饲养的动物不按照动物疫病强制免疫计划进行免疫接种的，种用、乳用动物未经检测或者经检测不合格而不按照规定处理的，动物、动物产品的运载工具在装载前和卸载后没有及时清洗、消毒的违法行为，给予警告的行政处罚。

（二）罚款

罚款属于财产罚，是强迫违法行为人缴纳一定数额的金钱，剥夺其一定财产权利的制裁方式。对行政相对人是否处以罚款的处罚、给予单处还是并处罚款的处罚，应以法律规范的规定为准，不能以执法人员的主观决定。应当注意行政处罚中的罚款与刑事处罚中的罚金、行政强制执行中的执行罚的区别：罚金是《刑法》中规定的附加刑，适用《刑法》和其他单行刑事法律规范，由人民法院判决对犯罪分子作出；执行罚是行政强制执行的一种，目的是促使相对人履行先前行政行为所确定的义务；而罚款是对违反行政管理秩序的相对人的惩戒，本身具有终局性，由行政主体依法作出。规定罚款方式的条款，大多赋予行政主体一定的自由裁量权，由行政主体根据个案具体情况在某一限度内决定罚款数额，或决定是否采取罚款的处罚措施。如《动物防疫法》第 75 条，“违反本法规定，不按照国务院兽医主管部门规定处置染疫动物及其排泄物，染疫动物产品，病死或者死因不明的动物尸体，运载工具中的动物排泄物以及垫料、包装物、容器等污染物以及其他经检疫不合格的动物、动物产品的，由动物卫生监督机构责令无害化处理，所需处理费用由违法行为人承担，可以处三千元以下罚款。”

（三）没收违法所得、没收非法财物

没收违法所得和没收非法财物属财产罚，是将行政违法行为人的部分或全部违法收入、物品或其他用于非法活动的财物收归国有的处罚方式。违法所得是行为人通过从事行政违法行为获得的财产性权益，非法财物是行为人为了从事违法行为而使用的资金或设备等。合法的收入和未被用于从事违法活动的物品不应成为没收的对象。没收的物品除应予销毁或存档的外，均应上交国库或者由专管机构处理。

应注意区分其与刑法中没收财产罚的区别：没收财产的刑罚是将犯罪人个人所有的部分或全部财产强制收归国家的刑罚，主要适用于破坏社会主义经济秩序罪、侵犯财产罪以及有关危害国家安全罪等性质严重的犯罪；没收违法所得、没收非法财物的对象是违禁品、赃款、赃物或者进行非法活动的工具，既可以适用于一般行政违法行为，也可以适用于严重的行政违法行为。如，《动物防疫法》第 79 条规定，“违反本法规定，转让、伪造或者变造检疫证明、检疫标志或者畜禽标识的，由动物卫生监督机构没收违法所得，收缴检疫证明、检疫标志或者畜禽标识，并处三千元以上三万元以下罚款。”第 76 条规定，“违反本法第 25 条规定，屠宰、经营、运输动物或者生产、经营、加工、贮藏、运输动物

产品的，由动物卫生监督机构责令改正、采取补救措施，没收违法所得和动物、动物产品，并处……”并处罚款之前的规定就是没收违法所得与没收非法财物，此处的非法财物指的是“动物、动物产品”，即第 25 条规定的非法屠宰、经营、运输的动物或者非法生产、经营、加工、贮藏、运输的动物产品。

（四）责令停产停业

责令停产停业是行为罚，是行政机关限制或剥夺行为人从事特定行为的能力，强制命令违法行为人暂时或永久停止生产经营和其他业务活动的处罚。一般来说，责令停产停业附有期限限制，停产停业期间，被处罚人不得再行生产经营等，但主体资格并未剥夺，许可证与营业执照仍有效。如果违法者在一定期限内及时纠正了违法行为，按期履行了义务，仍可以继续从事曾经被停止的生产经营活动。责令停产停业对相对人影响较大，因此一般适用于违法性较严重的行为。如《动物防疫法》第 82 条第 1 款：“违反本法规定，未经兽医执业注册从事动物诊疗活动的，由动物卫生监督机构责令停止动物诊疗活动，没收违法所得，并处一千元以上一万元以下罚款。”该条第 2 款规定了适用于执业兽医的行政违法行为，如违反有关动物诊疗的操作技术规范，造成或者可能造成动物疫病传播、流行的；使用不符合国家规定的兽药和兽医器械的；不按照当地人民政府或者兽医主管部门要求参加动物疫病预防、控制和扑灭活动的，“由动物卫生监督机构给予警告，责令暂停六个月以上一年以下动物诊疗活动；情节严重的，由发证机关吊销注册证书”。《乡村兽医管理办法》第 19 条、《动物诊疗机构管理办法》第 29 条、第 30 条等法条中，也规定了对乡村兽医的违法行为、动物诊疗机构的违法行为，责令停止或暂停六个月以上一年以下动物诊疗活动的处罚。

（五）暂扣或者吊销许可证，暂扣或者吊销执照

该行政处罚属行为罚，是指限制和剥夺违法者从事某项活动的权利和资格。暂扣是指当事人在短时期内没有从事某种活动的资格，即暂时中止持证人从事某种活动的资格，待其改正违法行为后，经过一定期限，再发还证件恢复其资格。吊销是取消当事人原先向行政机关所申请的许可证、执照上规定的资格权利的处罚，当事人以后若要继续从事此活动，需再次向行政机关申请新的许可证、执照。一般来说，吊销和暂扣许可证、执照的处罚措施，是在对相对人施加其他形式的行政处罚不足以实现制裁目的，需要禁止其从事某活动的资格时才适用。若从事某种经营活动既需要许可证也需要执照，那么适用本项处罚时，应由许可管理机关暂扣、吊销许可证，由市场监督管理部门暂扣、吊销营业执照。如《动物防疫法》第 81 条第 2 款规定，“动物诊疗机构违反本法规定，造成动物疫病扩散的，由动物卫生监督机构责令改正，处一万元以上五万元以下罚款；情节严重的，由发证机关吊销动物诊疗许可证。”

吊销许可证后要履行注销手续，如《动物防疫条件审查办法》第 36 条第 2 款规定，对相关场所不符合动物防疫条件，且拒不改正或者整改后仍不合格的，由发证机关收回并注销动物防疫条件合格证。

（六）行政拘留

行政拘留是人身自由罚，又称治安拘留，是指行政主体剥夺违法当事人在一定期限内人身自由的行政处罚。人身罚使相对人的人身自由受到了限制，它是行政处罚中最为严厉

的一种。《行政处罚法》第 9 条第 2 款规定，限制人身自由的行政处罚，只能由法律设定。此外，行政拘留只能由公安机关决定和执行，一般拘留时间为 15 日以下，有两种以上违反治安管理规定行为的，分别决定，合并执行，最长不超过 20 日。行政拘留适用于严重违反治安管理规定的相对人，在适用警告、罚款等处罚形式不足以惩戒时才适用。

（七）其他行政处罚类型

《行政处罚法》之外的其他法律、行政法规可以依法创设其他种类的行政处罚，如责令具结悔过、通报批评、责令关闭、责令退还、驱逐出境等。

第三节　行政处罚的设定与规定

一、行政处罚的设定

行政处罚的设定权是指国家机关依据法定权限和程序创制行政处罚的权力，包括何种违法行为应予处罚、给予何种处罚、应由哪个机关依照什么程序处罚等。行政处罚的设定关系到公民、法人和其他组织的合法权益，必须加以严格的限制。依据《行政处罚法》的相关条款规定，除法律、法规、规章外，其他规范性文件不得设定行政处罚。

（一）法律

《行政处罚法》第 9 条规定了法律设定行政处罚的权限，法律可以设定各种行政处罚。

《行政处罚法》只是对行政处罚的种类和设定作了一般性规定，全国人民代表大会及其常务委员会在对各个行政管理领域的具体管理内容进行立法时，还可能在行政处罚方面作出特别要求和规定，如责令具结悔过、通报批评、责令关闭、责令退还、驱逐出境等。此外，限制或剥夺人身自由的行政处罚如行政拘留和驱逐出境等，仅由法律设定。

（二）行政法规

《行政处罚法》第 10 条规定，行政法规可以设定除限制人身自由以外的行政处罚。行政法规是国务院为领导和管理国家各项行政工作所制定的法规，在效力等级上次于法律，除涉及人身自由基本权利的行政处罚外，行政法规均可设置。

（三）地方性法规

《行政处罚法》第 11 条规定，地方性法规可以设定除限制人身自由、吊销企业营业执照以外的行政处罚。地方性法规包括省级地方性法规，也包括设区的市级地方性法规，如《北京市动物防疫条例》《青岛市无规定动物疫病区管理条例》。地方性法规不能规定吊销企业营业执照的行政处罚，但是对于吊销其他执照的处罚是可以设定的，如吊销动物诊疗许可证、动物防疫条件合格证等。

（四）部门规章

《行政处罚法》第 12 条第 2 款规定，尚未制定法律、行政法规的，国务院部、委员会制定的规章对违反行政管理秩序的行为，可以设定警告或者一定数量罚款的行政处罚。罚款的限额由国务院规定。同时，国务院可以授权具有行政处罚权的直属机构依照该条第 1 款、第 2 款的规定，规定行政处罚。如农业农村部可以在尚未制定法律、行政法规时制定部门规章，设定警告或者一定数量的罚款；而国务院直属机构（如海关总署、国家市场监督管理总局）的规章与国务院部委规章不同，在有授权的情况下，才能设定行政处罚。

（五）地方政府规章

根据《行政处罚法》第 13 条第 2 款，省、自治区、直辖市人民政府和省、自治区人民政府所在地的市人民政府以及经国务院批准的较大的市人民政府制定的规章可以在法律、法规尚未制定时，对违反行政管理秩序的行为设定警告或者一定数量罚款的行政处罚。罚款的限额由省、自治区、直辖市人民代表大会常务委员会规定。因此，地方政府规章可以设定警告或罚款的行政处罚。

此处面临与其他法律衔接的问题。2015 年《立法法》将市级地方政府规章制定权主体由此处所指的 49 个较大的市，扩展至所有设区的市、自治州与 4 个不设区的市，但是《行政处罚法》仍将地方政府规章设定行政处罚的权力限制在较大的市人民政府范围内，较大的市以外的设区的市级政府制定的规章能否设定警告和一定数量的罚款，需要法律予以明确。

法律、行政法规、地方性法规和规章以外的规范性文件不得设定行政处罚。

二、行政处罚的规定

规定是对上位法所设定的行政处罚予以具体细化。根据《行政处罚法》第 12 条至第 14 条的规定，行政法规、地方性法规、部门规章和地方政府规章都有权对上位法已经设定的行政处罚事项进行具体细化规定。

具体来说，行政处罚的规定应遵循以下权限要求：①法律对违法行为已经作出行政处罚规定，行政法规需要作出具体规定的，必须在法律规定的给予行政处罚的行为、种类和幅度的范围内规定。②法律、行政法规对违法行为已经作出行政处罚规定，地方性法规需要作出具体规定的，必须在法律、行政法规规定的给予行政处罚的行为、种类和幅度的范围内规定。③国务院部、委员会制定的规章可以在法律、行政法规规定的给予行政处罚的行为、种类和幅度的范围内作出具体规定。④省、自治区、直辖市人民政府和省、自治区人民政府所在地的市人民政府以及经国务院批准的较大的市人民政府制定的规章可以在法律、法规规定的给予行政处罚的行为、种类和幅度的范围内作出具体规定。不论是行政法规、地方性法规还是国务院部门规章、地方政府规章，对上位法的细化规定不得超出上位法已设定的应予行政处罚的违法行为种类、范围和幅度。

第四节　行政处罚的实施主体、管辖与适用

一、行政处罚的实施主体

根据《行政处罚法》的规定，有权实施行政处罚的主体可以分为三类，分别是拥有行政处罚权的行政机关，法律、法规授权的组织以及行政机关委托的组织。

（一）拥有行政处罚权的行政机关

《行政处罚法》第 15 条规定："行政处罚由具有行政处罚权的行政机关在法定职权范围内实施。"

行政处罚权是行政职权的一项重要内容，按照我国宪法对国家机关职权的分工，国家行政职权由国家行政机关行使。而行政处罚权在行政职权中是一种具体职权，不是所有的

行政机关都拥有该职权，必须在法律规定条件下，行政机关才可以实施行政处罚。此外，具有行政处罚权的行政机关必须在法定职权范围内实施行政处罚。如《畜牧法》《兽药管理条例》《动物防疫法》等法律、法规均规定，兽医主管部门对违反有关规定的行政违法行为，可以在法律、法规和规章的规定范围内行使处罚权。

《行政处罚法》第16条规定，“国务院或者经国务院授权的省、自治区、直辖市人民政府可以决定一个行政机关行使有关行政机关的行政处罚权，但限制人身自由的行政处罚权只能由公安机关行使。”这是关于行政处罚权集中行使的授权规定，主要目的为了提高行政效率、减少职权纷争与推诿，将分散于多个行政机关的行政处罚权归于一个行政机关集中统一行使。行政处罚权的集中行使存在一定限制：一是仅国务院或国务院授权的省级人民政府可以决定某一行政机关行使有关行政机关的行政处罚权；二是涉及人身自由的行政处罚，以及国家垂直领导部门的行政处罚权不能被集中。目前，各地在按照中共中央办公厅、国务院办公厅《关于深化农业综合行政执法改革的指导意见》（中办发〔2018〕61号）开展农业综合执法改革，也是探索尝试部门行政处罚权集中统一行使的机制。

（二）法律、法规授权的组织

《行政处罚法》第17条规定，“法律、法规授权的具有管理公共事务职能的组织可以在法定授权范围内实施行政处罚。”

在实践中，行政机关本身并不能够单独完成所有的行政管理任务，所以，必要时法律、法规授权的组织经授权成为行政处罚主体，和行政机关一起共同承担行政管理任务。被授权的组织必须是具有管理公共事务职能的组织，必须经法律、法规、规章的授权；被授权组织在法定授权范围内实施行政处罚，且以自己的名义实施行政处罚，效果归属于被授权组织自己。如《动物防疫法》第8条规定，“县级以上地方人民政府设立的动物卫生监督机构依照本法规定，负责动物、动物产品的检疫工作和其他有关动物防疫的监督管理执法工作”，即以法律的形式授权动物卫生监督机构相关行政执法权力，动物卫生监督机构需在《动物防疫法》授权范围内，以自身名义实施行政处罚并承担后果。

（三）行政机关委托的组织

《行政处罚法》第18条规定，“行政机关依照法律、法规或者规章的规定，可以在其法定权限内委托符合本法第19条规定条件的组织实施行政处罚。”

委托行政机关只能把自己依法拥有的行政处罚权委托给其他组织，对受委托组织实施行政处罚的行为应当负责监督，并对该行为的后果承担法律责任。受委托组织在委托范围内，以委托机关的名义实施行政处罚，不得再委托其他任何组织或者个人实施。

《行政处罚法》第19条对受委托组织的条件作了规定：受委托组织必须为依法成立的管理公共事务的事业组织；具有熟悉有关法律、法规、规章和业务的工作人员；对违法行为需要进行技术检查或者技术鉴定的，应当有条件组织进行相应的技术检查或者技术鉴定。

二、行政处罚的管辖

行政处罚的管辖是指拥有行政处罚权的行政机关之间对行政违法行为在具体处理上的权限和分工，是确定一个行政违法案件由哪一个行政机关受理和实施处罚的法律制度。这里面包含三个问题，即：由哪一个地方的行政机关管辖；由哪一级的行政机关管辖；由哪一个具体的行政机关管辖。《行政处罚法》第 20 条规定，“行政处罚由违法行为发生地的县级以上地方人民政府具有行政处罚权的行政机关管辖。法律、行政法规另有规定的除外。”第 21 条规定，“对管辖发生争议的，报请共同的上一级行政机关指定管辖。”第 22 条规定，“违法行为构成犯罪的，行政机关必须将案件移送司法机关，依法追究刑事责任。”

（一）地域管辖

地域管辖原则处理的是同级行政处罚机关之间的分工和权限，也就是由何地的行政主体行使行政处罚权。根据《行政处罚法》第 20 条，行政处罚由违法行为发生地的行政机关管辖，而不论违法行为人的户籍与住所地，从而便于行政机关的管辖。违法行为发生地包括违法行为的实施地、经过地和危害结果的发生地。法律、法规对此另有规定，则从其规定。

（二）级别管辖

级别管辖处理的是不同层级之间的行政处罚机关的分工和权限，是指由某地的哪一层级的行政主体负责实施行政处罚。依据《行政处罚法》第 20 条的规定，行政处罚由县级以上地方人民政府具有行政处罚权的职能部门管辖，但是法律、法规另有规定的除外。所以，中央和乡级人民政府一般不处理行政处罚案件，但是在法律、法规有特别规定时，乡镇政府、行政机关的内设机构和派出机构可以行使部分行政处罚权。如《江西省血吸虫病防治条例》第 31 条规定，“违反本条例规定，有关单位和个人在封洲禁牧区放牧的，由乡镇人民政府责令改正。拒不改正的，对单位处以二千元以上一万元以下罚款；对个人处以一百元以上五百元以下罚款。”

（三）职能管辖

对行政处罚实施管辖的行政机关，必须是违法行为发生地的县级以上行政机关，而且必须是具有行政处罚职能的行政机关。职能管辖指行政机关和刑事司法机关之间对于违法案件的权限划分。许多违反行政管理秩序的案件，按照其情节的严重程度，可以同时构成行政违法和刑事犯罪。当违法行为构成犯罪时，除依法给予行政处罚外，行政机关还必须将案件移送司法机关追究刑事责任。

（四）指定管辖

一般来说，若两个以上行政主体对同一违法行为都有管辖权，由最先查处的行政主体管辖，但是两个以上行政主体发生管辖权争议的，应协商解决，协商不成的，发生争议的行政机关应报请其共同的上一级行政机关以决定的方式指定管辖。如，某一行政违法行为的实施地与危害结果的发生地主管行政机关对该违法行为均有行政处罚的管辖权，当两地的行政主管部门在管辖上发生争议又协商不成的，则需报请共同上一级行政机关指定管辖。

三、行政处罚的适用

行政处罚的适用，是指行政主体在认定相对人违法的基础上，依法决定对相对人是否给予处罚和如何给予处罚的具体运用过程。适用行政处罚，需要具备一定的条件。此外，

《行政处罚法》规定了行政处罚适用时的具体方法，即不予处罚或免于处罚，从轻、减轻或从重处罚，行政处罚与刑罚相折抵。

（一）行政处罚的适用要件

行政处罚的适用要件，是指作出行政处罚必须满足的条件，具体包括：

一是必须有相对人行政违法行为的客观存在，这是行政处罚的前提条件；二是必须由法定拥有处罚权的行政主体实施处罚，这是行政处罚的主体条件；三是相对人不但违反了行政管理秩序，还必须具有一定的责任能力（包括符合年龄、精神状态等条件），这是行政处罚实施对象的条件；四是超过法定期限，不得再对相对人追究责任，已追究的应撤销行政处罚，这是行政处罚的时效条件。

（二）行政处罚的适用方法

1. 不予处罚或免于处罚 不予处罚，是指因法定事由存在，行政机关对某些虽然形式上违法但实质上不应承担违法责任的相对人作出的不适用行政处罚的决定。免予处罚是指行政机关依照法律、法规的规定，考虑有法定的特殊情况存在，对本应处罚的违法行为人作出的免除其处罚的决定。不予处罚与免予处罚的主要区别在于，不予处罚是因法定事由而不构成违法，免于处罚则是因法定事由而对构成违法的行为不处罚。

不予处罚的情形包括年龄事由、行为能力事由与违法行为程度事由等。《行政处罚法》第 25 条规定，不满 14 周岁的人有违法行为的，不予行政处罚，责令监护人加以管教。第 26 条规定，精神病人在不能辨认或者不能控制自己行为时有违法行为的，不予行政处罚，但应当责令其监护人严加看管和治疗；间歇性精神病人在精神正常时有违法行为的，应当给予行政处罚。第 27 条最后一款规定，违法行为轻微并及时纠正，没有造成危害后果的，不予行政处罚。

免于处罚一般是存在情节显著轻微或不适宜执行处罚等情形，不再科处行政处罚。如根据《治安管理处罚法》第 21 条，违反治安管理行为人已满 14 周岁不满 16 周岁的，或已满 16 周岁不满 18 周岁且初次违反治安管理的，或 70 周岁以上的，或怀孕或者哺乳自己不满 1 周岁婴儿的，虽然依法应当给予行政拘留处罚，但不再执行。

2. 从轻、减轻或从重处罚 从轻处罚是指行政主体在法定处罚限度内选择较轻的处罚，包括种类较轻与幅度较轻。从轻不是适用最轻的处罚方式，而是在案件中根据具体情节作出裁量。减轻处罚是指行政主体对违法相对人处以法定处罚幅度最低限以下的处罚，减轻一般不能减至免于处罚。

《行政处罚法》第 25 条与第 27 条规定了从轻、减轻处罚的情形。《行政处罚法》第 25 条规定，已满 14 周岁不满 18 周岁的人有违法行为的，从轻或者减轻行政处罚；第 27 条规定，主动消除或者减轻违法行为危害后果的，受他人胁迫有违法行为的，配合行政机关查处违法行为有立功表现的，或者有其他依法从轻或者减轻行政处罚情形的，应当从轻或减轻处罚。

从重处罚是指行政主体在法定的处罚方式和幅度内，对相对人处以较为严厉的处罚方式。《行政处罚法》中未规定从重处罚情形，但是在单行法律规范中有此类规定。如《治安管理处罚法》第 20 条规定，违反治安管理有较严重后果的，教唆、胁迫、诱骗他人违反治安管理的，对报案人、控告人、举报人、证人打击报复的，6 个月内曾受过治安管理处罚的，从重处罚。

3. 行政处罚与刑罚相折抵 《行政处罚法》第 22 条与第 28 条就行政处罚与刑罚相折抵作了规定：违法行为构成犯罪的，行政机关必须将案件移送司法机关，依法追究刑事责任；违法行为构成犯罪，人民法院判处拘役或者有期徒刑时，行政机关已经给予当事人行政拘留的，应当依法折抵相应刑期；违法行为构成犯罪，人民法院判处罚金时，行政机关已经给予当事人罚款的，应当折抵相应罚金。

因此，行为人的同一行为既构成行政违法也构成刑事犯罪时，应分情况进行处理。

一是只由司法机关处以刑罚。给予刑事处罚足以达到惩处的目的，就没有必要再由行政机关进行处罚，此时存在剥夺人身自由期限与罚金的折抵。如法院判处剥夺人身自由的拘役或者有期徒刑的，根据《行政处罚法》第 28 条第 1 款，行政机关已经给予行政拘留的，需要折抵刑期。

二是刑罚与行政处罚双适用。刑罚和行政处罚的种类与功能存在差异，部分情况中适用刑罚的同时需适用行政处罚以弥补刑罚的不足。

三是免刑后依法适用行政处罚。法院免除刑罚或检察院免于起诉后，行政机关适用与一般行政违法行为相当的罚则，根据行政法律规范作出行政处罚。

第五节 行政处罚的决定程序

行政处罚程序是指享有行政处罚决定权和执行权的行政主体作出行政处罚决定，对违法行为实施行政处罚的具体方式、方法和步骤，由行政处罚决定程序和行政处罚执行程序两部分组成。本节主要讨论行政处罚的决定程序，包括简易程序、一般程序与听证程序。

不论适用何种决定程序，都需要查明事实、履行告知义务、保障当事人相关权利等。根据《行政处罚法》第 30 条至第 32 条，行政机关在行政处罚之前，必须查明事实，违法事实不清的，不得给予行政处罚；履行告知义务，告知当事人作出行政处罚决定的事实、理由及依据，并告知当事人依法享有的权利；保障当事人陈述和申辩的权利，充分听取当事人的意见，对当事人提出的事实、理由和证据，应当进行复核，当事人提出的事实、理由或者证据成立的，行政机关应当采纳。

一、简易程序

简易程序是指行政主体对于事实清楚、情节简单、后果轻微的违反行政管理秩序的行为，当场给予处罚的程序。若作出处罚时，不经过一般程序也不影响受处罚人的相关合法权益，则适用简易程序能够提高行政管理的效率。

（一）简易程序的适用条件

《行政处罚法》第 33 条第 1 款规定，违法事实确凿并有法定依据，对公民处以 50 元以下、对法人和其他组织处以 1 000 元以下罚款或者警告的行政处罚的，可以当场作出行政处罚决定。

（二）简易程序的步骤

根据《行政处罚法》第 34 条，简易程序的步骤为：①向当事人出示执法身份证件，表明身份；②确认违法事实，说明处罚理由和依据，听取陈述申辩，制作现场笔录；③制作填写预定格式、编有号码的行政处罚决定书，载明法定事项并由执法人员签名或者盖章；④当场送达处罚决定书；⑤现场执法后，必须报所属行政机关备案。

行政处罚决定书应当载明被处罚人名称、违法事实、行政处罚的种类或罚款数额、处罚依据、时间、地点，同时告知救济权利及期限，以及作出处罚的行政主体名称。当事人对当场处罚决定不服的，可以依法申请行政复议或提起行政诉讼。

二、一般程序

一般程序又称普通程序，是适用最广泛、最完整的程序，除法律规定可适用简易程序以外的情形均适用一般程序。一般程序在时间、取证、当事人参与以及公开等方面要求较为严格，具体要求规定于《行政处罚法》第 36 条至第 41 条。

（一）立案

立案的目的是通过后续调查取证工作，证明违法嫌疑人是否存在违法行为，从而决定是否作出处罚。公民、法人或者其他组织实施了应当给予行政处罚的行为，行政机关认为有调查处理必要的应当正式立案，公民的申诉、控告和举报等也可能启动立案程序。

立案程序包括受理、呈报、立案决定与交办等具体环节。一般来说，经过审查有关材料，初步认为存在违法行为且符合本部门行政处罚职权范围的，启动立案程序。如《农业行政处罚程序规定》第 30 条规定：“符合下列条件的，农业行政处罚机关应当予以立案，并填写行政处罚立案审批表：（一）有涉嫌违反农业法律、法规和规章的行为；（二）依法应当或者可以给予行政处罚；（三）属于本机关管辖；（四）违法行为发生之日起至被发现之日止未超过二年，或者违法行为有连续、继续状态，从违法行为终了之日起至被发现之日止未超过二年；法律、法规另有规定的除外。”

（二）调查取证

“先取证、后裁决”是行政处罚程序的基本准则。行政机关在立案后，应当对案件进行全面调查，对主要事实、情节和证据进行核实，取得必要证据，并查证有关行政法律规范依据，在没有取得足以证明违法事实存在的证据以前，不能实施处罚。《行政处罚法》第 36 条规定：“行政机关发现公民、法人或者其他组织有依法应当给予行政处罚的行为的，必须全面、客观、公正地调查，收集有关证据；必要时，依照法律、法规的规定，可以进行检查。”

调查取证的具体程序要求包括以下几个方面：

1. 调查或检查的执法人员不得少于两人，并应当向当事人或者有关人员出示证件；执法人员与当事人有直接利害关系的，应当回避。

2. 当事人或者有关人员应当如实回答询问，并协助调查或者检查，不得阻挠；执法人员询问或者检查应当制作笔录。

3. 行政机关在收集证据时，可以采取抽样取证的方法，需要作为证据扣押查封的，应当出具扣押物品清单；在证据可能灭失或者以后难以取得的情况下，经行政机关负责人批准，可以先行登记保存，并应当在七日内及时作出处理决定，在此期间，当事人或者有关人员不得销毁或者转移证据。

4. 扣押物品清单、笔录等，执法人员、当事人或见证人应当签名或盖章。

（三）说明理由并告知权利、当事人陈述和申辩

说明理由是行政机关实施行政处罚过程中必须履行的程序性义务，保障当事人在行政处罚后及时请求救济；当事人陈述和申辩是保护相对人权利的重要方式，也是制约、监督行政机关行使行政权力的有效途径。

根据《行政处罚法》第 31 条、第 32 条与第 41 条，行政机关在作出行政处罚决定之前，应当告知当事人作出行政处罚决定的事实、理由及依据，并告知当事人依法享有的权利；当事人有权进行陈述和申辩，行政机关不得因当事人申辩而加重处罚；不告知作出处罚的事实、理由和依据或拒绝听取当事人的陈述、申辩的，行政处罚决定不能成立。

（四）决定

根据《行政处罚法》第 38 条，调查终结，行政机关负责人应当对调查结果进行审查，根据不同情况，分别作出相应处罚：①确有应受到行政处罚的违法行为的，根据情节轻重及具体情况，作出行政处罚决定；②违法行为轻微，依法可以不予行政处罚的，不予行政处罚；③违法事实不能成立的，不得给予行政处罚；④违法已构成犯罪的，移送司法机关。

对情节复杂或者重大违法行为给予较重的行政处罚，行政机关负责人应当集体讨论决定。

行政主体通过调查取证、听取当事人申辩等程序后，如果认为违法事实确实存在，事实清楚、证据确凿，可以依据情节轻重等作出处罚决定。《行政处罚法》还规定，在行政机关负责人作出决定之前，应当由从事行政处罚决定审核的人员进行审核；行政机关中初次从事行政处罚决定审核的人员，应当通过国家统一法律职业资格考试取得法律职业资格。

（五）行政处罚决定书的制作和送达

行政机关负责人经过对调查结果的审查，作出给予行政处罚决定的，应制作盖有作出行政处罚决定的行政机关印章的行政处罚决定书。《行政处罚法》第 39 条规定了行政处罚决定书中应当载明的法定事项：①当事人的情况，即当事人姓名或者名称、地址；②违法情况，即违反法律、法规或者规章的事实和证据；③行政处罚的种类和依据；④行政处罚的履行方式和期限；⑤不服行政处罚决定，申请行政复议或者提起行政诉讼的途径和期限；⑥作出行政处罚决定的行政机关名称和作出决定的日期。

送达是行政机关依法将行政处罚决定书送交当事人的行为。根据《行政处罚法》第 40 条，“行政处罚决定书应当在宣告后当场交付当事人；当事人不在场的，行政机关应当在 7 日内依照民事诉讼法的有关规定，将行政处罚决定书送达当事人。”实践中，行政处罚决定书的送达方式包括直接送达、留置送达和邮寄送达。当事人提起行政复议或者行政诉讼的期限，从送达之日起计算。

三、听证程序

听证程序是指在行政处罚主体作出行政处罚决定之前，依法由行政机关非本案调查人员主持，由当事人、利害关系人参加的行政程序。听证程序实际上不是独立的行政处罚决

定程序，而是针对部分行政处罚措施设置的特殊环节，是一般程序的特殊阶段。听证程序以当事人申请为前提，当事人要求听证的，行政机关应当组织听证。

行政机关既是听证程序的调查、主持者，又是处罚决定的主体。借助听证程序，行政处罚活动实现公开化，保障当事人的陈述与申辩权利，有利于进一步查清事实，督促行政机关依法实施行政处罚，避免对当事人施加不必要、不合理的行政处罚，保护相对人权益。

（一）听证申请

根据《行政处罚法》第 42 条，行政机关作出“责令停产停业、吊销许可证或者执照、较大数额罚款等行政处罚决定”之前，应当告知当事人有要求举行听证的权利；当事人要求听证的，行政机关应当组织听证，听证要求应当在行政机关告知后 3 日内提出。当事人不承担行政机关组织听证的费用。其中，“较大数额罚款”的具体标准由各省级人民代表大会常务委员会根据本地实际情况予以规定。

（二）听证程序

行政机关应当在听证的 7 日前，通知当事人举行听证的时间、地点，并决定听证是否公开。除涉及国家秘密、商业秘密或者个人隐私外，听证公开举行，不仅行政机关和利害关系人参加，社会各界人士都可以旁听。

听证由行政机关指定的非本案调查人员主持，如果当事人认为主持人与本案有直接利害关系，或者发现听证主持人就是参与调查的工作人员，有权申请回避。当事人可以亲自参加听证，也可以委托 1～2 人代理。

举行听证时，调查人员提出当事人违法的事实、证据和行政处罚建议，当事人进行申辩和质证。经过调查取证人员与当事人相互辩论，由主持人宣布辩论结束后，当事人有最后陈述的权利。

听证应当制作笔录，笔录应当交当事人审核无误后签字或者盖章。听证会中出示的材料、当事人的陈述以及辩论等过程，应当制作笔录，交付当事人、证人等有关参加人阅读或向他们宣读，有遗漏或者差错的应该补正或改正。确认没有错误后，由主持人、书记员和当事人及其他参加人分别签字或者盖章后作为处罚的依据封卷上交机关负责人。但是行政强制与行政许可不同，不需要遵循案卷排他规则，即可以综合考虑多种因素，不需要完全按照案卷笔录记载的材料、证据作出决定。

除责令停产停业、吊销许可证或者执照、较大数额罚款等行政处罚决定外，当事人对限制人身自由的行政处罚有异议的，依照《治安管理处罚法》有关规定执行。《治安管理处罚法》第 107 条规定：“被处罚人不服行政拘留处罚决定，申请行政复议、提起行政诉讼的，可以向公安机关提出暂缓执行行政拘留的申请。公安机关认为暂缓执行行政拘留不致发生社会危险的，由被处罚人或者其近亲属提出符合本法第 108 条规定条件的担保人，或者按每日行政拘留二百元的标准交纳保证金，行政拘留的处罚决定暂缓执行。”

第六节　行政处罚的执行

行政处罚一旦作出就具有法律效力，行政处罚决定所确定的义务必须被履行，行政处罚执行程序就是确保行政处罚内容得以实现的程序。

一、行政处罚执行的原则

行政处罚的执行原则主要包括当事人自动履行原则、行政处罚不停止执行原则和罚缴分离原则。

当事人自动履行原则，是指行政处罚决定依法作出后，当事人应当在行政处罚决定的期限内自觉予以履行，而行政机关也应当首先尽量促使当事人自动履行。

行政处罚不停止执行原则，是指即使是当事人对行政处罚决定不服申请行政复议或者提起行政诉讼，除法律另有规定的外，被申请复议或被诉行政处罚不停止执行。但是《治安管理处罚法》关于行政拘留的规定有所不同：被处罚人不服行政拘留决定申请行政复议、行政诉讼的，有权向公安机关提出暂缓执行行政拘留的申请，由公安机关根据情况决定是否准予暂缓执行。

罚缴分离原则，是指作出罚款决定的机关和收缴罚款的机构实行分离。《行政处罚法》规定，"除依照本法第 47 条、第 48 条的规定当场收缴的罚款外，作出行政处罚决定的行政机关及其执法人员不得自行收缴罚款。"

二、收缴罚款的方式

为避免滥用行政处罚权收取罚款，《行政处罚法》设计了专门机构收缴罚款即"收支两条线"的制度。但是基于实际情况，对数额较小的罚款、不当场收缴事后难以执行的以及当事人向指定银行缴纳确有困难且主动提出的，规定可以当场收缴罚款。如果当事人确有经济困难，需要延期或者分期缴纳罚款，经当事人申请和行政机关批准，可以暂缓或者分期缴纳。

（一）专门机构收缴罚款

《行政处罚法》第 46 条规定："当事人应当自收到行政处罚决定书之日起十五日内，到指定的银行缴纳罚款。银行应当收受罚款，并将罚款直接上缴国库。"

根据罚缴分离原则，作出罚款决定的行政机关与收缴罚款的主体分离，由专门的银行收缴罚款，银行将罚款全部上缴国库，任何行政机关或者个人不得以任何形式截留、私分或者变相私分，财政部门不得以任何形式向作出行政处罚决定的行政机关返还罚款。

（二）当场收缴罚款

《行政处罚法》第 47 条至第 50 条规定了当场收缴罚款的适用范围与程序。

1. 适用范围

（1）违法事实确凿并有法定依据，依法给予 20 元以下的罚款的。

（2）不当场收缴事后难以执行的。

（3）在边远、水上、交通不便地区，当事人向指定的银行缴纳罚款确有困难，经当事人提出，行政机关及其执法人员可以当场收缴罚款。

2. 收缴程序要求

（1）出具罚款收据　行政机关及其执法人员当场收缴罚款，必须向当事人出具省、自治区、直辖市财政部门统一制发的罚款收据。不出具财政部门统一制发的罚款收据的，当事人有权拒绝缴纳罚款。

(2) 罚款上缴　执法人员当场收缴的罚款，应当自收缴罚款之日起 2 日内交至行政机关；在水上当场收缴的罚款，应当自抵岸之日起 2 日内交至行政机关。行政机关应当在 2 日内将罚款缴付指定的银行。

三、强制执行

行政处罚相对人应当自觉履行行政处罚决定。相对人不自觉履行时，行政机关可以依法采取强制执行措施，促使当事人履行处罚决定的内容。

(一) 加处罚款

加处罚款是执行罚的一种，属于间接行政强制执行。《行政处罚法》第 51 条规定，“到期不缴纳罚款的，每日按罚款数额的百分之三加处罚款”。

(二) 划拨抵缴

依法具有强制执行权的行政机关，可以根据法律规定，将查封、扣押的财物拍卖或者将冻结的存款划拨抵缴罚款。

(三) 申请法院强制执行

依法没有自行强制执行权的行政机关，可以依法申请人民法院强制执行。

DI-BA ZHANG

第八章 08

行政强制

行政强制是行政强制行为的简称，包括行政强制措施与行政强制执行。作为行政主体在实施行政管理过程中不可缺少的执法手段，行政强制在制止违法行为、防止证据损毁、避免危害发生、控制危险扩大以及为实现行政行为内容等方面发挥着重要保障功能。行政强制具有较强损益性和强制性，属于典型的负担行政行为类型，必须严格规范和依法实施。为规范行政强制的设定和实施，保障和监督行政机关依法履行职责，维护公共利益和社会秩序，保护公民、法人和其他组织的合法权益，第十一届全国人民代表大会常务委员会第二十一次会议于2011年6月30日审议通过《行政强制法》，自2012年1月1日起施行。《行政强制法》是继《行政处罚法》《行政复议法》《行政许可法》等之后又一部规范政府行政行为的重要法律，对保障和监督行政机关严格依法履行职责，提高行政管理效率，维护公共利益和社会秩序，保护公民、法人和其他组织的合法权益具有重要意义。本章主要介绍行政强制的基本理论和《行政强制法》的立法规定，主要内容包括：行政强制的概念、特征，行政强制的原则，行政强制的种类，行政强制的设定以及行政强制的实施程序等。

第一节　行政强制概述

一、行政强制的界定

（一）含义

行政强制，是指为使拒不履行行政义务的相对人履行义务或达到与履行义务相同的状态，或者为实现维护社会秩序与保障安全等目标，行政机关依法对行政相对人财产及人身等采取的强制性行政行为的总称。

行政强制包括行政强制措施与行政强制执行。行政强制措施，是指行政机关在行政管理过程中，为制止违法行为，防止证据损毁，避免危害发生，控制危险扩大等，依法对公民的人身自由实施暂时性限制，或者对公民、法人或者其他组织的财物实施暂时性控制的行为。行政强制执行，是指行政机关或者行政机关申请人民法院，为促使先前具体行政行为内容的实现，对不履行行政决定的公民、法人或者其他组织，依法强制其履行义务的行政行为。

（二）特征

1. 行政强制的对象具有法定性，符合适用行政强制的条件　行政强制的作出需要符合一定条件，即行政相对人拒不履行行政法律规范的义务，或对社会秩序及他人人身健康和安全可能构成危害，或其本身正在或将处于某种危险状态中。行政强制直接作用于相对人人身、财产等权利，具有限制人身自由和改变财产物理状态的效果。如《兽药管理条例》第46条规定，“兽医行政管理部门对有证据证明可能是假、劣兽药的，应当采取查封、扣押的行政强制措施”。

2. 行政强制的主体是行政机关或法律、行政法规授权的组织　根据《行政强制法》第17条、第34条与第46条，行政强制的实施主体受到严格的条件限制。行政强制措施由法律、法规规定的行政机关在法定职权范围内实施，不得委托。行政强制执行由具有行政强制执行权的行政机关实施，当行政主体本身没有行政强制执行权时，可依法申请人民法院强制执行。如《动物防疫法》规定动物卫生监督机构有权采取行政强制措施，《兽药管理条例》规定兽医行政管理部门有权采取行政强制措施。

3. 行政强制具有强制性，属可诉行政行为 行政强制属单方行政行为，行政主体单方面作出，不需相对人同意，相对人必须服从决定。但相对人不服行政强制的，可以依法向人民法院提起诉讼。

二、行政强制的种类

（一）行政强制的法定种类

《行政强制法》第 9 条规定了行政强制措施的种类，包括限制公民人身自由，查封场所、设施或者财物，扣押财物，冻结存款、汇款以及其他行政强制措施。《行政强制法》第 12 条规定了行政强制执行的方式，包括加处罚款或者滞纳金，划拨存款、汇款，拍卖或者依法处理查封、扣押的场所、设施或者财物，排除妨碍、恢复原状，代履行以及其他强制执行方式。

具体到动物卫生执法领域，行政强制措施以查封扣押为主，如查封、扣押假劣兽药，查封违法生产、经营饲料、饲料添加剂的场所，查封与违法生猪屠宰活动有关的场所、设施，扣押与违法生猪屠宰活动有关的生猪、生猪产品以及屠宰工具和设备等。相关法律、法规并未明文规定冻结存款、汇款的行政强制措施，也较少涉及限制公民人身自由的措施。因动物卫生监督机构或者兽医行政管理部门不具有强制执行权，所以需向人民法院申请行政强制执行。

（二）行政强制的学理分类

结合当前的理论与实践，可以以多种标准对行政强制加以分类。

1. 以行政强制所调整的内容为标准，可以将行政强制分为对人身或对财产的强制 对人身的强制，是指被国家赋予人身强制权力的行政机关，如公安、海关等，可以对威胁社会秩序或公共利益的，或者拒不履行法定义务的行政相对人，采取限制人身自由或迫使其履行人身义务的强制措施，如强制戒毒、强制扣留、强制传唤、强制隔离、强制带离现场等。动物卫生领域中对人身的强制较少，如《动物防疫法》第 31 条规定，发生一类动物疫病时，由县级以上人民政府对疫区实行封锁，根据扑灭动物疫病的需要对出入疫区的人员、运输工具及有关物品采取消毒和其他限制性措施。

对财产的强制，是指行政主体对负有履行法定财产义务却拒不履行的行政相对人，采取迫使其履行义务或达到与履行义务相同状态的强制措施，如查封、扣押、冻结、划拨、变价出售、强制退还等。《动物防疫法》规定对严重危害养殖业生产和人体健康的动物疫病实施强制免疫，实际上也是对财产的强制。

2. 以目的和程序的阶段性为标准，可以将行政强制分为即时性强制和执行性强制 即时性强制，是指依法定职权，针对某种可能发生或正在发生的违法行为，或危害社会及公民个人安全的行为所采取的紧急性行政强制行为，是国家赋予行政机关的紧急处置权。如对患有流行性传染病的人，卫生行政机关可以强制隔离和治疗，对染疫或疑似染疫的动物、动物产品，兽医行政主管部门可以强制进行隔离、灭杀。即时性强制具有紧迫性，行政处理与执行同步，先执行后争讼。根据适用对象、目的和功能的不同，即时强制又可分为预防性即时强制、制止性即时强制和保障性即时强制。

执行性强制，是指行政主体或人民法院对不履行行政决定的自然人、法人或者其他组织，依照法律规定采取的强制其履行义务的行为，目的是促使相对人义务顺利实现。执行性强制包括查封、扣押、冻结、划拨、扣缴、抵缴等直接强制执行措施和执行罚、代履行等间接强制执行措施。

第二节　行政强制的原则

一、法定原则

法定原则，是指未经法律、法规授权，任何主体不得实施行政强制，行政强制的主体、种类与程序等都应严格依法进行。《行政强制法》第 4 条规定，行政强制的设定和实施，应当依照法定的权限、范围、条件和程序。这是依法行政原则在行政强制领域的具体表现，也是维护相对人合法权益的必然要求。

行政强制权力只能在法律赋予的范围内行使，包括设定法定、实施法定等。行政强制的设定法定，指除法律规定可由行政法规、地方性法规设定的行政强制措施外，其余行政强制措施均由法律规定；而行政强制执行则只能由法律规定。行政强制的实施法定，指实施过程中的有权主体、对象、方式、条件与程序等均需严格按照法律、法规的规定。

二、适当原则

《行政强制法》第 5 条规定："行政强制的设定和实施，应当适当。采用非强制手段可以达到行政管理目的的，不得设定和实施行政强制。"

行政强制限制相对人的人身与财产权益，且具有强行性，属较为严厉、影响较大的行政行为。行政机关实施行政强制时，应尽可能克制，考虑行政强制行为与所维护的公共利益、个人权利之间的比例关系，选择对相对人的权利影响较小、对相对人损害最少的方式，这也是比例原则在行政强制领域内的体现。

三、教育与强制相结合的原则

《行政强制法》第 6 条规定，实施行政强制，应当坚持教育与强制相结合。

行政强制的目的是维护社会秩序，引导相对人履行义务。将教育与强制相结合，能够在根本上促进社会的和谐发展，如果教育相对人就能够达到行政强制所要达到的目的，那么无须强制，教育方式就是更为合适的选择。所以，作出行政强制决定之前，应首先对相对人进行教育，给予相对人自觉履行义务的机会，在行政决定作出后，也要重视对相对人进行教育，强化其自觉守法的意识。

四、避免以行政强制谋私益

《行政强制法》第 7 条规定，行政机关及其工作人员不得利用行政强制权为单位或者个人谋取利益。

行政强制是为维护公共利益和社会秩序，保护公民、法人和其他组织的合法权益而设置的制度，利用行政强制为单位和个人谋取利益的行为违反行政强制的立法目的，违背公职人员的行为守则。针对实践中滥用行政强制权力、利用行政强制谋取私益的行为，如违法占有扣押物、截留私分或者变相私分拍卖所得等，《行政强制法》第 6 章规定了其应承担的后果，遏制以强制谋私利的行为。

五、有强制即有救济

《行政强制法》第 8 条规定："公民、法人或者其他组织对行政机关实施行政强制，享有陈述权、申辩权；有权依法申请行政复议或者提起行政诉讼；因行政机关违法实施行政强制受到损害的，有权依法要求赔偿。公民、法人或者其他组织因人民法院在强制执行中有违法行为或者扩大强制执行范围受到损害的，有权依法要求赔偿。"

行政强制限制公民人身自由，影响相对人财产的使用权或所有权，在此过程中，若行政强制损害公民的合法权益，公民需要有效途径以获得救济。有强制即有救济，是对公民人身及财产安全的重要保障，是维护公民权利的重要方式。

第三节　行政强制的设定

为规范行政强制的设定，《行政强制法》第 2 章以行政强制措施和行政强制执行两部分，对行政强制的设定加以规定。

一、行政强制措施的设定

《行政强制法》第 10 条与第 11 条规定了行政强制措施的设定，包括法律、行政法规与地方性法规可对不同种类的行政强制措施进行设定。法律、法规以外的其他规范性文件不得设定行政强制措施。

（一）法律的设定

《行政强制法》第 10 条第 1 款规定，"行政强制措施由法律设定"；第 2 款规定，"本法第 9 条第 1 项、第 4 项和应当由法律规定的行政强制措施"只能由法律设定。

因此，全国人民代表大会及其常务委员会制定的法律拥有设定行政强制措施的最高效力，可以设置任何种类的行政强制措施。同时，根据法律保留原则，《行政强制法》第 9 条第 1 项、第 4 项即限制人身自由、冻结存款汇款等行政强制措施，以及其他应当由法律规定的行政强制措施为法律保留事项，只能由法律规定。

（二）行政法规的设定

《行政强制法》第 10 条第 2 款规定："尚未制定法律，且属于国务院行政管理职权事项的，行政法规可以设定除本法第 9 条第 1 项、第 4 项和应当由法律规定的行政强制措施以外的其他行政强制措施。"第 11 条第 2 款规定："法律规定特定事项由行政法规规定具体管理措施的，行政法规可以设定除本法第 9 条第 1 项、第 4 项和应当由法律规定的行政强制措施以外的其他行政强制措施。"

因此，行政法规设定行政强制措施的情形有两类：一是尚未制定法律时，国务院依职权设定行政强制措施；二是法律就具体行政管理问题对国务院授权时，可以设定行政强制措施。就行政强制种类的设定权限而言，除法律保留的限制人身自由、冻结存款汇款和其他应当由法律规定的行政强制措施，其余均可由行政法规设定。

（三）地方性法规的设定

《行政强制法》第 10 条第 3 款规定："尚未制定法律、行政法规，且属于地方性事务的，地方性法规可以设定本法第 9 条第 2 项、第 3 项的行政强制措施。"

地方性法规设定行政强制措施的条件是：在尚未制定法律、行政法规，同时属于地方性事务的情况下，可以设定行政强制措施，且只能设定查封、扣押的行政强制措施。

以上均为行政强制措施从无到有的设定，除此之外，行政法规、地方性法规可以对上位法设定的行政强制措施进行具体化规定。但是法律对行政强制措施的对象、条件、种类作了规定的，行政法规、地方性法规不得作出扩大规定。

二、行政强制执行的设定

行政强制执行的设定属于法律的绝对保留事项，只能由法律设定。《行政强制法》第 13 条规定，"行政强制执行由法律设定。法律没有规定行政机关强制执行的，作出行政决定的行政机关应当申请人民法院强制执行。"如兽医行政主管部门与动物卫生监督机构需强制执行时，应向人民法院申请。

此外，《行政强制法》第 15 条第 2 款与第 3 款规定了行政强制实施机关与社会公众对已设定的行政强制进行意见反馈的途径。"行政强制的实施机关可以对已设定的行政强制的实施情况及存在的必要性适时进行评价，并将意见报告该行政强制的设定机关。公民、法人或者其他组织可以向行政强制的设定机关和实施机关就行政强制的设定和实施提出意见和建议。有关机关应当认真研究论证，并以适当方式予以反馈。"

第四节　行政强制措施

一、行政强制措施的概念

《行政强制法》第 2 条第 2 款规定："行政强制措施，是指行政机关在行政管理过程中，为制止违法行为、防止证据损毁、避免危害发生、控制危险扩大等情形，依法对公民的人身自由实施暂时性限制，或者对公民、法人或者其他组织的财物实施暂时性控制的行为。"

行政强制措施具有法定性、强制性、紧急性与临时性等特点。其一，行政强制措施具有法定性，只能由行政主体作出，需有法律依据且经过法律授权，在种类与程序上也应法定；其二，具有强制性，对相对人的人身、财产均具有直接的强制性，相对人不愿履行义务或来不及等待相对人履行义务时，能够以强制力维护公共秩序、保护公共利益；其三，具有紧急性，存在紧急事实、危害正在发生或具有发生的高度可能性时，为维护社会秩序与公民利益，行政强制措施往往与作为基础行为的行政决定同时作出，有时甚至以口头形式出现；其四，具有临时性，行政强制措施不是最终的处分行为，而是对相对人人身财产的暂时性、临时性限制，一旦原有危险消失或原行政强制措施事由消灭，行政强制措施即失去继续存在的意义。

二、行政强制措施的种类

《行政强制法》第9条规定了行政强制措施的法定种类，包括人身自由类的限制公民人身自由，以及财产类的查封场所、设施或者财物，扣押财物，冻结存款、汇款等。在动物卫生执法中并未明文规定冻结存款、汇款的行政强制措施，涉及限制公民人身自由的也极少，现有动物卫生执法的规定以查封扣押措施为主。

限制人身自由，指行政机关依法对公民人身自由采取的临时性限制措施，包括扣留、拘留、限期出境、驱逐出境、强制戒毒等。狭义的人身自由是公民的身体自由权利，如不受非法监禁、逮捕等；广义的人身自由还包括人格尊严和住宅、通信自由与秘密不受侵犯。此处行政强制措施的人身自由限制是狭义的概念。人身自由是公民的基本权利，所以限制人身自由的行政强制措施较为严厉，只能由拥有职权的法定机关作出。

针对财产的行政强制措施包括查封场所、设施或者财物，扣押财物，冻结存款、汇款等。首先，查封是限制相对人对财产的使用和处分的措施，查封场所、设施或者财物，是指行政机关为保障行政决定的有效作出或执行，对相对人的场所、设施或者财物暂时封存，一般采取就地封存的方式。其次，扣押财物，是行政机关为了预防、避免违法行为，对相对人涉嫌违法的财物暂时扣留，通过留置限制相对人对财物的占有与处分。应当明确，查封与扣押存在区别，查封一般就地查封，对象包括场所、设施，也包括财物；而扣押只能针对财物，一般需要物理位置上的转移。最后，冻结存款、汇款，是行政机关为防止相对人转移或者隐匿资金、毁损证据，或为保障行政决定执行，对相对人账户采取停止支付、禁止资金转移等强制措施，需金融机构协助实施。结合《商业银行法》的规定，冻结存款、汇款的措施只有法律才能规定。

三、行政强制措施的实施程序

《行政强制法》第16条至第33条规定了行政强制措施的实施程序，包括一般程序规定与查封、扣押和冻结的专门规定。

（一）实施主体

1. 具有职能的行政机关和被授权的组织 《行政强制法》第16条第1款规定："行政机关履行行政管理职责，依照法律、法规的规定，实施行政强制措施。"第17条第1款规定："行政强制措施由法律、法规规定的行政机关在法定职权范围内实施。行政强制措施权不得委托。"第70条规定："法律、行政法规授权的具有管理公共事务职能的组织在法定授权范围内，以自己的名义实施行政强制，适用本法有关行政机关的规定。"

依照法律、法规，具有行政强制权的行政机关，能够在其行政管理职责内实施行政强制；法律和行政法规授权的具有公共管理职能的组织，也能够在授权范围内实施限制人身自由以外的强制措施。因行政强制措施具有即时性和强制性，关系到当事人的人身权和财产权，《行政强制法》禁止行政强制权的委托。且行政强制措施应当由行政机关具备资格的行政执法人员实施，其他人员不得实施。

2. 行政强制措施的集中行使 《行政强制法》第17条第2款规定，依据《行政处罚法》的规定行使相对集中行政处罚权的行政机关，可以实施法律、法规规定的与行政处罚权有关的行政强制措施。

为了充分发挥行政强制措施的效力，促进行政处罚等决定内容得到履行，行政强制措施的实施权力可以随行政处罚权的转移而转移。依法获得相对集中行政处罚权的行政机关，随之取得集中实施相关行政强制措施的权力，而不需要再经国务院或者省级政府的批准（即行政处罚权相对集中的程序）。

（二）一般程序

《行政强制法》第 18 条规定了实施行政强制措施应当遵循的要求，主要包括：

1. 实施前，需履行报告批准程序。向机关负责人报告，经负责人批准后再实施。

2. 确定两名以上具备资格的行政执法人员实施，现场出示执法身份证件。

3. 通知当事人到场，告知当事人采取行政强制措施的理由、依据以及当事人依法享有的权利、救济途径，当事人不到场的，邀请见证人到场。

4. 听取当事人的陈述和申辩。

5. 制作现场笔录，现场笔录由当事人和行政执法人员签名或者盖章，当事人拒绝的，在笔录中予以注明，当事人不到场的，在笔录中说明，由见证人和行政执法人员在现场笔录上签名或者盖章。

6. 法律、法规规定的其他程序。

此外，若发现违法行为涉嫌犯罪应当移送司法机关的，行政机关应当将查封、扣押、冻结的财物一并移送，并书面告知当事人。

（三）紧急情况下的程序

《行政强制法》第 19 条规定：“情况紧急，需要当场实施行政强制措施的，行政执法人员应当在二十四小时内向行政机关负责人报告，并补办批准手续。行政机关负责人认为不应当采取行政强制措施的，应当立即解除。”

因事态紧急，来不及履行报告批准程序时，行政执法人员可以直接对当事人的人身、财产或行为采取强制措施，但是必须以情况紧急为前提。仍需履行出示执法证件、告知当事人权利、制作现场笔录、有关人员签字盖章等程序，事后报告及补办批准手续应限制在 24 小时内。同时，紧急情况下的行政强制措施存在补救措施，即负责人认为不应当采取行政强制措施的，应当解除行政强制措施，当事人可要求对所受损害进行赔偿或补偿。

（四）限制人身自由的特殊程序

根据《行政强制法》第 20 条，实施限制公民人身自由的行政强制措施，除履行一般程序规定外，还应履行特殊程序，如：当场告知或者实施行政强制措施后立即通知当事人家属实施行政强制措施的行政机关、地点和期限；紧急情况下当场实施行政强制措施的，在返回行政机关后，应立即向行政机关负责人报告并补办批准手续等。

同时，实施限制人身自由的行政强制措施不得超过法定期限。实施行政强制措施的目的已经达到或者条件已经消失的，应当立即解除。

（五）查封、扣押的特殊程序

《行政处罚法》第 22 条至第 28 条规定了查封与扣押的特殊程序。

查封、扣押的对象有限制，不得查封、扣押与违法行为无关的场所、设施或者财物，不得查封、扣押公民个人及其所扶养家属的生活必需品，不得重复查封已被其他国家机关依法查封的当事人的场所、设施或者财物。

1. 查封、扣押决定书和清单 《行政强制法》第 24 条第 1 款规定："行政机关决定实施查封、扣押的，应当履行行政强制措施的一般程序，制作并当场交付查封、扣押决定书和清单。"

查封、扣押决定书的记载内容同样有要求。应当载明当事人的姓名或者名称、地址，查封、扣押的理由、依据和期限，查封、扣押场所、设施或者财物的名称、数量等，申请行政复议或者提起行政诉讼的途径和期限，行政机关的名称、印章和日期。同时，查封、扣押清单一式二份，由当事人和行政机关分别保存。

2. 查封、扣押的期限 《行政强制法》第 25 条规定了查封、扣押需遵守的期限：①一般期限不得超过 30 日；②最长期限为 60 日，即情况复杂的，经行政机关负责人批准，可以延长，但是延长期限不得超过 30 日；③例外期限，即法律、行政法规另有规定的除外；④检测、检验、检疫或者技术鉴定的期间不计算在内。

期限的变更与特殊要求应当及时告知当事人。延长查封、扣押的决定应当及时书面告知当事人，并说明理由；检测、检验、检疫或者技术鉴定的期间应当明确，并书面告知当事人，检测、检验、检疫或者技术鉴定的费用由行政机关承担。

3. 保管义务 《行政强制法》第 26 条规定了行政强制主体保管查封、扣押的相关财产的义务。

对查封、扣押的场所、设施或者财物，行政机关应当妥善保管，不得使用或者损毁；造成损失的，应当承担赔偿责任。对查封的场所、设施或者财物，行政机关可以委托第三人保管，第三人不得损毁或者擅自转移、处置。因第三人的原因造成的损失，行政机关先行赔付后，有权向第三人追偿。

因查封、扣押发生的保管费用由行政机关承担。

4. 查封、扣押后的处理 《行政强制法》第 27 条、第 28 条规定了行政机关在查封、扣押后应当采取的措施。"行政机关采取查封、扣押措施后，应当及时查清事实"，在规定的期限内作出处理决定。

（1）若违法事实清楚，则依法应当没收的非法财物予以没收，法律、行政法规规定应当销毁的，依法销毁。

（2）行政机关应当及时作出解除查封、扣押决定的情形：当事人没有违法行为；查封、扣押的场所、设施或者财物与违法行为无关；行政机关对违法行为已经作出处理决定，不再需要查封、扣押；查封、扣押期限已经届满；其他不再需要采取查封、扣押措施的情形。

解除查封、扣押应当立即退还财物；已将鲜活物品或者其他不易保管的财物拍卖或者变卖的，退还拍卖或者变卖所得款项。变卖价格明显低于市场价格，给当事人造成损失的，应当给予补偿。其中，变卖仅在明显低于市场价格给当事人造成损失时，予以补偿；拍卖不会出现补偿问题，仅需退还拍卖款项。违法行为造成当事人损失的，予以赔偿。

（六）冻结的特殊程序

冻结存款、汇款应当由法律规定的行政机关实施，不得委托给其他行政机关或者组织。目前规定冻结这一行政强制措施的法律主要有《税收征收管理法》《审计法》《银行业监督管理法》《商业银行法》《证券法》和《行政监察法》等，据此，拥有冻结存款、汇款权力的法定行政主体主要包括公安机关、税务机关、国家安全机关、监狱和海关等，其他行政机关等可以依法申请人民法院实施冻结存款。

1. 冻结程序 根据《行政强制法》第 30 条与第 31 条，冻结程序实施前须向行政机关负责人报告并经批准，由两名以上行政执法人员实施，出示执法身份证件，制作现场笔录，并向金融机构交付冻结通知书。

（1）制作冻结通知书。

（2）通知金融机构。金融机构接到行政机关依法作出的冻结通知书后，应当立即予以冻结，不得拖延，不得在冻结前向当事人泄露信息，法律规定以外的行政机关或者组织要求冻结当事人存款、汇款的，金融机构应当拒绝。

（3）作出决定的行政机关应当在 3 日内向当事人交付冻结决定书。冻结决定书应当载明当事人的姓名或者名称、地址，冻结的理由、依据和期限，冻结的账号和数额，申请行政复议或者提起行政诉讼的途径和期限，以及行政机关的名称、印章和日期。

冻结存款、汇款的数额应当与违法行为涉及的金额相当，已被其他国家机关依法冻结的，不得重复冻结。

2. 冻结的期限 根据《行政强制法》第 32 条，冻结的期限一般为 30 日，最长为 60 日，存在法律规定的例外情形。

（1）自冻结存款、汇款之日起 30 日内，行政机关应当作出处理决定或者作出解除冻结决定。

（2）情况复杂的，经行政机关负责人批准，可以延长，但是延长期限不得超过 30 日，延长冻结的决定应当及时书面告知当事人，并说明理由。

（3）法律另有期限规定的除外。

3. 解除冻结 《行政强制法》第 33 条规定了行政机关应当及时解除冻结的各种情形。包括当事人没有违法行为的，冻结的存款、汇款与违法行为无关的，行政机关对违法行为已经作出处理决定不再需要冻结的，冻结期限已经届满以及其他不再需要采取冻结措施的情形。

行政机关作出解除冻结决定的，应当及时通知金融机构和当事人。金融机构接到通知后，应当立即解除冻结。行政机关逾期未作出处理决定或者解除冻结决定的，金融机构应当自冻结期满之日起解除冻结。

第五节 行政强制执行

一、行政强制执行的概念

行政强制执行，是行政主体为促使相对人实现法定义务或履行先前行政决定所确定的权利义务关系而采取的强制性措施。《行政强制法》第 2 条第 3 款规定，“行政强制执行，是指行政机关或者行政机关申请人民法院，对不履行行政决定的公民、法人或者其他组织，依法强制履行义务的行为。”

行政强制执行具有主体法定、依附性、终局性的特征。其一，行政强制执行的主体法定，包括具有行政强制执行权的行政机关和法律、法规授权的组织，也包括人民法院。其二，行政强制执行具有依附性，以相对人逾期不履行已生效的具体行政行为所确定的义务为前提，目的是保障先前行政决定的内容得到实现，是“第二次行为”，如果相对人自觉履行义务，则不产生强制执行的问题。其三，行政强制执行具有终局性，不论是由行政机关自己强制执行还是申请法院代为强制执行，行政强制执行将对相对人的财产所有权进行处置，或代为履行应履行的行为，最终达到义务被履行的效果。终局性这一特征区别于暂时性的行政强制措施。

二、行政强制执行的种类

《行政强制法》第 12 条规定了行政强制执行的方式，包括加处罚款或者滞纳金，划拨存款、汇款，拍卖或者依法处理查封、扣押的场所、设施或者财物，排除妨碍、恢复原状，代履行以及其他强制执行方式。这些行政强制执行的方式可以分为直接强制执行与间接强制执行两大类。

（一）直接强制执行

行政机关直接对义务人的人身或财产采取强制措施即直接强制执行，多适用于间接强制执行难以实现目的，无法或没有必要间接强制执行的情形。

虽然直接强制执行能够更有效率地保障行政决定的义务得以实现，但是直接强制执行以相对人的人身或财产作为执行对象，适用不适当时容易造成对相对人合法权利的侵害，影响较大。所以直接强制执行的适用条件与程序较为严格，必须严格依照法定要求行使。

（二）间接强制执行

行政机关通过间接手段，迫使义务人履行应当履行的法定义务或者达到与履行义务状态相同的执行方式，即间接强制执行。间接执行可分为代履行和执行罚。

代履行是当事人不履行法定义务或先前行政决定确定的义务时，由行政机关代为履行或者委托第三人代为履行，并要求相对人承担相应费用的执行方式。适用代履行的情形一般是作为义务且能被他人代履行，如果义务必须当事人亲自履行则不能适用。如《城市市容和环境卫生管理条例》中的强制拆除、《河道管理条例》中的强制清除、《防洪法》中的恢复原状、《水土保持法》的强制治理、《动物防疫法》中的强制免疫接种等，一般可以采取代履行的方式实现强制执行。

执行罚是对不履行法定义务或者先前行政决定确定的义务的相对人，行政机关设定新的金钱给付义务，迫使其履行的执行方式，如行政罚款的加罚和税费的滞纳金等。执行罚的目的是促使相对人履行义务，而不是惩罚违法行为。适用执行罚的一般是法定义务人拒不履行且无法由他人代履行的义务。执行罚不同于行政处罚中的罚款，行政罚款是对已经发生的行政违法行为进行惩罚，执行罚是促使当事人履行尚未履行的行政法义务。

三、行政强制执行的实施程序

《行政强制法》第 34 条至第 52 条规定了具有行政强制执行权力的行政机关自行实施强制执行的程序，包括一般程序、金钱给付义务的执行与代履行；第 53 条至第 60 条规定了不具有强制执行权力的行政机关申请人民法院强制执行的程序要求。

(一)行政机关强制执行程序

根据《行政强制法》第34条,“行政机关依法作出行政决定后,当事人在行政机关决定的期限内不履行义务的,具有行政强制执行权的行政机关依照本章规定强制执行。”法律授予强制执行权的行政机关,只能自行执行而不能申请法院强制执行;没有授予行政强制执行权的机关,原则上只能申请法院执行,如动物卫生行政执法一般需要申请法院执行。

1. 一般程序

(1)催告 《行政强制法》第35条规定,“行政机关作出强制执行决定前,应当事先催告当事人履行义务”,以促使当事人在一定期限内自行履行义务。

催告应当以书面形式作出,并载明:履行义务的期限;履行义务的方式;涉及金钱给付的,应当有明确的金额和给付方式;当事人依法享有的陈述权和申辩权。催告书应当直接送达当事人,当事人拒绝接收或者无法直接送达当事人的,应当依照《民事诉讼法》的有关规定送达。

《行政强制法》第45条第1款与第52条规定了可以不经催告的两种强制执行方式。一是执行罚。行政机关依法作出金钱给付义务的行政决定,当事人逾期不履行的,行政机关可以依法加处罚款或者滞纳金。加处罚款或者滞纳金的标准应当告知当事人,但是不需事先履行催告程序。二是需要立即清除道路、河道、航道或者公共场所的遗洒物、障碍物或者污染物,当事人不能清除的,行政机关可以决定立即实施代履行;当事人不在场的,行政机关应当在事后立即通知当事人,并依法作出处理。

(2)当事人的陈述和申辩 《行政强制法》第36条规定:“当事人收到催告书后有权进行陈述和申辩。行政机关应当充分听取当事人的意见,对当事人提出的事实、理由和证据,应当进行记录、复核。当事人提出的事实、理由或者证据成立的,行政机关应当采纳。”保障当事人的陈述与申辩权利,是维护当事人利益、促进行政强制执行合理正当的重要方式。

(3)作出强制执行的决定 《行政强制法》第37条、第38条规定了作出强制执行决定与送达强制执行决定书的程序。经催告,当事人逾期仍不履行行政决定,且无正当理由的,行政机关可以作出强制执行决定。在催告期间,对有证据证明有转移或者隐匿财物迹象的,行政机关可以作出立即强制执行决定。

强制执行决定应当以书面形式作出,并载明当事人的姓名或者名称、地址,强制执行的理由和依据,强制执行的方式和时间,申请行政复议或者提起行政诉讼的途径和期限,行政机关的名称、印章和日期。行政强制执行决定书应当直接送达当事人。当事人拒绝接收或者无法直接送达当事人的,应当依照《民事诉讼法》的有关规定送达。

(4)中止执行或终结执行 中止执行是指法定情形出现,行政强制执行暂时中止。《行政强制法》第39条规定,当事人履行行政决定确有困难或者暂无履行能力的,第三人对执行标的主张权利且确有理由的,执行可能造成难以弥补的损失且中止执行不损害公共利益的,以及行政机关认为需要中止执行的其他情形,可以中止执行。

中止执行只是暂时性的,当相关情形消失后,行政机关应当恢复执行。但是对没有明显社会危害,当事人确无能力履行,中止执行满3年未恢复执行的,行政机关不再执行。

终结执行是某些情况出现，如被执行主体消灭、被执行标的消灭、执行依据消灭等，行政强制执行失去了执行的意义，故不再执行。《行政强制法》第 40 条规定了终结执行的情形，包括公民死亡，无遗产可供执行，又无义务承受人的；法人或者其他组织终止，无财产可供执行，又无义务承受人的；执行标的灭失的；据以执行的行政决定被撤销的；行政机关认为需要终结执行的其他情形。

（5）执行回转 执行回转是指执行的行政决定被撤销、变更或执行行为存在错误，但是行政决定已经被部分或全部执行，为纠正错误、弥补因执行错误造成的当事人损失而采取的尽可能恢复到执行前状态的程序。执行回转只能针对财物。

《行政强制法》第 41 条规定，在执行中或者执行完毕后，据以执行的行政决定被撤销、变更，或者执行错误的，应当恢复原状或者退还财物；不能恢复原状或者退还财物的，依法给予赔偿。

（6）执行协议 《行政强制法》第 42 条规定，实施行政强制执行，行政机关可以在不损害公共利益和他人合法权益的情况下，与当事人达成执行协议，执行协议可以约定分阶段履行；当事人采取补救措施的，可以减免加处的罚款或者滞纳金。

执行协议作为一种较为柔性的法律行为，体现出行政主体与相对人之间共同参与、共同协商的新型关系，是对传统强行性行政法律制度的创新。在执行终结之前的行政强制执行实施期间，当事人可与行政机关达成执行协议，行政机关暂时中止执行，由当事人依行政协议履行义务，但是执行协议不是对相对人法定义务的减免，采取补救措施的仅可协议免除加处的罚款或滞纳金，并非罚款本身。当事人不履行执行协议的，行政机关应当恢复强制执行。

2. 文明执行的要求 《行政强制法》第 43 条规定，行政机关除紧急情况外，不得在夜间或者法定节假日实施行政强制执行。不得对居民生活采取停止供水、供电、供热、供燃气等方式迫使当事人履行相关行政决定。

虽然行政强制执行的目的是保障法定义务履行，但是若一味强调义务实现，而不顾手段的合法性与合理性，甚至超过普通公民的容忍限度，则不仅义务履行过程会遭遇到阻碍，还可能会引发公众的不满情绪，从而损害政府与国家的公信力，造成难以弥补的社会裂痕。所以，行政强制执行的手段需要有一定的限度，做到文明执法。目前《行政强制法》规定的文明执法要求，多是针对过去地方发展中出现的一些饱受诟病的做法，比如不得在夜间或法定节假日执行，需顾及普通人的夜间休息与法定节假日休息，不得采取停止基本生活设施供应的限制，应保障相对人的基本生活等。

3. 金钱给付义务的执行

（1）间接强制执行 《行政强制法》第 45 条规定，行政机关依法作出金钱给付义务的行政决定，当事人逾期不履行的，行政机关可以依法加处罚款或者滞纳金。加处罚款或者滞纳金的标准应当告知当事人，相应数额不得超出金钱给付义务的数额。

《行政强制法》第 46 条第 1 款规定，行政机关实施加处罚款或者滞纳金超过 30 日，行政机关需要催告当事人，要求履行原金钱给付义务与加处的执行罚，经催告当事人仍不履行的，具有行政强制执行权的行政机关可以强制执行。

加处罚款或者滞纳金是督促金钱给付义务实现的间接强制执行。加处罚款是指因相对人不履行行政决定确定的金钱给付义务，执行机关依法对当事人设定或增加新的罚款，迫使当事人履行原金钱给付义务；加收滞纳金是指相对人逾期不缴纳税款规费的，征收机关依法向当事人征收具有惩罚性的款项。

行政机关实施强制执行前，需要采取查封、扣押、冻结措施的，依照行政强制措施的程序办理，没有行政强制执行权的行政机关应当申请人民法院强制执行。但是，当事人在法定期限内不申请行政复议或者提起行政诉讼，经催告仍不履行的，在实施行政管理过程中已经采取查封、扣押措施的行政机关，可以将查封、扣押的财物依法拍卖抵缴罚款，这是不具有强制执行权的行政机关自行执行的例外。

（2）直接强制执行　金钱给付义务可以采取直接强制执行的方式，如行政机关划拨当事人存款、汇款，拍卖查封、扣押的物品等。划拨的存款、汇款以及拍卖和依法处理所得的款项应当上缴国库或者划入财政专户。任何行政机关或者个人不得以任何形式截留、私分或者变相私分。

《行政强制法》第 47 条规定了存款、汇款的划拨。“划拨存款、汇款应当由法律规定的行政机关决定，并书面通知金融机构。金融机构接到行政机关依法作出划拨存款、汇款的决定后，应当立即划拨。法律规定以外的行政机关或者组织要求划拨当事人存款、汇款的，金融机构应当拒绝。”根据现有规定，法定拥有冻结存款、汇款权力的行政主体为公安机关、税务机关、国家安全机关、监狱和海关等，而监察机关、审计机关、银行监督管理机关、保险监督管理机关、工商行政管理机关等可以申请法院实施冻结存款。

行政机关可以对已经查封、扣押的财物予以拍卖。依法拍卖财物，由行政机关委托拍卖机构依照《拍卖法》的规定办理。

4. 代履行　《行政强制法》第 50 条规定，“行政机关依法作出要求当事人履行排除妨碍、恢复原状等义务的行政决定，当事人逾期不履行，经催告仍不履行，其后果已经或者将危害交通安全、造成环境污染或者破坏自然资源的，行政机关可以代履行，或者委托没有利害关系的第三人代履行。”代履行属间接强制执行，若委托第三人代履行，则委托的第三人按照委托协议履行义务，委托的内容为当事人应当履行的义务。代履行的费用按照成本合理确定，由当事人承担，但法律另有规定的除外。

代履行不得采用暴力、胁迫以及其他非法方式，需遵循一定的程序。

（1）代履行前送达决定书，代履行决定书应当载明当事人的姓名或者名称、地址，代履行的理由和依据、方式和时间、标的、费用预算以及代履行人。

（2）代履行 3 日前，催告当事人履行，当事人履行的，停止代履行。

（3）代履行时，作出决定的行政机关应当派员到场监督。

（4）代履行完毕，行政机关到场监督的工作人员、代履行人和当事人或者见证人应当在执行文书上签名或者盖章。

除催告后仍不履行义务的代履行外，还存在立即实施代履行的情形。《行政强制法》第 52 条规定，需要立即清除道路、河道、航道或者公共场所的遗洒物、障碍物或者污染物，责令在场当事人清除，不能清除的，行政机关可以决定立即实施代履行；当事人不在场的，行政机关可以决定立即实施代履行，应当在事后立即通知当事人，并依法作出处理。

（二）申请人民法院强制执行

若行政主体没有强制执行权，则需要向人民法院申请行政强制执行。当事人在法定期限内不申请行政复议或者提起行政诉讼，又不履行行政决定的，那么没有行政强制执行权的行政机关可以自期限届满之日起3个月内，申请人民法院强制执行。

1. 催告 《行政强制法》第54条规定："行政机关申请人民法院强制执行前，应当催告当事人履行义务。催告书送达十日后当事人仍未履行义务的，行政机关可以向所在地有管辖权的人民法院申请强制执行；执行对象是不动产的，向不动产所在地有管辖权的人民法院申请强制执行。"

行政机关申请法院强制执行前，应当先催告在法定期限内"不申请行政复议或者提起行政诉讼，又不履行行政决定"的相对人，督促其自行履行行政决定确定的义务，并告知其不履行义务将产生的法律后果。催告应当以书面形式，载明履行义务的期限、履行义务的方式以及当事人享有的陈述权和申辩权，如为金钱给付的，还需要记载明确的金额和给付方式。

2. 行政机关的申请 《行政强制法》第55条规定，行政机关向人民法院申请强制执行，应当提供强制执行申请书，行政决定书及作出决定的事实、理由和依据，当事人的意见及行政机关催告情况，申请强制执行标的情况以及法律、行政法规规定的其他材料。强制执行申请书应当由行政机关负责人签名，加盖行政机关的印章，并注明日期。

《最高人民法院关于适用〈中华人民共和国行政诉讼法〉的解释》第157条规定了级别管辖的规则。行政机关申请人民法院强制执行其行政行为的，由申请人所在地的基层人民法院受理；执行对象为不动产的，由不动产所在地的基层人民法院受理。基层人民法院认为执行确有困难的，可以报请上级人民法院执行；上级人民法院可以决定由其执行，也可以决定由下级人民法院执行。

同时，《最高人民法院关于适用〈中华人民共和国行政诉讼法〉的解释》第159条规定了申请法院强制执行前的财产保全。行政机关或者行政行为确定的权利人申请人民法院强制执行前，有充分理由认为被执行人可能逃避执行的，可以申请人民法院采取财产保全措施。行政行为确定的权利人申请强制执行的，应当提供相应的财产担保。

3. 法院的审查和裁定 《行政强制法》第56条至第58条规定了法院审查和裁定强制执行申请的程序。

（1）受理 人民法院接到行政机关强制执行的申请，应当在5日内裁定是否受理。行政机关对人民法院不予受理的裁定有异议的，可以在15日内向上一级人民法院申请复议，上一级人民法院应当自收到复议申请之日起15日内作出是否受理的裁定。

（2）审查 法院审查的目的是为了阻止存在重大违法情形的行政处理决定进入强制执行过程。一般来说，人民法院对行政机关在法定期限内提交的强制执行的申请进行书面审查，对符合行政机关向人民法院申请强制执行材料规定要求的，且行政决定具备法定执行效力的，除存在实质审查情形的外，人民法院认为执行合法的，应当自受理之日起7日内作出执行裁定。

《行政强制法》第58条规定了实质审查的情形，即存在明显缺乏事实根据，明显缺乏法律、法规依据以及其他明显违法并损害被执行人合法权益等情形时，法院在作出裁定前可以听取被执行人和行政机关的意见。

（3）裁定 人民法院应当自受理之日起30日内作出是否执行的裁定。裁定不予执行的，应当说明理由，并在5日内将不予执行的裁定送达行政机关。行政机关对人民法院不予执行的裁定有异议的，可以自收到裁定之日起15日内向上一级人民法院申请复议，上一级人民法院应当自收到复议申请之日起30日内作出是否执行的裁定。

不论书面审查还是实质审查，根据《最高人民法院关于适用〈中华人民共和国行政诉讼法〉的解释》第161条的规定，被申请执行的行政行为实施主体不具有行政主体资格的，明显缺乏事实根据的，明显缺乏法律、法规依据的以及其他明显违法并损害被执行人合法权益的情形，法院应当裁定不准予执行。

4. 紧急情况下的申请人民法院立即执行 根据《行政强制法》第59条，因情况紧急，为保障公共安全，行政机关可以申请人民法院立即执行。经人民法院院长批准，人民法院应当自作出执行裁定之日起5日内执行。但此时法院仍需进行书面审查，审查是否符合执行条件且是否情况紧急。

5. 执行 《最高人民法院关于适用〈中华人民共和国行政诉讼法〉的解释》第160条第3款规定，需要采取强制执行措施的，由人民法院负责强制执行非诉行政行为的机构执行。

此外，根据《行政强制法》第60条，行政机关申请人民法院强制执行，不缴纳申请费。强制执行的费用由被执行人承担。人民法院以划拨、拍卖方式强制执行的，可以在划拨、拍卖后将强制执行的费用扣除。依法拍卖财物，由人民法院委托拍卖机构依照《拍卖法》的规定办理。划拨的存款、汇款以及拍卖和依法处理所得的款项应当上缴国库或者划入财政专户，不得以任何形式截留、私分或者变相私分。

DI-JIU ZHANG

第九章 09

其他行政行为

除前述主要的几类行政行为之外，行政主体根据其承担的行政职能，在行政活动中还会涉及其他具体行政行为，如行政指导、行政合同、行政规划、行政给付等多种类型。与行政许可、行政处罚、行政强制等典型行政行为存在明显不同，行政指导与行政合同是两种比较特殊行政行为；同时，基于推动行政管理民主化改革和建设服务型政府的社会背景，行政指导与行政合同的作用会日益明显。因此，准确理解和掌握行政指导与行政合同的相关理论原理，对于行政管理目标的实现和执法效率提升具有重要意义。本章主要介绍有关行政指导与行政合同的基本理论原理，内容包括：行政指导与行政合同的概念、特征，行政指导与行政合同的分类，行政指导与行政合同的功能作用，以及行政合同的原则、缔结、变更和解除等。

第一节　行政指导

一、行政指导的概念

所谓行政指导，是指行政机关在其所管辖事务范围内，运用非强制性手段，获得或征得相对人的同意或协助，指导或引导行政相对人采取或不采取某种行为，以实现一定行政目的的行政行为。作为行政主体的一种重要的行政管理形式，行政指导通常采用说服、教育、示范、劝告、建议、协商、政策指导、提供经费帮助、提供知识支持及技术帮助等非强制性的柔性手段和方法，来调整行政机关同行政相对人之间的关系。行政指导伴随着现代行政的发展而产生，是合作、协商的民主精神的体现与结果，并随着社会经济的日益发展而不断拓宽其适用领域，具有其他传统命令性行政行为无法代替的法律地位。在动物卫生监督执法活动中，行政指导同样发挥着重要的作用，例如，为了更好地防控和净化、消灭动物疫病，需要对某辖区内的养殖场进行生物安全改造，相关行政主管部门可以通过提出整改方案建议、划拨经费资助等方式来促进整改目标的实现，同时又能够避免或降低运用其他强制性手段强迫养殖业主整改造成的矛盾冲突，使相对人能够根据自身实际情况更加灵活地采取整改措施，符合现代行政法的民主精神。

对行政指导这一概念可以从以下几方面来理解：

第一，行政主体实施行政指导是根据其职责和承担的具体任务要求进行的，只要属于其管辖范围内的事项，行政主体均可对之实施行政指导。也就是说，行政指导同样需要符合法定管辖权的要求，不具备管辖权的行政主体作出的指导行为，不能产生行政指导的法律效力。

第二，实施行政指导是适应现代市场经济下日益复杂多变的社会、经济生活对行政管理的需要。随着市场经济发展，社会生活呈现出复杂化、多元化的趋势，行政主体应当改变或改进传统行政管理的方式，通过积极行政行为如行政指导等，补充传统行政行为类型的不足。

第三，行政指导的依据是国家的法律、法规和政策以及法律精神、法律原则等。

第四，行政指导行为不具有强制力，行政相对人可自主决定接受或配合与否，因而行政指导不直接产生行政法律后果。

第五，行政指导是行政主体的管理行为。只有具备行政主体资格的行政机关和法律、法规授权的组织才能实施行政指导行为。例如，在动物卫生监督执法工作中，只有畜牧兽医主管部门、动物卫生监督机构等具有行政主体资格的主体才能够实施行政指导，未经授权或委托的组织例如民营兽医院可以基于其专业能力提出管理建议，但由于其并非行政主体，所以其建议不是行政指导行为。

二、行政指导的特征

行政指导作为行政主体运用行政权的方式之一，相对于其他行政行为有非强制性、事实行为性、能动性和行政机关优越性四个特征。

（一）非强制性

行政指导的非强制性意味着相对人是否服从行政指导具有任意性，行政相对人对于行政指导没有必须服从的义务。尽管行政指导也是行政机关的单方行为，但是，它不同于行政法学上常见的传统行政行为，相对人是否服从行政指导，由其自主判断决定。相对人认为行政指导合情合理，便可以决定服从；反之，如认为行政指导有悖于情理，也可以不服从，行政机关不得加以强制。同时，由于相对人不负有必须服从行政指导的义务，行政指导也不具有一般行政行为的可救济性（除非法律有特别规定），行政相对人不能就行政指导申请行政复议或提起行政诉讼。例如，某养殖者对畜牧兽医主管部门提出的养殖场所修整建议不满意，可以选择不服从或不接受，但不能对此指导行为申请复议或提起行政诉讼。

（二）事实行为性

行政指导是一种事实行为，不发生法律效果。行政指导在内容上主要表现为一种倡导、号召、建议和设想等，并不为行政相对人创设权利和义务，行政机关和相对人之间不产生法律意义上的权利义务关系。行政指导所体现的只是行政主体对某些事务所持的一种态度，所具有的一种倾向，或者所倡导的一种模式。因此，行政指导并不能视为一般性的法律行为或行政决定，而仅仅是一种行政事实行为。例如，农业部和财政部联合印发的《动物疫病防控财政支持政策实施指导意见》，仅仅阐明了对于动物疫病防控财政支持政策的一些设想和目标，其目的在于实现相关行政主体和相对人之间的积极配合，并没有设定动物疫病防控中行政相对人的权利和义务，如果相对人对依据该政策所进行的行政指导行为不予合作，行政主体也不能对其作出行政处罚。

（三）能动性

行政指导的能动性又可以称为积极主动性。行政指导行为是行政机关指导相对人采取或者不采取某种行为的活动，所以相较于相对人的意志，行政指导具有一种积极的能动作用，属于“积极行政”的范畴。行政指导行为不仅可以基于相对人的申请作出，也可以由行政机关根据形势的需要能动地实施，并且行政机关具有更加广泛的自由裁量权，所作出的指导有较大幅度的弹性。

需要注意的是，虽然行政指导要求行政机关应尽量听取相对人的意见，尽可能取得相对人的同意或协助，但这是为了发挥行政指导的实效，并不是行政指导成立的必要条件。此外，行政指导的实施也要遵循法定权限，必须坚持依法行政的基本原则。

（四）行政机关优越性

这种优越性并不是指行政机关的法律地位要高于相对人，而是因为任何类型的行政指导关系的形成，均依赖于情报、信息、知识和观念等多种因素，而相对人在这些方面明显处于劣势，行政机关在事实上具有比相对人更高的综合优势和权威。行政指导关系中行政机关的优越性，是以确保该行政指导能够在事实上发挥实效为背景的。例如，在指导动物疫情防控中，农业农村部门及其所属的动物疫病预防控制机构，拥有很多的动物疫病专家和专业技术人员，在长期的疫病监测和监督执法工作中积累了大量疫病防控经验，比起从事动物养殖、屠宰工作的普通经营者，在如何预防和应对疫情的问题上显然更具优势。

行政指导的产生和发展与市场经济具有密不可分的关系。市场经济的发展促使经济理论不断更新，这无疑会对政府管理经济的具体手段产生影响。随着我国社会主义市场经济的建立和发展，政府职能发生很大转变，行政指导等非强制性的行政行为方式将被大量地运用到行政管理中来。在动物卫生的行政管理和监督执法工作中，行政指导同样会逐渐适用于更加广泛的领域，发挥更加重要的作用。

三、行政指导的分类

对于行政指导行为，可以从不同的标准或角度进行不同分类。

（一）根据功能或作用划分

从行政指导的功能或作用的角度，可分为助成性行政指导、规制性行政指导和调整性行政指导。

助成性行政指导，是指为相对人即公民、法人和其他组织出主意的行政指导，故又称为“出主意的行政指导”。当相对人提出申请，要求给予助成性行政指导时，只要没有正当理由，行政机关不得拒绝，必须一律公平对待。例如，在某地周边发生非洲猪瘟疫情时，当地的养猪业主向政府寻求帮助，希望政府能够为其进行猪瘟防控提供建议，相关部门不能拒绝该申请，必须提供行政指导。

规制性行政指导，是指为了维持和增进社会公益，对违反社会公益的行为加以规范和制约的行政指导，通常属于正式启动公权力规制之前一阶段的行为。例如，某养殖场可能引发严重的环境污染问题，畜牧部门和环保部门出于环境保护的目的指导该养殖场进行环境整改和养殖方式改良，此时虽然行政机关握有行政公权力，但一般会首先使用非正式劝告、建议等方式达成行政目的，属于规制性行政指导。

调整性行政指导，是以调整相互对立的当事人之间利害关系为目的的行政指导。此种行政指导，以行政机关在法律上对当事人某方或双方有一定的权限为基础。例如某养殖场的建筑设计引发了与周边居民的纠纷，则相关的行政机关可以在正式处理之前，先以软性诉求的方式邀集当事人、利害关系人进行协议，并提供纠纷解决的建议，该行为就是调整性行政指导。

（二）根据有无法律依据划分

从行政指导有无具体的法律依据的角度，可分为有具体法律依据的行政指导和无具体法律依据的行政指导。

有具体法律依据的行政指导，是指有法律、法规、规章明文规定的行政指导。对于有法律依据的行政指导，行政机关可直接采取劝告、希望、建议等行政指导形式。例如《农业法》第 28 条规定："国家鼓励和支持发展多种形式的农产品流通活动。支持农民和农民专业合作经济组织按照国家有关规定从事农产品收购、批发、贮藏、运输、零售和中介活动。鼓励供销合作社和其他从事农产品购销的农业生产经营组织提供市场信息，开拓农产品流通渠道，为农产品销售服务。"该条内容就构成了农业农村部门指导农民从事农产品经营活动的法律依据。

无具体法律依据的行政指导，是指没有法律明文规定的行政指导。对于无具体法律依据的行政指导，行政机关可在其职权范围内，基于行政组织法的一般授权，按照法律精神或原则实施行政指导。例如，出于疫病防控和循环利用的考虑，动物卫生监督机构对某养殖场建造的规模、养殖的畜种提出建议，虽然这种建议没有具体的法律依据，但是并不违背法律的基本原则和精神，属于无具体法律依据的行政指导。

（三）根据对象是否特定划分

从行政指导的对象是否特定的角度，可分为普遍行政指导和个别行政指导。

普遍行政指导，又称宏观行政指导，是指行政机关针对不特定的行业、地区和行政相对人所进行的行政指导。它一般带有全局性、长期性的特点。指导性计划通常为普遍行政指导。例如前文所述出台《动物疫病防控财政支持政策实施指导意见》的行为，就属于普遍行政指导。

个别行政指导，是指行政机关针对特定的行业、地区和行政相对人所进行的行政指导。它一般带有局部性、具体性、临时性的特点。以具体措施形式表现出来的行政指导通常为个别行政指导。例如畜牧兽医主管部门对辖区内某个动物诊疗机构日常经营活动的指导就属于个别行政指导。个别行政指导是普遍行政指导的延伸和发展，也是普遍行政指导的具体化。

（四）根据对象的性质划分

从行政指导对象内外部性质的角度，可分为内部行政指导和外部行政指导。

内部行政指导，是指上级行政机关对下级行政机关的指导，或行政机关中领导者对下属人员的指导等。例如农业农村部印发《农业农村部办公厅关于做好 2018 年兽医社会化服务推进工作的通知》，上级畜牧兽医行政系统内的畜牧技术推广机构对下级畜牧技术推广机构负有指导职责，这些指导就是内部行政指导。

外部行政指导，是指行政机关从行政管理职能的角度，对公民、法人和其他组织的指导。比如兽医主管部门对于辖区内某动物诊疗机构及其执业兽医工作的指导就属于外部行政指导。

四、行政指导的作用

行政指导作为一种灵活有效的行政作用方式，在当今世界许多国家的行政管理中得到越来越广泛的应用。在我国的行政管理工作中，虽然行政指导的绝对数量还不多，但已经日益引起社会关注，并在相关的社会治理和经济活动中发挥着越来越重要的作用。具体来说，行政指导的作用包括以下几个方面：

（一）抑制作用

抑制作用是指行政指导对公民、法人或其他组织的行为事实上具有抑制效果。例如，《国家中长期科学技术发展纲领》确定了一些国家在中长期科学技术发展方面的重点方向，虽然该文件本身没有法律上的抑制作用，但却有事实上的抑制作用：相对人在申请科研经费时，如果所研究的课题不属于该纲领所确定的研究重点，则相对难以得到批准或得到批准的经费数量非常有限。也就是说，行政指导不仅引导相对人的行为，而且也会指导行政主体在适用法律规范时的价值选择，从而对不响应行政指导的相对人行为起到事实上的抑制作用。

此外，在现实生活中，某些社会组织往往会存在一种为增加自身利益而不惜损害社会利益的倾向，对此也需要通过行政指导等作为外在影响力加以适当抑制。例如，某地区的几家动物诊疗机构为了经济利益，联合起来大肆提高收费标准，损害了消费者的合法权益，主管部门就可以通过行政指导的方式如制定具有政府指导价性质的动物诊疗收费标准来抑制这种行为。

（二）协助作用

协助作用是指保护公民、法人或其他组织并予以协助的作用。例如，山东省出台的《山东省人民政府关于加快发展现代畜牧业的意见》指出，要增加基础设施建设投入，“积极争取国家畜禽良种工程、畜禽良种推广、秸秆养畜、饲养场面源污染防治等投资，加大对重大动物疫病防控、防疫检疫基础设施、疫病监测预警体系、防疫屏障体系、动物隔离场、病死畜禽无害化处理、疫病监测净化等投入”，强化对畜牧业的财税扶持，“继续实施奶牛、生猪、肉牛良种补贴，加大对畜牧机械、饲草饲料机械等畜牧业农机具的补贴力度；积极落实村级动物防疫员补贴政策，适当提高补贴标准，逐步完善补贴机制”，就属于对畜牧养殖者的协助政策。

（三）调整作用

调整作用是指行政指导对相对人相互之间的利害冲突所起的平息作用。为避免社会生活多元主体的利益矛盾和冲突对正常社会经济秩序的干扰和破坏，需要通过各种途径和手段对其进行协调，而行政指导正是这样一种灵活有效的协调手段。例如，居民生活必需品的价格稳定与否，关系到消费者与生产经营者的切身利益，也关系到社会的稳定和公共利益的实现。日常生活中的肉类、蛋类等养殖产品均属于生活必需品，属于《价格法》第18条规定的必需品范畴。当这些产品价格波动过大时，物价行政主管部门可以根据《价格法》第25条的规定制定政府指导价，促进消费者和养殖业主、经营者之间的互让与合作，从而稳定社会关系。

（四）引导作用

引导作用是行政指导最明显的作用。由于行政机关在掌握知识、信息、政策上的优越性和宏观性，由其实施的行政指导能有效地指引、促使社会经济与科技健康发展，具有一种特殊的启发、导向和促进效果。具体来说，引导作用表现为为了实施和实现一定的政策或计划，而依据该政策或计划引导相对人行动的作用。例如，农业部印发的《全国兽医卫生事业发展规划（2016—2020年）》，就对兽医卫生事业的工作人员和有意向从事兽医工作的普通民众从事相关工作具有引导作用。

（五）补充和替代作用

一方面，由于经济与社会生活快速发展等原因，难免出现立法滞后、存在“法律真空”的现象，此时采取行政指导措施予以调整，以弥补单纯法律手段之不足，就成为实现社会有效治理的客观要求。另一方面，虽然已有强制性措施的具体法律规定，但在采用法律强制手段尚不必要或不及时，或成本太高、效果较差、后遗问题较多的情况下，也可通过先行采取行政指导措施来替代法律强制手段进行调整，以期更为及时有效地实现行政目标。例如，在动物卫生执法工作中，行政指导能够以柔性手段补充单纯的行政处罚等刚性手段的不足，与传统执法手段相结合，刚柔相济，既提高了执法效能，又改善了执法环境，能够进一步促进行政管理目标的实现。

五、行政指导的意义

行政指导是对传统命令式行政管理方式和执法方式的重要变革和及时补充，也是应对法律不完备的一种重要途径。立法由于周期、费用等限制，尚不能完全满足行政管理的需求，难以周到地为“依法行政”提供法律依据和具体对策。此时行政机关就可以利用行政指导等措施实施管理，实现对“法律空白”和传统“依法行政”手段的补充。

行政指导体现了现代行政管理民主化的发展趋势，而传统的行政管理具有明显的“命令—服从”的关系特征。第二次世界大战后，特别是近几十年来，各市场经济国家随着经济民主化的趋势，相应产生了行政管理民主化的趋势，由于行政指导是在行政相对人的自愿同意和协助下进行的，与强制性法律手段相比，行政指导更具民主性，更符合行政相对人的意愿，能够缓和行政机关和相对人之间的关系，从而减少行政阻力。此外，行政指导也在一定程度上减轻了行政机关的行政负担，降低了行政成本，有助于提高行政效率和社会效益，有利于行政管理目标的实现。

第二节　行政合同

一、行政合同的概念与特征

（一）行政合同的概念

行政合同又叫作行政契约，是指行政主体为了行使行政职能、实现特定的行政管理目标，而与公民、法人或其他组织以协商一致的方式，设立、变更或消灭行政法上权利义务关系的合同。行政合同是现代行政法上较为新型且重要的一种行政管理手段，通过行政合同，普通公民可以以积极的权利方式而不仅仅是负担义务的方式直接参与行政管理活动的实施过程。对行政合同的概念，可以从三个方面来理解：

1. 行政合同是一种双方行为　行政合同区别于其他行政行为最主要的方面在于它是一种双方行为，是行政主体就合同的订立、内容与相对人协商后，双方意思表示一致而成立的协议，而不是由行政主体单方面作出的决定。也就是说，行政合同只能是双方自愿达成的，区别于强制对方接受和服从的行政命令。

2. 行政合同是行政机关管理国家和公共事务的一种特殊方式　行政合同的目的是设定、变更或消灭行政法上的权利义务关系而不是私法上的权利义务关系，其具有行政法上的约束力。例如，农业农村部门可以与动物诊疗机构订立动物疫病防控合同，由该动物诊疗机构承担部分《动物防疫法》规定应当由政府兽医机构承担的公共服务任务，此时行政机关和该动物诊疗机构之间的权利义务关系就是行政法上的权利义务关系，该合同即为行政合同；而动物卫生监督机构与某办公用品供应商签订采购办公用品的合同，则因该合同与行政权无关，仅仅是一种私法上的买卖权利义务关系，不是行政法上的权利义务关系，因而不是行政合同。

3. 行政合同中的行政主体与相对人之间的法律地位不对等 行政合同是适应现代行政管理发展需要的一种特殊合同，区别于一般民事合同，行政主体与相对人在行政合同中的法律地位平等但不完全对等，行政主体既是合同的一方当事人，又是行政管理主体，因而在行政合同中享有行政权，为了行政目的和公共利益的实现可以单方面解除或变更已经订立的行政合同。

行政合同的广泛使用，会使行政机关减少对行政相对人作出单方命令性的行政安排，更多以双方协议协商的方式提出要求和义务，容易让相对人接受和认同，从而减少因双方利益和目的差异而带来的对立性，有利于行政任务目标的实施和实现。

（二）行政合同的特征

行政合同是以契约形式规范行政主体之间或行政主体与行政相对人之间权利义务关系的一种协议。与其他行政行为及一般的民事合同相比，它具有如下特征：

1. 行政合同的双方当事人必有一方是行政主体 行政合同始终是与行政职权联系在一起，只能在行政主体与相对人之间或行政机关之间签订，而不能在平等的民事主体之间签订，也就是说，没有行政主体的参与，不能成为行政合同。需要注意的是，并非所有行政机关签订的合同都是行政合同，因为行政机关具有民事主体和行政主体的双重法律身份。一方面，行政机关可以凭借国家赋予的行政法上的优越地位，与行政相对人签订行政合同，通过合同的方式行使行政权，例如前文提到的以动物疫病防控为目标的行政合同；另一方面，行政机关又具有民法上的民事主体身份，行政机关仅为实现一定民事目的与另一方当事人签订的合同为民事合同，例如行政机关与商场签订的购买日常办公用品的合同。

2. 行政合同的目的是实施行政管理 行政主体签订行政合同的目的是实现行政管理职能，维护社会公共利益，而不是为了自身的经济利益或其他利益。

3. 行政合同中的行政主体享有行政优益权 与民事合同主体签订合同是为了自身利益不同，行政主体签订行政合同是为了实现行政管理目标，维护公共利益。因此，行政主体对行政合同的履行享有民事合同主体不享有的行政优益权，即行政主体和相对人之间并不像民事合同当事人一样平等地分配权利与义务，而是存在着领导与服从、主动与被动的行政法律关系。

以动物防疫行政合同为例，行政主体在行政合同中享有的行政优益权具体体现为：在签订合同前，行政主体具有自主选择行政合同相对方的权利；在合同履行过程中，行政主体具有指挥权与监督权，有权指挥和监督相对人实施行政合同的行为；相对人违约时，行政主体具有强制执行权和行政制裁权，如果相对人没有按照合同约定作出相应的行为，行政主体可以强制其履行合同并依法作出行政处罚；在情势变更的情况下，行政主体还具有单方变更权和解除权，但由此造成相对人合法权益损害的，要予以补偿。

4. 行政合同必须以双方当事人意思表示一致为前提 行政合同是一种双方的行政行为，具有非强制性的特点。这一特点使行政合同与一般行政行为区别开来，即行政主体虽然在行政合同中享有行政权，但是行政合同的成立仍然要以双方当事人达成合议为前提，而不能由行政主体单方决定行政合同的成立。

需要注意的是，在行政合同中，合同双方当事人的目的并不完全一致，行政机关一方的目的是行政管理目标的实现，所以行政合同的内容必须符合行政管理的目标和任务，行政裁量权的行使要以维护公益为前提。而行政相对人一方签订行政合同则主要是出于其自己的经济利益。行政合同的“合意性”要求在这种情况下行政主体应当具有一定弹性和妥协性，具体表现为行政主体要尊重行政相对人，必要时作出适当的妥协与让步，给行政相对人提供更多的商讨余地、选择和优惠，以使双方达成一致，促成行政合同的订立。

5. 行政合同纠纷的救济手段和救济途径具有特殊性 行政合同履行中发生的纠纷，通常首先由主管行政机关解决，若当事人不服，再依法申请行政复议或者向人民法院提起行政诉讼；而民事合同履行中发生纠纷，通常直接诉至人民法院解决。此外，在诉讼活动中，民事合同纠纷由人民法院民事庭处理，而行政合同纠纷则由法院行政庭处理解决。

二、行政合同的原则

行政合同的原则是行政合同在订立、履行、变更和解除过程中所应当遵循的基本准则。依据行政法原理，行政合同的原则主要有以下几点。

（一）公开竞争原则

公开竞争原则，是指行政合同一般应当在公开招标、投标，公开竞争的基础上订立。这一原则既是行政公开原则在行政合同订立过程中的体现，是行政主体通过行政合同有效地实现行政职能的基本保障，也是民事合同原理在行政合同订立过程中的反映，有利于行政相对人维护其合法权益。行政合同的公开竞争原则可以从两个方面来理解。

其一，公开竞争原则要求行政主体事先公开表示订立合同的意向及公布合同的基本内容。如行政主体欲出让国有土地，就应当事先公开订立合同的要约，公布出让土地的位置、面积、用途、使用年限等，使行政相对人能全面了解行政主体签订合同的要约。同时，这一原则的遵守也是行政相对人实现知情权的体现，是相对人行使行政合同选择权的前提条件。

其二，在行政合同签订过程中要求行政主体平等地对待各行政相对人，让参与的各方有均等的机会展示自己的优势和实力。公平、公正、公开的竞争既能保证公益的达成，减少行政成本、提高行政效率，也有利于避免暗箱操作，防止行政腐败。

（二）全面履行原则

全面履行原则，是指行政合同依法成立之后，行政主体和行政相对人必须根据行政合同确定的权利和义务全面履行行政合同的条款内容。行政合同的全面履行是行政合同依法成立的必然结果，并构成行政合同法律效力的核心内容和行政合同消灭的主要原因。行政合同的预定目标只有通过行政合同各方的全面履行才能得以实现。理解这一原则需注意三个问题：

第一，全面履行原则是私法上诚实信用原则的延伸。行政合同虽具有特殊性，但合同各方都应遵循这一基本要求，尤其是享有行政优益权的行政主体更应忠实地履行合同的各项内容。

第二，行政合同的当事人必须按合同的具体规定履行义务，将合同的内容付诸实现。行政合同不同于民事合同，民事合同中只要当事人能够赔偿对方的损失，并不要求对合同内容必须全面地履行。而行政合同这一原则的存在是因为其缔结目的在于满足公共利益的需要，而公共利益难以甚至无法替代和赔偿，因而必须要求相对人全面履行。例如，在疫情发生期间动物防疫相关部门紧急采购应急物资时，与相对人订立了政府采购合同，该合同的缔结是出于控制疫情的公共利益需求，因此合同相对方必须全面履行提供物资的合同内容，无特殊情况（如不可抗力）不能用赔偿的方式来替代合同的履行行为。

第三，因情势变更导致行政合同的订立基础丧失时，如强制继续履行行政合同，可能造成显失公正，或者损害社会公共利益，此时，应根据法定程序解除行政合同，全面履行原则亦将不再发生法律效力。例如，《重大动物疫情应急条例》第 34 条规定，“重大动物疫情应急指挥部根据应急处理需要，有权紧急调集人员、物资、运输工具以及相关设施、设备。单位和个人的物资、运输工具以及相关设施、设备被征集使用的，有关人民政府应当及时归还并给予合理补偿。”根据该条例，在疫情期间相关部门有权征用个人物资。征用个人物资的行为可以通过行政征用合同完成，但在合同缔结后、尚未征用前，如果疫情已经得到有效控制或者被消灭，客观上就不再有继续征用物资的需要，继续征用物资既不利于相对人的个人利益，给予经济补偿也会造成财政浪费，则可以根据此原则解除该征用合同，不需要再按照合同内容去履行。

（三）公益优先原则

公益优先原则，是指在行政合同履行过程中，如果私人利益与公共利益发生冲突，则行政主体为了维护公共利益，可以依据行政优益权变更或者解除行政合同。这一原则为在行政合同争议过程中正确地处理公益与私益的矛盾提供了一个基本准则。公益优先原则主要表现在：

其一，行政主体如认为行政合同的继续履行将不利于社会公共利益，有权变更或者解除合同。但这种变更或者解除行为是一种具体行政行为，应当依法进行。

其二，行政主体对行政合同的履行有监督权。在必要时可对行政相对人采取制裁措施。

其三，公益优先原则并不否定个人利益的存在和发展。对行政主体违约给相对人造成损失的行为，相对人有权向其请求损害赔偿。

三、行政合同的种类与作用

（一）行政合同的学理分类

目前，我国关于行政合同的种类还没有形成统一的理论，从学理角度看，根据行政合同的概念、特征等因素进行分析，行政合同可以按照不同的分类标准分为以下几种类型：

1. 根据行政合同所基于的行政关系范围不同，可以分为内部合同和外部合同 前者是指行政机关相互之间或行政机关与其公务员之间签订的合同，例如聘用公务人员的公职合同，公务委任合同或者公务责任状；后者指行政机关与公民、法人或其他组织之间签订的合同，常见的行政合同多数为此种类型，例如公共工程建设合同、扑杀补偿合同等。

2. 根据行政合同的内容不同，可以分为承包合同、转让合同和委托合同等 承包合同指个人或组织承揽某些行政事务的合同，例如公共工程建设承包合同；转让合同指行政主体向对方当事人转让某种财产所有权或使用权的合同，例如土地使用权出让合同；委托合同指行政主体将自己的某些事务委托其他行政主体或个人、组织办理的合同，例如农业农村部门委托兽医社会化服务机构进行动物疫病监测的合同。

3. 根据行政合同是否涉及金钱给付，可以分为有金钱给付内容的合同和无金钱给付内容的合同 前者主要是重要物资订购的合同，例如采购应急物资的政府采购合同就属于有金钱给付内容的合同；后者主要是涉及行政管理和行政协作的合同，如农业农村部门与生猪养殖、屠宰生产经营者签订的非洲猪瘟防控承诺书。

4. 根据行政合同事项涉及的管理领域不同，行政合同又可以分为工业、交通、农业、科技、文化、教育等不同领域的行政合同。

（二）行政合同的实践分类

以上分类是学理上按不同标准对行政合同的划分。在我国，行政合同究竟有多少种类，法律尚无统一规定。从实践角度看，我国最常见的有以下几种行政合同：

1. 政府采购合同 是指政府及其行政部门为实现其管理职能和公共利益，以法定方式、方法和程序，使用公共资金，从市场上购买货物或服务的合同，例如动物卫生相关部门使用财政资金购买动物防疫相关物资和服务的采购合同。

2. 科研合同 是指行政机关与科研机构或机构研究人员之间，为实行某种科技经济责任制、完成一定的技术开发项目而确立双方权利义务关系所签订的合同。例如，兽医主管部门委托科研院所开展动物疫病流行病学调查等所签订的委托合作协议。

3. 和解合同 主要是行政主体在行政执法过程中与当事人所签订的，旨在双方互相让步、消除事实或法律问题的不确定状态的合同。例如行政执法实践中存在的协调合同、和解合同。

4. 公共征收、征用补偿合同 是指国家行政机关为社会公共利益，通过与相对人签订合同，对相对人的财产实行强制取得，并对相对人给予一定补偿的行政合同。作为行政合同的一种，公共征收、征用补偿合同广泛用于交通运输、城市建设、土地管理等行政执法领域。需要注意的是，征收征用属于单方行政行为，是由行政主体单方决定的，但行政补偿部分的内容属于行政合同的范畴，即如何补偿以及补偿数额的确定可具体协商。例如，根据《重大动物疫情应急条例》的规定，疫情期间农业农村部门紧急征用调配人员物资，并给予一定经济补偿的行政合同，就属于公共征用补偿合同。

5. 公益事业建设投资合同 是指行政机关为了社会公益项目的建设，与行政相对人协商投资参与建设，为确定双方权利义务而签订的行政合同。这类行政合同旨在调动行政相对人参与社会公益事业的积极性，动员社会力量弥补国家财力的不足，将社会公益事业的发展由以前单纯的行政行为，变为有行政相对人参与的多元主体共同行为。例如建设动物和动物产品无害化处理场所设施的投资合同。

6. 土地等国有资源的使用和开发利用合同 是指行政机关以国有土地等资源管理者

身份，与行政相对人签订的一定期限内使用和开发利用土地等国有资源的行政合同，如土地开发项目合同等。

7. 公产承包合同 指政府将国有财产或资产交给公民、法人或其他组织管理或经营而签订的合同，比如国有企业承包经营合同等。

8. 公务委托合同 主要指行政机关将某种行政事务委托给某些组织或个人管理而订立的合同。例如农业农村部门委托兽医社会化服务机构开展动物疫病监测活动的合同。

9. 特许经营合同 指政府将一些具有垄断性质的事务交给公民、法人或其他组织经营而签订的合同，是行政许可与行政合同两种行政行为的结合，如烟草、邮电特许经营合同。

除此之外，行政合同还包括交通安全保障合同、房屋拆迁合同、移民安置及补偿合同、国家计划合同、安全保卫责任制合同、消防合同等多种合同类型。

（三）行政合同的作用

由于我国目前多种经济成分并存，存在多元化的社会利益群体，这就要求行政机关以经济的、法律的手段来补充单一的行政命令的手段。行政合同作为一种有弹性的行政管理形式，是行政机关和行政相对人自由协商和行政优益权的有机结合。

从行政机关方面来说，订立行政合同既可以更好地行使行政职能，保证国家行政目标的实现，又可以因合同双方权利义务关系的明确性而避免互相扯皮、推诿，杜绝不负责任的官僚主义作风。从行政相对人方面来说，订立行政合同既可以使其更好地发挥积极性和创造性，又可以避免行政争议发生后解决无门，使解决有据可循。

四、行政合同的缔结、履行、变更、解除和终止

（一）行政合同的缔结

1. 行政合同的缔结原则 由于行政合同当事人之间地位的不完全对等以及行政主体在合同中具有主导权，行政合同的缔结过程中除了遵循公开竞争原则、全面履行原则和公益优先原则之外，还应遵循以下几项原则：

（1）适应行政需要原则 行政机关缔结行政合同不能随心所欲，而必须出于行政需要，符合行政目标。也就是说，行政需要是行政机关缔结行政合同的根据。这种需要并不一定都是由法律、法规明确规定的，也可以是由行政机关根据法律、法规的原则精神结合具体情况具体分析而决定。但无论是因为何种原因缔结行政合同，都必须适应行政需要，符合行政目标。例如，疫情期间订立的物资征用合同就是出于动物防疫工作的行政需要。

（2）不得超越行政权限原则 行政行为必须在法定权限范围内行使，行政合同是行政行为的一种方式，行政主体也只能在其权限范围内缔结行政合同，否则该行政合同就是无效合同。例如某动物卫生监督执法机构超越职权订立土地出让合同，动物卫生监督执法机构显然不具有相应的行政职权，其订立的土地出让合同无效。

（3）内容合法原则 虽然行政合同不一定要有明确的法律依据，但是行政主体同样不得就国家法律和政策明令禁止的事项与行政相对人缔结行政合同。例如，假借公共利益的名义，利用行政合同贪污受贿谋取私利，就属于法律禁止的情形。

2. 缔结行政合同的方式

（1）招标 招标是由行政机关通过一定方式，公布一定的条件，向公众发出以订立合

同为目的的招标意思表示，相对人根据招标人公布的资格和条件进行投标，行政主体对相对人的投标方案和条件进行比较、评议，选择最优者与之缔结合同的方式。应当注意的是，招标人即行政机关若采取有标底招标方式，则在发出招标公告前或公告后必须制定标底，并且开标前标底不能公开。

（2）拍卖　是行政机关以公开竞价的方式将特定物品或者财产权利转让给最高应价者，并与之签订行政合同的方式。

（3）邀请发价　邀请发价是行政主体为了实现一定的行政目的，提出一定的条件邀请相对人发价，然后由行政主体综合各方面的因素，选择最为恰当的相对人与之缔结行政合同。在该方式中，行政机关基于政治、经济、技术等多方面原因，不一定与要（出）价最低（高）的相对人缔结合同，而是要选择最适合的行政相对人签订合同。这种方式本质上也是采取公开招标的形式，但行政机关在参与投标的企业中有一定的选择合同当事人的自由。

（4）直接磋商　直接磋商是指行政主体自由选择与任意当事人进行直接磋商，然后缔结合同。在某些特定情况下，行政机关可以直接与其他组织或个人进行协商，签订合同。这种方式在民事合同中比较常见，而在行政合同的签订过程中，由于直接磋商方式下行政主体的自由选择度较大，所以一般情况下应受到必要的限制，并尽量控制其应用范围。

直接磋商方式主要用于下列合同：研究、试验和实验合同，招标和邀请发价没有取得结果的合同，情况紧急的合同，需要保密的合同，只能在某些地方履行的合同，需要特定专利权和其他专有权利的合同，需要利用特殊的专门技术的合同等。

（二）行政合同双方的权力/权利和义务

1. 行政主体的权力　行政主体在行政合同中的权力主要体现在如下几个方面：

（1）选择合同相对人的权力　行政主体在订立行政合同时，可以根据实际情况和要求选择适当的缔约方。被选定的并不一定是出价最高者，而应当是综合评价最优者。作为行政相对人的组织和个人原则上不能拒绝、否定行政机关的选择。例如，畜牧兽医行政管理部门可以选择向哪家兽药企业购买疫情防治的疫苗。

（2）对合同履行的监督权和指挥权　行政主体有权监督和指挥相对人对合同义务的履行，有权要求相对人选择或者直接指令相对人选定符合公共利益的履行方式。行政主体对行政合同履行的指导、监督与指挥权主要体现为检查权和命令权。

检查权是指行政机关对行政合同的履行过程进行经常性检查的权力。例如，畜牧兽医主管部门委托某兽医社会化服务机构进行动物疫病检测工作后，可以经常性地检查防控工作是否实施到位、是否存在消极懈怠的现象等。

命令权即行政机关要求相对人采取措施，实施某项活动的权力。如果畜牧兽医主管部门发现受委托的兽医社会化服务机构存在消极履行动物防疫工作的现象，可以要求其立即采取措施，开展动物疫病防控工作。

（3）要求相对人本人履行合同的权力　这是由合同的监督权和指挥权衍生出的一项权利。行政合同的相对人是行政主体综合考虑而选择出来的，因而一般情况下在缔约后相对人应当亲自履行合同，不得擅自委托或转由他人代为履行，不得将权利义务转移给其他人。例如，如果受委托的兽医社会化服务机构擅自将动物疫病防控任务转交给另一家机构履行，畜牧兽医部门可以要求原受委托的机构必须亲自履行合同义务。

（4）单方面变更或解除合同的权力　行政主体在履行合同过程中，可以变更合同的条款，增加或减少相对人的权利义务，在某些情况下甚至可以终止与相对人之间的权利义务关系。只有在合同订立后由于公共利益的需要或法律、政策的重大调整，必须变更或解除时，行政主体才能行使单方变更、解除权。具体来说，行政机关单方面变更或解除合同，必须具备法定的事由并符合以下几个条件：

第一，行政机关变更或解除合同必须是出于公共利益的需要，例如前文提及的出于公共卫生和环境利益的需要终止某些公共工程建设合同时，可以解除该合同。

第二，公共利益在合同履行过程中可能发生变化，行政机关有义务根据变化调整合同的内容。但变更权只能在公共利益需要的限度内行使，不能变更和公共利益无关的条款。

第三，因变更或解除合同给当事人造成损失的，应当予以补偿。

（5）对不履行或不适当履行合同义务的相对人的制裁权　对不履行或不适当履行合同义务的相对人，行政主体有采取强制手段强制其履行的权力，这项权力与命令权相似，但是比命令权更具强制力。此外，对于违反合同约定的相对人，行政主体也有权予以制裁。例如，在疫情期内政府购买疫苗和防疫物资的采购合同中，如果相对人故意延迟交付产品，拖延合同的履行，导致疫情扩大或难以得到有效控制，则政府有权对其作出行政处罚。

2. 行政主体的义务　行政主体的义务主要包括以下几个方面：

（1）依法履行合同义务　行政机关作为合同的一方当事人，应当依法履行合同规定的义务，不能因自己的地位优越而不履行合同义务。

（2）保证兑现其应给予合同相对人的优惠或照顾的义务　行政机关不能违反合同的约定，不得拒绝兑现其对相对人作出的承诺。

（3）给予相对人物质损害赔偿或补偿的义务　在合同履行过程中，凡是因行政机关的原因导致合同变更、解除，从而使相对人受到损害的，行政机关有赔偿或补偿的义务。

（4）按照行政合同的约定支付价金的义务　即当相对人履行了行政合同所确定的义务时，行政机关应当支付相应的报酬。

3. 行政相对人的权利　在行政合同中，行政相对人的权利表现在如下几个方面：

（1）取得报酬或者获得优惠、照顾的权利　相对人在履行了合同规定的义务后，有依照合同取得报酬或收益的权利，或者有获得某些优惠的权利，例如税收优惠。

（2）损害赔偿请求权或损失补偿请求权　在合同履行过程中，如果行政主体违法变更或解除合同给行政相对人造成损失的，相对人有请求赔偿的权利；如果行政主体依法变更或解除合同给行政相对人造成损失的，相对人有请求补偿的权利。

（3）因不可预见的困难情况造成损失时的补偿请求权　出现不可预见的客观情况，使相对人继续履行合同极其困难或者将会受到重大损失时，行政合同相对人也有请求补偿的权利。一般来说，不可预见情况存在期间，行政合同不能按原来的约定履行，双方当事人履行合同的义务虽然仍存在，但必须商定一个新的临时履行合同方案，行政机关要负担相对人的部分损失，以便相对人继续履行合同。如果双方当事人就新情况下的合同关系不能达成一致意见，则可以要求解除合同关系。构成不可预见的情况的条件是：

首先，必须是特殊的和不能预见的情况。如果当事人在订立合同时已经考虑到了这种情况，就不会签订该合同。例如，天灾、战争爆发等情况都是当事人无法预见的，在性质上属于当事人在合同签订时无法预测的经济风险。

其次，这种情况的产生和合同双方当事人的行为无关。如果该情况是由于合同一方当事人的行为造成的，则不属于不可预见情况，导致情况发生的一方当事人应当对此承担责任。

此外，这种情况必须导致合同履行极为困难，即相对人的损失达到了极大的程度，但又因为公共利益的需要而不能停止合同的履行。

4. 行政相对人的义务 行政相对人的行政合同义务比较简单，主要表现在两个方面：

（1）按照合同规定的要求和期限，认真履行合同规定的义务 换言之，行政合同相对人的主要义务，就是履行合同内容确定的义务。

（2）接受行政机关的管理、监督和指挥的义务 这项义务是与行政机关的权力相对应存在的，行政机关基于行政优益权可以监督指挥行政相对人履行合同的行为，行政相对人相应也有义务来接受行政机关的管理和监督指挥工作。

（三）行政合同的履行

行政合同履行是指行政合同的主体双方依照合同规定履行义务，从而使合同确定的目标得以实现的行为。行政合同的履行要遵循以下三项原则：

1. 实际履行原则 指合同当事人必须严格按照合同规定的标的履行自己的义务，未经权利人同意，不得以其他标的代替履行或者以支付违约金和赔偿金来免除合同规定的义务。该原则是行政合同中的一个重要原则，也是行政合同的一个典型特征。当然，实际履行原则并不意味着相对人在任何情况下都按原标的履行，如果出现下列情况，可以免除实际履行的义务。

（1）合同的标的物已经灭失，履行已经不可能并且没有实际意义。比如在无害化处理场所的公产承包合同中，如果无害化处理场所等行政公产在合同订立后被损毁，继续履行该承包合同就没有任何意义，此时相对人就可以免除履行义务。

（2）因相对人履行迟延，行政机关对原定的目标已经完全失去了需求或者继续履行会给国家带来更大的损失，实际履行已没有必要。

（3）行政机关已经采取了代执行的强制措施。

2. 自己履行原则 是指相对人必须本人亲自履行，而不能由他人代替履行。前文提到，行政合同的相对人是行政主体根据综合考虑而选择出来的，因而在缔约后相对人应当亲自履行合同，即合同相对人必须本人履行合同，不得擅自委托或转由他人代为履行，不得将权利义务转移给其他人。

3. 全面适当履行原则 是指当事人按照法律规定或者合同约定标的的质量、数量，由适当的主体在适当的履行期限、履行地点，以适当的履行方式，全面完成债务的履行原则。如果行政合同相对人只履行合同的一部分条款而放弃另外一部分，或者在履行标的时间、地点、方式上发生改变，都违反了全面适当履行的原则。例如，受委托承担动物疫病监测和报告任务的兽医社会化服务机构，只履行了疫情监测任务而没有实施报告工作，或者擅自改变疫情监测区域，都是违反全面适当履行原则的情形。在这种情况下，行政机关有权给予相应的制裁。

(四) 行政合同的变更和解除

行政合同缔结后，并不是不可变更和解除的。与民事合同的变更与解除不同的是，行政主体在这个问题上享有行政优益权，它可以单方面作出变更和解除决定，但需要对因此给相对人造成的损失予以补救。

1. 行政合同的变更 行政合同的变更是指由于公共行政管理目标的调整或其他法律事实、客观情况发生了变化，在不改变现存合同性质的基础上，对涉及合同主体、客体、内容等条款作相应的修改、补充和限制。行政合同的变更要基于以下两种理由：

(1) 行政主体为了公共利益的需要而单方面变更合同 也就是说，在维护公共利益的目的下，可以对行政合同的条款进行调整，使其能够更好地适应公共利益需求，避免原合同继续履行造成公共利益的损害。

(2) 因一定法律事实或客观情况变化而导致行政合同的变更 例如，合同履行过程中出现天灾等不可抗力因素影响相对人履行合同的能力和进程，则可以对合同内容进行修改，以便于行政合同有效履行。

如果行政合同发生了变更，则导致原合同不再履行，双方当事人应按照变更后的合同所确定的权利义务关系行使权利、履行义务。行政主体在单方面变更合同时，应补偿相对人因此而遭受的损失。

2. 行政合同的解除 行政合同的解除是指行政合同当事人一方尚未履行或尚未全面履行时，双方当事人提前结束约定的合同权利义务关系。行政合同解除方式主要有两种：

(1) 行政主体基于公共利益的需要而单方解除合同 该方式与行政合同的变更相似，如果变更合同仍然不能确保公共利益不受损害，则行政主体可以选择解除合同。

(2) 相对人提出解除合同的意思表示，在征得行政机关同意下提前终止行政合同 如果相对人在合同履行过程中由于一定的原因丧失了履行合同的能力，例如企业破产、发生自然灾害等情况，则相对人可以主动申请解除合同，但必须经过行政机关的同意。

3. 变更和解除行政合同的法律后果 行政合同解除后，双方当事人之间的合同关系终止，彼此不再享有合同约定的权利，也不承担相应的义务。需要强调的是，如果是行政机关因公共利益的需要单方面变更或解除合同的，则行政机关应对相对人由此而受到的损失予以补偿；如果行政机关非因公共利益的需要而是由于其过错导致合同变更或解除，则行政机关要对由此给相对人造成的损失予以赔偿。

(五) 行政合同的终止

行政合同的终止是指当事人之间根据合同确定的权利义务因某种原因而消灭，不再对双方产生法律效力。行政合同的终止随着一定法律事实的发生而发生，主要有下述情形：

1. 合同内容已按照约定履行完毕 行政合同是行政主体与相对人在依法行政的原则下为达到各方利益而达成的合意。合同内容按照合同约定履行，一方面可以使行政主体的职能实现，另一方面也使行政相对人的合同义务归于消灭，由此产生合同的权利义务终止的结果。

2. 合同解除 行政合同的解除是行政合同终止的一种情形。行政合同的解除是指合同有效成立后，在具备法律规定的合同解除条件时，因当事人一方或双方意思表示，而提前结束合同约定的权利义务。合同解除后，依照合同产生的双方权利义务关系消灭，被解除的合同不再具有法律效力，合同终止。

3. 法院根据相对人的申请判决解除合同 此种情形属于解除合同的特殊情形，此种情形下行政合同的解除是行政诉讼司法判决的结果。

（六）行政合同纠纷的解决

行政合同产生的纠纷，可以通过多种途径解决。

1. 协商 在所有纠纷解决的途径中，协商是成本最低的一种方式。协商是指在没有第三方干预的情况下，仅由行政合同双方进行磋商协调解决争议的方式。协商相对于其他纠纷解决途径更具有经济性，纠纷双方通过协商方式直接沟通双方意愿，避免转呈第三方可能造成的信息损失，且双方具有追求损失最小化的经济理性，协商可在不消耗特定程序成本的情况下实现争议的解决。所以，协商是最为经济的一种争议解决方式。

协商必须遵循自愿原则和平等原则，也就是说协商双方必须完全出于主观自愿，并且双方在协商中的地位平等，行政主体没有强迫相对人进行协商或达成某种协商意见的权力。

2. 调解 根据《行政诉讼法》第 60 条的规定，“人民法院审理行政案件，不适用调解。但是，行政赔偿、补偿以及行政机关行使法律、法规规定的自由裁量权的案件可以调解。调解应当遵循自愿、合法原则，不得损害国家利益、社会公共利益和他人合法权益。”根据行政机关在实施某项行政行为中是否具有自由裁量权，可将行政行为分为有自由裁量权的行政行为和没有自由裁量权的行政行为。对于有自由裁量权的行政行为，可以有条件地适用调解。具体到行政合同，除了行政赔偿、补偿合同之外，其他的合同条款也可能会涉及自由裁量权的行使。因此对于行政合同中涉及行政自由裁量权的内容，适宜将调解作为解决行政合同纠纷的一种途径。

3. 行政复议 行政复议具有解决一般行政行为所产生的纠纷的功能，行政合同属于行政行为，自然可通过行政复议途径解决纠纷。而且行政复议的主体是行政机关，通过行政复议，其不仅能够解决行政合同纠纷，还能更加综合地对行政合同的目的作出考量，尽可能实现行政合同所要达成的行政目标。我国《行政复议法》也对行政合同的复议问题作出了规定，例如第 6 条中就规定了对“认为行政机关变更或者废止农业承包合同，侵犯其合法权益的”行为，公民、法人或者其他组织可以申请行政复议。

4. 行政诉讼 诉讼救济是保障当事人权益的最后一道防线。根据我国《行政诉讼法》及其司法解释中有关规定，行政合同纳入行政诉讼的受案范围。《行政诉讼法》第 12 条规定了多项与行政合同有关的行政诉讼受案范围事项，如“对征收、征用决定及其补偿决定不服的”“认为行政机关侵犯其经营自主权或者农村土地承包经营权、农村土地经营权的”“认为行政机关不依法履行、未按照约定履行或者违法变更、解除政府特许经营协议、土地房屋征收补偿协议等协议的”等，为通过诉讼方式解决行政合同纠纷提供了法律依据。

DI-SHI ZHANG

第十章 10

行政程序与行政程序法

行政程序是程序正义在行政法上的直接体现，是处理行政事务过程中必须遵守的一系列前后相连的工作步骤。与行政行为的实体内容相对应，行政程序是行政行为具体内容的外在表现形式，也是保证行政主体正确、有效地进行行政管理的操作规则。行政程序法则与行政实体法相对应，是行政法体系的重要组成部分。我国目前尚未制定统一的行政程序法典，行政程序的相关法律规定主要散见于各种形式的行政管理法律规范之中，行政程序法的制定和实施，已逐渐受到人们的关注并被列入立法议程。行政程序法不仅具有防止行政权力滥用的消极功能，更有保护人民权利、引导行政权力高效公正行使的积极功能。因此，在20世纪特别是第二次世界大战以来，行政程序法成为世界范围内的立法热点。本章着重介绍行政程序、行政程序法的基本理论内容，主要包括行政程序的概念、特征和种类，行政程序法的概念、功能，以及行政程序法的基本原则与基本制度等。

第一节　行政程序

一、行政程序的概念

行政程序就是行政行为的过程，具体指行政主体实施行政行为时必须遵守的方式、步骤、空间、时限的总和。从其实质上看，行政程序反映了行政权的运行过程，应具备如下五个要件。

（一）行政程序是行政权力的运行程序

行政权是与立法权和司法权并行的权力，立法机关行使立法权制定法律规范的程序是立法程序，司法机关行使司法权力解决纠纷作出判决的程序是诉讼程序，而行政程序是行政机关代表国家行使行政权力时所应遵循的程序。应当注意，行政程序虽然是行政权力运行的程序，但并不意味着行政程序只能由行政机关独立完成，尤其是在外部行政程序中，行政相对人要通过提出申请、陈述意见等方式参与行政程序。如在农业农村部门作出最终的处罚决定之前，处罚对象可以通过申请听证的方式参与到行政决定作出的过程中，与行政机关一道推进行政行为的程序，形成最终的行政决定。所以，行政程序又可以被视为行政机关和行政相对人在行政行为实施中的角色分配体系，行政相对人通过陈述意见等方式能动地参与行政行为的作出过程，影响行政行为的内容。因此，行政程序不仅是行政机关作出行政行为的操作步骤，同时还是以行政相对人的程序权力制约行政权力滥用的重要制度。

（二）行政程序是行政机关实施行政行为的程序

并非行政机关所有的行为程序都是行政程序。行政机关以民事主体的身份进行民事行为时所遵循的程序不是行政程序，如行政机关以民事主体的身份与厂商签订订购办公用品合同时，其行为程序就不是行政程序。行政机关以被告的身份出现在行政诉讼中时，其行为程序也不是行政程序。因此，行政程序的实质是行使行政权力的主体所遵循的程序。

（三）行政程序的构成要素包括方式、步骤、时间和顺序

1. 方式　是指实施和完成某一行为的方法及行为结果的表现形式，如是采用秘密的方式还是采用公开的方式作决定，行政行为是以书面的方式还是口头的方式作出等。随着计算机网络的发展，网络技术也被运用到行政程序中。例如，通过建立全国动物卫生监测

信息平台来监测和分析动物疫病、进行疫情预警预报等，都属于行政程序的方式。

2. 步骤 是指完成某一行为所要经历的阶段。行政程序一般包括启动、进行和终结三个阶段，不少国家正是以行政程序的不同阶段作为立法线索，架构行政程序法中的程序规定，例如农业部印发的《农业部立法工作规定》（农业部令第 25 号），就农业部层面行政立法的计划、起草、审查、决定和公布等进行了规范。

3. 时间 是指完成某一行为的期限。时间是一项重要的程序制度，规定行政机关完成某一行为的期限，有利于促进行政机关积极行使权力，使行政相对人的权利义务早日得以确定，避免行政机关无故拖延甚至借此向行政相对人索取好处。与动物卫生防疫相关的法律法规和实施细则中包含大量关于行政程序的时间期限问题的规定，如《执业兽医管理办法》第 16 条规定，"注册机关收到执业兽医师注册申请后，应当在 20 个工作日内完成对申请材料的审核。"该条款中"20 个工作日"就是该行政许可程序的时间期限。

4. 顺序 是指完成某一行为所必经的步骤间的前后次序。例如行政机关在作出行政决定时，必须遵循"先取证、后裁决"的顺序，否则，就违背了人的认识规律，容易形成错误决定。

（四）行政程序的运行结果是产生行政法规、规章或行政决定

法律程序的运行将产生一定的结果，立法机关经过法定立法程序所产生的结果是制定法律文件；司法机关经过诉讼程序要对民事、行政争议和刑事被告人是否构成犯罪作出判决；行政程序的运行结果则表现为制定行政法规、规章，或针对具体事项作出行政决定，例如制定《重大动物疫情应急条例》《执业兽医管理办法》等法规、规章，作出是否对动物诊疗机构发放动物诊疗许可证的决定等。

（五）行政程序是一种法律程序

行政程序是行政机关代表国家管理社会事务所遵循的程序，是行政权力运行的程序规则。为了保证行政权力的有序运行，许多重要的行政程序往往需要通过法律来规范。行政程序是法律程序，就意味着行政程序一旦为法律所规范，即成为行政机关和行政相对人在法律上的程序权利和义务，否则，要承担相应的法律责任。例如，在动物卫生监督机构作出行政处罚决定时，依照《行政处罚法》第 55 条规定，如果存在"违反法定的行政处罚程序的"行为，则应当由上级行政机关或有关部门责令改正，并且可以对主管人员和其他责任人员给予行政处分。

二、行政程序的特征

行政程序具有如下法律特征：

1. 法定性 行政程序的法定性，是指用于规范行政行为的程序，应通过预设的立法程序来使其法律化。行政程序的法定性表明：其一，并不是行政行为的任何程序都有必要法定化，只有那些能够对行政行为产生控制功能的程序，才有必要成为法定程序，如行政处罚程序中必须要严格控制行政主体的行政行为，避免处罚权被滥用；其二，行政程序的法定性意味着无论是行政主体还是行政相对人，在进行行政活动时，都必须遵守预定的行政程序，违反法定程序将承担相应的法律责任。

2. 多样性 行政程序的多样性是指因行政行为性质上的差异所导致的行政程序在客

观上具有多样性。在现代社会中，由于行政事务纷繁复杂，不同的行政行为必然会有不同的行政程序，不同的行政程序又适用于不同的行政行为。为了保证不同类型行政行为的公正和效率，兼顾行政行为指向的客观情况，就需要使行政程序保持多样性。

3. 统一性和分散性 尽管行政行为是多种多样的，但它们都有一定的共性。对于程序上的普遍性、共性的问题，可以制定统一的行政程序法。而特殊的行政程序通常只适用于一些有特别要求的行政行为，因此，难以规定在统一的行政程序法典中，通常由单行的行政程序法律作出规定，或者分散规定于各行政实体法文件中。这就形成了行政程序中基本程序的统一性和特殊程序的分散性的特征。例如，行政许可程序可以通过《行政许可法》统一规定，而对于发放各类有关动物卫生的许可证的程序，就需要通过《动物诊疗机构管理办法》《执业兽医管理办法》等进行分散化的规定。

三、行政程序的种类

从不同的角度，可以对行政程序作不同的分类。不同种类的行政程序，构成行政程序的完整体系。

（一）抽象行政程序和具体行政程序

这是根据行政行为对象的不同特点所作的划分。抽象行政程序，是指行政主体实施抽象行政行为所必须遵循的程序。一般包括行政法规制定程序和其他行政规范性文件制定程序。例如制定、修改《兽药管理条例》《重大动物疫情应急条例》等的程序。

具体行政程序，是指行政主体实施行政许可、行政命令、行政处罚、行政强制、行政征收、行政征用、行政奖励、行政救助、行政确认、行政裁决等行为时所必须遵守的步骤与方式，例如发放动物诊疗许可证、执业兽医资格证的程序都属于具体行政程序。

（二）内部行政程序和外部行政程序

这是根据行政程序所规范的行政行为的效力范围不同所作的划分。内部行政程序，是指行政主体在内部管理中所进行的不涉及行政相对人的行为程序，凡是基于上下级行政机关的领导监督关系或对等行政机关的协调关系而实施的有关行为所遵循的程序都是内部行政程序，如农业农村部印发《关于做好动物疫情报告等有关工作的通知》（农医发〔2018〕22号），对政府兽医系统内的疫情报告工作进行统一规范等。

外部行政程序，是规范行政主体外部行政行为的程序，通常指行政机关在对外管理中涉及行政相对人的行为程序，也就是行政主体与行政相对人基于行政管理关系而实施某些行为所遵循的程序。其基本要素是行政主体与行政相对人之间存在行政法上的管理与被管理的关系，会涉及相对人在法律上的权利与义务。例如《动物检疫管理办法》对产地检疫、屠宰检疫、水产苗种产地检疫和无规定动物疫病区动物检疫等的申报和要求作出的规定。

（三）强制性行政程序和任意性行政程序

这是根据行政程序对行政主体行政行为的约束程度的不同所作的划分。强制性行政程序，是指当事人必须遵循的程序规则，违反该程序将导致对当事人不利的后果。如《行政处罚法》第31条、第32条和第41条规定，行政处罚主体在作出行政处罚决定之前，必须告知行政相对人行政处罚的事实、理由、依据和有关权利等，否则，该行政处罚决定

“不能成立”。

任意性行政程序，是指行政程序当事人可以遵守，也可以不遵守的程序规则，比如指导性质的行政程序便属此类。

（四）普通程序和简易程序

这是根据行政程序的环节不同所作的划分。普通程序也称一般程序，是指行政主体使用行政权应当遵守的基本程序。它是行政程序中最完整的程序，是除符合简易程序条件以外的所有行政行为都应遵循的程序。如《动物防疫法》《畜牧法》中有关程序的规定，只要没有明确表明适用的是简易程序，都属于普通程序。

简易程序又称非正式程序，是指行政主体对事实清楚、情况简单的行政事务，进行快速、简单的处理应对的程序，或者在紧急情况下没收、扣押违法物品、工具等所应遵守的程序。简易程序最常见于《行政处罚法》，另外根据部分地方动物疫情应急预案的规定，畜牧兽医部门在紧急情况下对染疫或者疑似染疫的动物、动物产品及相关物品进行隔离、查封、扣押和处理也可以适用简易程序，例如《南京市江宁区防治重大动物疫病应急预案》中就规定了疫情应急反应简易程序。简易程序的确立，满足了提高行政效率的需求。

（五）事前行政程序和事后行政程序

根据行政程序适用的时间不同，可以将行政程序分为事前行政程序和事后行政程序。事前行政程序是在具体行政行为实施完成之前（包括开始实施前和实施过程中）所经过的程序，主要见于行政立法、行政命令等行政行为中，如行政处理决定过程中的行政调查程序、行政立法过程中的征求意见程序等。

事后行政程序则是指具体行政行为完成之后针对某些事项作出补充、补救，来确定其行为的合法性与正当性，或纠正违法、不当的行政行为所适用的程序，例如给予受害相对人补救的行政救济程序。无论是事前行政程序还是事后行政程序，其目的都在于监督行政权力的行使，保障行政相对人的合法权益。

（六）行政立法程序、行政执法程序与行政司法程序

根据行政职能和行政法律关系的不同进行分类，可将行政程序分为行政立法程序、行政执法程序与行政司法程序。

行政立法程序是指行政机关制定行政法律规范时所适用的程序。行政立法法律关系以立法机关为特定的一方，以不特定的主体为另一方相对人，因此任何符合法律构成要件的公民、组织均可以成为行政立法程序中的行政立法行为相对人。行政立法行为内容的广泛性、行为对象的不特定性和效力的后及性，行政立法程序一般都比较复杂、严格，如听证制度、会议制度、专家论证制度以及备案制度等成为行政立法程序不可缺少的内容。

行政执法程序是指行政机关在行使行政职权、实施具体行政行为过程中所适用的程序。行政执法法律关系以行政执法主体为一方，特定的执法对象为另一方，是一种常规性、直接性的双方关系。行政执法行为对象的特定性、内容的具体性和行为方式的多样性，决定了其程序的多样性和差异性，如在行政许可、行政处罚、行政奖励、行政强制执行等方面，必须设置不同的程序制度。

行政司法程序是指行政机关为第三方裁决者，以有争议的双方当事人各为一方，依法

解决行政管理范围内作为争议当事方的行政主体与行政相对人的行政争议或者平等主体间特定的民事纠纷所必须遵循的程序，此程序类似于法院处理诉讼案件的司法程序，主要包括行政复议程序、行政裁决程序等。

第二节　行政程序法的概念与功能

一、行政程序法的概念

行政程序法是规定行政主体实施行政行为所应遵循的步骤、方式、时限和顺序的法律规范的总称，是调整行政主体与行政相对人在行政管理过程中发生的关系的法律规范系统。在我国当前的行政法体系中，行政程序法并不是一个独立的部门法，而是行政法的有机组成部分。因此在理解行政程序法时，应当注意以下几点：

（一）行政程序法以行政权或行政行为为规范对象

行政权是相对于立法权和司法权而存在的，行政程序法规范的对象不包括立法机关和司法机关的程序规则。行政机关以民事主体的身份从事民事行为所遵循的程序和行政机关在行政诉讼中的程序也不属于行政程序法的规范对象。所以行政程序法所规范的是行政机关行使行政职权而作出行政行为时的程序。此外，与传统行政程序理念不同，现代行政程序理论认为行政行为是在行政机关和相对人的共同推动下完成的，现代行政程序应包括行政相对人在行政程序中的权利义务规定，因此行政程序法也会涉及对相对人权利义务的规范。例如，《农业行政处罚程序规定》《规范农业行政处罚自由裁量权办法》涉及了对行政相对人行为的程序规定，可以将其认为是直接或间接地在规范行政行为。因此，制定行政程序法的目的在于对行政机关和相对人在行政程序中的权利义务进行分配，在某种意义上行政程序法是调整行政机关和相对人之间角色分配体系的法律规范，用以保证权力在运行过程中不被恣意行使和滥用。

（二）行政程序法是关于行政权力运行程序的规定

行政程序法规定了行政机关在行使行政权力、作出行政行为时所应当遵循的程序规则，是关于行政权力运行方式、步骤、时间和顺序的规定。换句话说，行政主体有无权力为某种行为，由行政实体法规定；如何实施行政行为，则由行政程序法规定。

但在实践中，也有许多国家在立法中突破了这一理解，在行政程序法中规定了部分实体性的内容。例如德国《联邦行政程序法》中规定了行政行为的生效、无效、撤销、废止等实体性内容，在行政程序法中融入大量实体性的规定。这种现象的产生一方面涉及国家法律体系对行政法的理解，另一方面也与行政程序法在制定过程中受到行政法法典化趋势的影响有关，形成了实体与程序并存的立法模式。

（三）行政程序法主要是关于行政权力运行的外部程序的规定

也就是说，内部行政程序一般不通过行政程序法来规定。而且行政程序法不仅包括行政程序法典（虽然我国尚未制定），还包括散见于其他法律、法规中的有关行政程序的法律规范。例如动物卫生监督执法机构在行政处罚中既应遵循《行政处罚法》中的程序规定，也应遵循《动物防疫法》《重大动物疫情应急条例》等法律法规中关于处罚程序的规定。

总体来说，行政程序法主要规范行政机关与相对人在行政程序中的权利义务关系，使得受行政决定影响的相对人有充分的机会参与到行政行为实施的过程当中，并对行政行为的结果发挥一定影响作用，从而体现了行政程序的民主与公正。

二、行政程序法的功能

行政程序法作为行政法的重要组成部分，以行政权力的运行为规范对象，直接体现了宪法中关于规范和约束行政权力正当行使的要求，负有直接实现宪法理念的重要使命，其性质决定了行政程序法对政治生态和社会生活具有重要的功能。

（一）保证实体法的实施，实现实体正义

行政实体法规定了行政法律关系主体的权利义务，但这些权利义务必须通过一定的程序运作才能成为事实。行政实体法的实施主要通过享有行政权力的行政机关自身的行为实现，行政诉讼法只是法院审理行政案件所适用的程序法，属于事后救济，而且要受不告不理原则、受案范围等制度的限制，因此行政程序法作为规范行政权力运行的程序规则，较之行政诉讼法等规定的事后救济手段对实体法的实施意义更大。具体来说，行政程序法保证实体法得以正确实施的作用主要体现在以下几点：

第一，行政程序法规定了行政机关的程序权力及相对人的程序权利，以相对人的权利制约行政权力的行使，保证了行政行为的公正。

第二，行政程序法规定了一系列运用证据的科学规则。行政程序与诉讼程序一样也是一个认定事实、适用法律的过程，事实的认定以证据为基础，因此科学的证据规则有利于行政机关正确认定事实，从而保证了行政实体法的有效实施。

第三，保证自由裁量权的公正行使，弥补实体法规定的不足。实体法无法对纷繁复杂的社会生活的每一个细节作出规定，法律不得不赋予决定者一定的自由裁量权，为决定设定一个界限。行政程序法所规定的权力制约机制就有效规范了自由裁量权的正当行使。当实体无法对现实生活的细节作出规定时，程序法以规范决定者公正行事的方式保证了法律适用的公正性，保障了实体法的正确实施。

（二）促进行政民主，提高行政效率

一方面，行政程序法规定了行政公开、听取当事人意见等基本制度，在行政程序法的机制之下，行政决定成为一个开放的系统，相对人可以依照程序参与其中，向行政机关主张自己的权利和表达意见，对行政权力运行的结果发挥积极作用，使行政行为的作出成为一个民主透明、公平公正的过程。

另一方面，行政资源在行政管理活动中的配置总是有限的，行政程序的运作必须具备一定的经济合理性，在保证相对人基本程序权利的前提下，应尽快终结行政程序，作出行政决定。行政程序法的制定必然会影响到行政行为的实施效率，行政行为的效率取决于行政方式的适当选择、环节的合理安排、过程的科学组合。如果在程序设计上过于烦琐，将会影响行政行为的时效性，消耗大量资源成本，影响行政效率；而如果程序设计得过于简单，则不能给提供相对人充分的参与机会，必然会造成事后行政行为如行政申诉、行政复议比例的增多，从而导致行政效率的降低。因此，科学合理的行政程序设计将会使行政权力运行过程更加流畅，加强公民与行政机关之间的理解与合作，减少行政权和私权利之间

的矛盾冲突，有助于提高行政效率。

（三）监督与控制行政权，保障行政权的合法运行

实践中行政违法行为的发生大都与制度不完备、程序不健全有关，缺乏相应明确、具体的程序约束可能会导致权力寻租和滥用。健全和完善的行政程序法，能够有效压缩甚至消除滥用权力和渎职枉法行为的操作空间，从而起到监督行政权的作用，确保行政权在法治的轨道上正常运行。

（四）降低行政成本

行政程序法加强了相对人与行政机关之间的合作，增强了相对人对行政机关的信任，有助于行政机关听取各方意见，正确认定事实，合理作出决定，从而降低行政行为的错误成本，节约调查费用，也减少了相对人事后提起行政复议和行政诉讼的可能，降低了事后救济的风险成本。

（五）保护行政相对人的合法权益

行政程序法的制定使公民获得参与行政决定作出过程的合法途径，能够及时了解行政决定的内容，向行政机关提供证据并合理表达自己的意见，避免行政机关的行政行为对自身的合法权益造成不利影响。通过行政公开与行政参与，公民的权利保障由传统的行政救济、司法救济等事后救济手段向事前、事中救济扩展。

第三节　行政程序法的基本原则

行政程序法的基本原则是贯穿于行政程序法的基本原则和内在精神，是行政程序法律主体所必须遵循的根本规则，也是行政程序法理论中的一个核心问题。行政程序法的基本原则具有普适性和不可妥协性。所谓普适性是指基本原则的效力是贯穿始终的，在整个行政程序领域内的运用是完全的，对所有行政程序法律规范自始至终具有效力。不可妥协性则是指基本原则所蕴含的价值和要求不因行政活动过程或行政目的的差异性而有所改变。行政程序法的基本原则应界定为贯穿于行政程序法的制定和实施过程中，行政程序法律关系主体必须遵循的根本规则。

应当注意，行政程序法的基本原则是对行政程序法律法规的高度概括和提炼，在行政程序法的制定和实施过程中基本原则一般不能直接适用，而是通过一些具体的制度和法律法规得以实现。具体来说行政程序法的基本原则主要包括程序法治原则、程序公平原则、程序公开原则、程序参与原则和程序效率原则。

一、程序法治原则

程序法治原则又称为程序合法原则，是指行政活动的程序必须依据法律、符合法律，行为者不得随意违反或变更，即行政主体实施行政行为时必须严格遵守法定程序，否则应承担相应的法律责任。即使是在法律没有明确规定程序的情况下，行政机关自行采用的程序也必须遵循和贯彻法律的一般精神。

（一）程序法治原则的意义

法治的核心是依法治国，依法治国的核心是依法行政。两者都需要严格的程序制度予以保障。正是程序决定了法治与人治之间的基本区别。有些学者[①]甚至认为，法律就是程序，行政法就是行政程序法。当然，这种观点有些极端，但能够从侧面反映出程序法治原则在规范行政主体实施行政行为中的重要意义。

1. 行政程序能够保证行政行为的形式合理性和形式正义性 在现代社会，个体之间的差异日益凸显，群体利益常有冲突，制定一项人人都满意的规则非常困难。由此，人们对一项规则的内容合理与否虽寄希望，但更多地是通过程序达到另一种正义和心理平衡。

2. 行政程序能使当事人的选择更具有理性 程序为当事人的活动提供了一定的空间、时限，为其提供了一定的行为范围，使程序与选择联系在一起。这就决定了程序必然是法制体系中最生动活泼的领域。

现代程序能在四个方面保障选择合乎理性：其一，程序的结构主要是按照法律职业化的原理形成，专业训练和经验积累使主导和制定法律程序者的行为更加合理化、规范化。其二，程序一般是公开进行的，这使得决策过程中出现的错误容易被发现和纠正。其三，程序创造了一种根据证据材料进行交流、分析的条件和氛围，这样可以使各种观点和方案得到充分考虑，实现优化选择。其四，通过行政行为最终结果的不确定性和行政程序对行政主体作出最终决定的拘束力这两种因素的作用，容易调动程序参与者角色活动的积极性，使其基于自身利害关系而产生强烈的参与行政程序的动机，进而通过自身参与并提出意见来促进选择的合理化。所以程序实际上就是行政主体与行政相对人交涉过程的制度化。在这里，法律的重点不是决定的内容、处理的结果，而是由谁按照什么程序来作出决定。衡量决定的结果是否合理，主要看该决定过程是否切实遵循了一定的程序。

3. 行政程序的完成过程亦即行政法治的实现过程 法治的目标有二：一是公正，二是有序。程序除了能提供有序的决定过程以外，亦能实现相当多的公正。一般而言，由法学家或其他人员针对某一事项事先说出行政裁决的结果是不可能且没有必要的，其所能够做到的是力求完善涉及裁决者选择的各种规则、当事人的行为、证据的接受与运用等方面的程序过程，从而保证行政主体在尽可能公正的前提下作出决定。只有充分参考所有事实因素和证据才能作出一项真正公正的裁决。这些事实因素、证据在各个案件中各不相同，而且在程序开始之前也并不清楚，不能在调查前被全部预知，因此，正义和社会秩序离不开程序规则。

（二）程序法治原则的内容

程序法治原则是行政合法性原则在行政程序领域的具体化。其基本内容包括：

1. 行政机关实施行政行为必须严格按照法律所规定的方式、步骤和顺序进行 任何行政权的实施无论如何都不可能脱离一定的方式、步骤和时限所构成的一个时空范围。因此，没有行政程序就没有行政权。

2. 行政机关行使职权所选择的程序必须具有可行性、科学性，必须有利于保护相对人的合法权益 在现代社会，随着公民基本权利在宪法中的确定，公民作为具有独立人格的主体参与行政权力的运行，由此，保障公民在行政权力运行过程中的权利成了实现行政行为实体目标之外行政程序追求的另一个目标。

---

① 伯纳德·施瓦茨，1986. 行政法［M］. 徐炳，译. 北京：群众出版社：23.

3. 违反法定程序的行为，应予以撤销 违反法定程序的行政机关应承担相应的法律责任。例如前文中提到的，违反法定程序发放许可证的行为，应当予以撤销；违反法定程序作出行政处罚决定的行政机关中的主管人员和其他责任人员会受到行政处分，这类规定都反映了程序法治的基本原则。

二、程序公平原则

程序公平原则是指行政机关在实施行政行为时，要在程序上平等地对待行政相对人，排除各种可能造成不平等或偏见的因素。程序公平原则不仅要求实际上实现的公正，而且还要求使行政相对人对行政行为有一种公正的确信感。

（一）程序公平原则的意义

程序公平原则在两个方面体现出公平的意义：一是在制定相关的法律、法规及其他政策时所凭据的理由应当是公平公正的，依照法定规则和程式，使实体法所规定的权利义务及相应的实体法律关系的公平性或正当性得以实现。二是这个制定和实施过程本身应当是公平的。程序公平对于社会公平正义理念的实现、对于社会的安全运行和健康发展具有不可替代的作用。如果一个社会的法律规范的制定、行政主体行政行为的实施缺少程序公平，甚至搞“暗箱操作”，社会成员对社会的普遍认同程度和信任程度就会迅速降低，社会公正实现过程中的各种问题就会大量出现，社会成员的基本权利就无法得到有效的保障。所以，通过程序公平原则来保障行政主体公平地行使行政权力，是行政主体树立行政权威的源泉，是行政相对人信服行政权的基础，也是行政权具有执行力量的保证。

（二）程序公平原则的内容

1. 行政程序立法中，必须给予行政相对人应有的行政程序权利 由于行政相对人在行政实体法律关系中处于劣势的法律地位，因此，要确保行政相对人能够依法维护自身的合法权益，监督行政主体依法行使行政权，在行政程序法律关系中就必须为行政相对人确立相当的程序权利，同时为行政主体设置相当的行政程序义务，以保障程序公平原则在行政程序立法时得以体现。

2. 行政主体依照法律平等地对待各方当事人，给他们提供同等的机会，并且避免产生偏见的可能 特别是当某些行政机关或有关组织成为行政管理相对人时，也要与其他一般的相对人同等对待。

3. 行政主体所选择的行政程序必须符合客观情况，行政主体采取的程序措施与所欲达到的行政目的必须成比例，使之具有可行性 如果程序措施所花费的成本、对相对人造成的损害程度与达到行政目的所获取的收益、通过限制相对人来维护的公共利益不成比例，那么就不符合行政法上的比例原则，该行政程序便不具有可行性。所以当法律规定行政主体具有行政程序自由裁量权时，行政主体必须充分考虑所选择的行政程序是否与行政目的合乎一定的比例而具备可行性基础。如果行政程序缺乏这种可行性，既不能确保行政主体公平行使权力，也不能使行政相对人维护自身的合法权益。

4. 行政主体所选择的行政程序必须符合规律或者常规，具有科学性 客观规律和常规体现了人们对客观事物的认同性。在行政程序的选择上，如果行政主体违背这种认同性，不仅难以达到行使行政权力的目的，而且可能会引发社会的不满情绪，增加行政主体管理社会事务的难度。所以，行政主体必须受程序公平原则的约束，所作出的行为被社会接受，从而获得社会力量的支持，达到行使行政权的目的。

5. 行政主体所选择的行政程序必须符合社会公共道德，具有合理性 社会公共道德不具有像法律一样的强制性，但它是一个社会发展的基本条件。人们的许多行为在接受法律规范的同时，也受着社会公共道德的约束；而且，社会公众一般对违反公共道德的敏感程度高于违反法律。因此，行政主体的行政行为必须体现社会公共道德所蕴含的公平内容，使行政行为尽可能符合社会绝大部分人的利益和要求。例如在诚信道德方面，行政主体应当在诚实信用的基础上执行公务，并通过对程序的严格遵守来增强公民对政府的信任。

6. 行政主体所选择的行政程序必须符合社会一般公正心态，具有正当性 它要求行政主体必须在公正心态支配下行使行政权。不考虑相关的因素或者考虑了不相关的因素，都是缺乏行政公正性的表现。

三、程序公开原则

程序公开原则是指行政权行使的程序，除涉及国家秘密、商业秘密或者个人隐私外，应当一律向行政相对人和社会公开。行政相对人可以通过参与程序维护自己的合法权益，社会公众可以通过公开的行政程序监督行政主体依法行使行政权力。

（一）程序公开原则的意义

“阳光是最好的防腐剂，路灯是最好的警察。”这句格言表明了公开的重要性。英国大法官休厄特也说过，“公平的实现本身是不够的，公平必须在公开的、在毫无疑问地被人民所看见的情况下实现，这一点至关重要。”可以看出，程序公开原则是行政程序的生命。只有将行政机关的行政活动纳入社会公众的广泛监督之下，才可能在最大程度上防止行政机关滥用职权或徇私舞弊。具体来说，程序公开原则具有以下意义：

1. 程序公开原则有助于平衡行政行为双方的地位 处于弱势地位的相对人能够具有更多的机会了解自身可以享有的陈述申辩、申请听证、提起诉讼等权利，方便其寻找更多的证据，加大处于弱势一方的行政相对人的对抗能力，克服双方地位不平等的弊端。

2. 程序公开原则有利于加强监督，防止行政腐败 通过公开的行政程序，行政主体的行政行为可以更好地被社会知悉，使权力在“阳光下运行”。同时也可以加强行政机关工作人员的责任感，避免“内幕交易”“暗箱操作”等行为对行政权权威和政府公信力的损害。

3. 程序公开原则可以增强民众的法治意识，推进民主进程 通过程序公开来建立法治秩序，能够使公民更加贴近法治生活，培养民众的法治观念，为普通民众提供更多参与行政活动的机会和协助构建法治秩序的渠道，体现了民主精神。

4. 程序公开原则有利于协调效率与公平的关系 在行政程序不公开的情形下，行政机关可能为了追求行政效率而随意简化程序，导致一些暴力行政、非法行政行为的发生，造成行政行为应当遵守的公平正义理念受到破坏。程序公开原则使政府的立法、执法行为充分暴露在公共视野中，能够监督和避免政府因过度追求效率而忽视了公平公正。

（二）程序公开原则的内容

1. 行使行政权的依据必须公开 这里的“依据”包括两方面的内容：其一，如果行使行政权的依据是抽象的，必须事先以法定形式向社会公布。如美国1946年《联邦行政程序法》第552条规定：“不得以任何方式强迫任何人服从应当公布但没有公布于《联邦登记》上的任何文件，也不应使其受到此种文件的不利影响……”如果行使行政权的依据是具体的，必须在作出决定以前将该依据以法定形式告知相关的行政相对人。我国已有这方面的规定，在相关领域可以表现为《农业行政处罚事先告知书》等法定文书的形式要求。

2. 行政信息公开 行政信息公开是行政相对人参与行政程序、维护自身合法权益的重要前提，也是程序公开原则最主要的表现形式。行政机关根据行政相对人的申请，应当及时、迅速地向其提供所需要的信息和资料，除非法律有不得公开的禁止性规定。例如，根据《山东省畜牧兽医局信息公开规定》，公民、法人或者其他组织可以根据自身生产、生活、科研等特殊需要，向畜牧兽医局申请获取相关信息。该规定的第四章“公开程序”中还详细说明了畜牧兽医局信息公开的具体程序。此外，行政信息不公开的范围应当由法律规定，使行政机关尽可能没有自由选择的余地。

3. 行政过程公开 行政过程公开并不是要求行政机关将整个行政程序都让行政相对人或社会公众参与或了解，而是在行政程序中几个决定或可能影响行政相对人合法权利和义务的阶段前后，让行政相对人有参与或者了解的机会。例如，对一些涉及人身权或重大财产权的行政处罚，应在作出决定前采取公开形式（如举行听证会），可以允许一般公众旁听，甚至允许新闻记者采访、报道。而在此之前的一些证据调查、准备活动，就不需要全过程向社会公开。

4. 行政决定公开 行政机关作出对行政相对人合法权益有影响的决定，必须向行政相对人公开，从而使行政相对人获得行政救济的机会。如果应当公开的行政决定没有公开，该行政决定就不能产生法律效力，不具有法律执行力。最典型的一种行政决定公开形式就是行政机关将作出行政处罚决定的有关内容对相对人公开。根据《行政处罚法》第41条，“行政机关及其执法人员在作出行政处罚决定之前，不依照本法第31条、第32条的规定向当事人告知给予行政处罚的事实、理由和依据，或者拒绝听取当事人的陈述、申辩，行政处罚决定不能成立。”

（三）程序公开原则的例外

程序公开是行政机关的义务。原则上，行政机关应该将其掌握的文件资料向公众公开，但有时公开可能涉及国家安全、影响行政效率，或者暴露个人隐私或商业秘密，这时，立法者必须在程序公开的公共利益与不公开的公共利益之间进行平衡。而现代社会则力求在利益平衡中扩大公民对行政的参与，加强对行政机关的监督。因此，在现代社会，程序公开已经成为原则，不公开只是例外。只有在法律明确规定免予公开时，行政机关才能不予公开。如根据美国《信息自由法案》的规定，下列九项内容免予公开：①国防和外交的某些文件；②机关内部人员的规则和习惯；③其他法律规定保密的；④贸易秘密和商业或金融信息；⑤机关内部和机关之间的备忘录；⑥人事、医疗和类似档案；⑦执行法律的记录和信息；⑧关于金融机构的信息；⑨关于油井、地质和地球物理的信息。

我国的《政府信息公开条例》规定，行政机关不得公开涉及国家秘密、商业秘密、个人隐私的政府信息。但是，经权利人同意公开或者行政机关认为不公开可能对公共利益造成重大影响的涉及商业秘密、个人隐私的政府信息，可以予以公开。此外，在同一文件中，如果不能公开的部分与应该公开的部分可以分开，则公众仍然可以了解和取得可以公开的部分内容。

四、程序参与原则

程序参与原则是指行政相对人或其他利害关系人在行政程序中有权对行政行为发表意见并且使这种意见得到应有重视，对行政决定的形成发挥有效作用的原则。

（一）程序参与原则的意义

行政相对人及利害关系人参与行政决定的作出过程，是现代行政民主化的必然要求，也是各国行政程序法普遍承认的原则。该原则的法律价值是使行政相对一方在行政程序中成为具有独立人格和积极意义的主体，而不致成为被行政权随意支配的、被动型的客体。其核心思想在于让那些权益可能会受到行政行为影响的主体获得充分的机会并富有意义地参与作出行政决定的过程，从而对最终结果的形成发挥有效的影响和作用。所以，程序参与原则有两项基本要求：①当事人对行政程序的参与必须是自主的、自愿的，而非受强制的、被迫的；②当事人必须具有能够影响行政决定结果的充分的参与机会，这是程序参与原则的根本意义所在。

（二）程序参与原则的内容

程序参与原则与程序公开原则存在着一定的交叉，但前者更强调行政相对人和利害关系人对行政程序的参与，后者则还涵盖了与行政行为没有直接利害关系、不受行政决定影响的普通民众。程序参与原则可以视为行政相对人及利害关系人依照行政程序法的规定享有的参与行政管理权利的一种体现，一般情况下程序参与原则的内容主要通过以下几种制度表现出来：

1. 听证制度 听证是行政主体在制定规范性文件或作出影响行政相对人合法权益的决定前，由行政相对人表达意见、提供证据的程序以及行政主体听取意见、接受证据的程序所构成的一种法律制度。目前各国的行政程序法尽管内容上存在着差异，但都确立了行政听证制度。例如我国《行政处罚法》第 42 条、《农业行政处罚程序规定》第 59—68 条都规定了行政处罚听证制度。

听证制度有利于行政机关排除偏见，听取对方的意见，使行政行为充分尊重民意，为反映行政相对人及利害关系人的主张和想法创造充分的条件和机会，所以听证制度是公民参与行政程序必不可少的法律保障。此外，听证制度也是行政程序法的核心制度之一，是保障行政程序公开、公平、公正理念实现的一种必不可少的程序参与模式。

2. 咨询制度 这里所说的咨询是指公民就有关自己权益的问题请求行政机关给予说明或答复的行为，而非行政机关向专家、顾问作出的咨询。咨询制度表明公民有权要求行政机关就其行政行为给予说明；除涉及国家秘密、商业秘密和个人隐私外，行政机关应当如实向公民说明其行为的过程、理由和根据。咨询制度实质上也可以看作是一种依申请的信息公开制度，根据新修订的《政府信息公开条例》第 27 条的规定，公民、法人或者其他组织可以向地方各级人民政府、对外以自己名义履行行政管理职能的县级以上人民政府部门（包括派出机构和内设机构）申请获取相关信息。

3. 诉愿制度 它是有关公民向行政机关提出建议、表达愿望的制度。行政机关应给予利害关系人申请发布、修改或废除某项规章的权利。在保证公共事务有秩序进行的前提下，行政行为的利害关系人可以就行政争议中的问题，申请向行政机关或其负责人陈述意见，请求作出修正或裁断。诉愿制度的价值主要体现行政机关自我审查功能上：一方面作出行政行为的行政机关如认为民众提起的诉愿有正当理由，可以自行撤销或变更行政行为；另一方面则是上级机关行政监督权的行使，即上级机关对原处分机关违法或不当的行政处分可以予以撤销或变更。由此可见，我国的申诉制度、行政复议制度实质上都可以视为广义上的诉愿制度。

五、程序效率原则

效率原则是指行政程序中的各种行为方式、步骤、顺序、时限的设置都必须有助于实现基本的行政效率，并在不损害行政相对人合法权益的前提下提高效率。

（一）程序效率原则的意义

没有一定的行政效率就无法实现国家的行政管理，而过分强调效率又必然影响公平的程度。因此，行政程序的目的不仅在于保障行政相对人的合法权益，而且还应兼顾行政效率，在公正与效率之间确定一个适当比例。所以行政程序中必须在建立公平公正原则的同时确立程序效率原则。行政效率是行政权的生命，没有基本的行政效率，就不可能实现行政权维护社会秩序的基本功能。但是，提高行政效率不能以损害行政相对人的合法权益为前提，也不得违反公平原则。

（二）程序效率原则的内容

任何行政行为的作出都必然要经过一定的时间，这一时间期限的设定应该既保证行政效率，又有利于对行政相对人权益的保护。所以在行政程序时间的设定中必须要保有一定的灵活性，以适应行政管理复杂多变的需要。此外，行政程序的设定也要科学、合理，易于为公众所接受，从而促进行政目标的实现。程序效率原则具体可以表现为以下几种制度：

1. 时效制度 它是指行政主体或行政相对人在法定期限内不作为，待法定期限届满后即对之产生相应不利的法律后果。行政主体一方如果在法定期限内不行使职权，在法定期限届满后就不得再行使，同时应当承担相应的行政责任。例如《重大动物疫情应急条例》第 17 条规定“县（市）动物防疫监督机构接到报告后，应当立即赶赴现场调查核实。初步认为属于重大动物疫情的，应当在 2 小时内将情况逐级报省、自治区、直辖市动物防疫监督机构，并同时报所在地人民政府兽医主管部门”，此处的“2 小时”就是一种“时效”，超过该时效就应当按照该条例第 42 条的规定承担相应的法律责任。如果行政相对人违反时效规定，那么相对人在法定期限届满后即丧失权利，或者要承担相应的法律后果。例如在《行政处罚法》规定的听证程序中，“当事人要求听证的，应当在行政机关告知后三日内提出”，如果相对人由于某些非法定事由或自身因素超出该时限，则丧失了提出听证要求的权利。

2. 代理制度 此处的代理制度不同于民法领域常见的委托代理、法定代理，而是指为了提高行政效率的需要，将部分行政职权和行政职责交由其他组织、机构或个人代理，代为实施行政行为的制度。行政法上代理制度实际上是行政委托的一种具体表现形式，发生的前提是这种法定的职权或义务具有可替代性，否则代理制度不得使用。

3. 不停止执行制度 它是指行政相对人因不服行政决定而提起申诉后，除法律规定的情形外，行政决定必须执行。为了保障行政行为得到迅速执行，各国在确立申诉制度的时候，大都以申诉不停止执行为原则。但是，为了保障公民权益，防止公民被侵害的权益难以恢复的情况发生，各国一般都有“但书”性质的规定，例如《行政复议法》第 21 条就是专门针对“行政相对人申请停止执行”或“行政机关认为需要停止执行”等可以停止执行情形的规定。

4. 紧急处置制度 它是指行政机关在法定的特殊情况下，可以省略某些程序而采取紧急措施的制度。这一制度要求，行政程序法应当为行政机关应付突然事变或紧急情况留有余地；省略法定程序的情况应当由法律具体地加以设定；权限争议未裁定之前，如有可能导致难以恢复的重大损害发生，作为该权限争议当事人的行政机关可作临时紧急处置，但应及时将其主旨通知对方机关；在紧急情况下，行政机关可以就该处分宣告其要旨，述明其理由，而省略通知和传唤程序。《重大动物疫情应急条例》第 4 章“应急处理”中关于人民政府采取应急控制措施的相关规定，就是紧急处置制度的一种体现。

此外，为了提高行政效率，一些国家还设立了排除行政障碍制度、职务协调制度、行政决定转换与补正制度、催促制度等，虽然这类制度的名称不同、形式不同、程序也不尽相同，但本质上都是程序效率原则所衍生出的制度。

第四节 行政程序法的基本制度

行政程序法的基本制度，是指在行政程序中具有相对独立性，起着连接各个行政程序阶段的桥梁作用，对整个行政程序具有重要影响的规则体系。行政程序法的基本制度具有较强的规范性、确定性和可操作性。行政程序法的基本制度的规范性是指违反基本制度的内容将会直接导致法律后果，因而区别于行政程序法的基本原则。这是因为行政程序法的基本原则本身并非具体的法律规范，而行政程序法的基本制度却是由具体的法律规范构成的。同时，行政程序法的基本制度相比基本原则具有更显著的确定性，指构成基本制度的法律条款具有完善的行为模式和法律后果，而且行政主体具有明确的权利和义务。所以，行政程序法的基本制度在具体的适用上比起基本原则更加便捷、明确。

当然，行政程序法的基本原则和基本制度也是紧密联系、相辅相成的。行政权力运行需要基本的程序制度来规范，行政程序法的基本原则也需要基本的程序制度来实现。一方面，行政程序法的基本原则的精神可以通过其基本制度表现出来并运用到实践中，使抽象的法律精神转化为具体的法律规范，成为行政主体共同遵守的行为准则。另一方面，行政程序法的基本制度是由行政程序法律规范构成，而行政程序法律规范又是从行政程序法的基本原则中推导出来的，所以行政程序法的基本制度对其基本原则具有阐释作用。

行政程序法的基本制度主要包括信息公开制度、职能分离制度、听证制度、回避制度等。

一、信息公开制度

（一）信息公开的概念

信息公开也可以称为情报公开、情报自由，是指凡是涉及行政相对人权利、义务的行政信息资料，除法律规定须保密的以外，有关机构均应依法向社会公开，任何公民或组织均可依法查阅或复制。在信息公开制度中，行政相对人通过预设的程序，从行政主体那里获得其参与行政程序、维护自身合法权益或者公共利益所需要的信息资料，如果没有法律禁止公开这部分材料，则行政主体应当无条件地提供。行政信息的范围包括有关法律、法规、规章、行政决策、行政决定、行政机关据以作出相应决定的有关材料、行政统计资料、行政机关的有关工作制度、工作规则等。

信息公开制度起源于200多年前的瑞典。1776年，瑞典《出版自由法》规定，普通市民与议员一样享有要求法院和行政机关公开有关文书的权利。对当代各国信息公开制度影响最大的则属美国1966年制定的《信息自由法》。此后，各国纷纷制定相关法律，使信息公开制度成为当代各国公法领域中最有创造性的一项制度。

信息公开制度在行政程序法中的价值在于有利于保障公民的合法权利，给公民提供了知政、参政的渠道，也有利于清除腐败。因此，信息公开制度是将政府置于社会公众监督之下的重要制度，能够增进公民对政府的信任，加强公民和政府之间的沟通与合作，调动公民参与行政的积极性。由此可见，信息公开制度是现代行政程序的重要制度之一，是行政相对人参与行政的体现，是行政公开原则的重要内容和必要保障，是现代行政民主、行政法治精神发展的直接结果，更是民主的基石之一。

（二）信息公开制度的内容

信息公开制度的内容，主要包括法律依据、信息公开的形式、申请公开的程序、信息公开的例外、救济制度等方面。

1. 法律依据 制定单行信息公开法是各国行政法治发展的大势所趋。信息公开法主要规定信息公开的范围、程序、方式、救济机制、机构设置等，以规范行政机关的行为，协调信息公开制度与其他法律制度的关系，全面保障公民知情权的实现。此外，对于某些特殊问题，如商业秘密保护、国家秘密保护、政府信息的版权保护、个人隐私保护、档案管理、网络管理、数据库保护等，则要制定相关的法律规定。只有这样，才能以信息公开法为主干，以其他相关法律为辅助，建立科学的信息公开制度。我国当前动物卫生领域信息公开制度的法律依据主要来源于《政府信息公开条例》的总体规定和散见于《动物防疫法》《重大动物疫情应急条例》等法律法规中的具体条款。

2. 信息公开的形式 根据《政府信息公开条例》对公开形式的规定，我国信息公开的基本形式有两种：一是政府主动公开相关信息，主要包括“涉及公众利益调整、需要公众广泛知晓或者需要公众参与决策的政府信息”，具体可以参考该条例第20条、第21条的列举性规定。主动公开的形式可以通过“政府公报、政府网站、互联网政务媒体、新闻发布会以及报刊、广播、电视”等途径完成。二是民众申请政府机关公布相关信息，主要包括除了“行政机关应当主动公开的政府信息”之外的信息。信息公开申请既可以通过信件、数据电文等书面形式提出，也可以在采用书面形式确有困难的情况下以口头方式提出。

3. 申请公开的程序 第一，当事人必须向拥有信息的特定行政机关提出申请，包括地方各级人民政府、对外以自己名义履行行政管理职能的县级以上人民政府部门（含《政府信息公开条例》第 10 条第 2 款规定的派出机构、内设机构）。第二，申请书必须符合一定的要求，应当包含能够表明申请人身份的信息、申请公开的政府信息的内容描述（包括名称、文号或者便于行政机关查询的其他特征性描述）、信息的用途、获取信息的方式途径以及提出申请的法律依据或理由等内容。第三，行政机关收到申请后，应决定根据什么标准进行收费。通常对一般申请者不收取任何费用，而对于申请公开政府信息的数量、频次明显超过合理范围的专门信息经营者，则可以收取一定的信息处理费。第四，行政机关应在收到申请后的特定时限内作出是否提供信息的决定。能够当场答复的；应当当场予以答复；不能当场答复的，需要在特定的时限内作出答复或延长答复的决定。也就是说，行政机关对其拥有的被申请的信息，根据该信息的性质以及申请者的情况，行政机关作出的最后决定既可以是提供，也可以以该信息属于例外情形、申请理由不合理或其他不符合公开条件的原因为由不予提供，甚至在一些特殊情况下（如正在侦破中的重大刑事案件）可以否认其存在。因此，信息公开制度中还有一个重要领域就是哪些信息属于信息公开的例外。

4. 信息公开的例外 一般的行政信息经当事人申请都应该向社会提供，但某些行政信息可能属于例外而不予提供，这是各国的通例。当然，例外的范围在不同国家有些差别。通常，根据我国《政府信息公开条例》，以下种类的信息属于公开的例外：

（1）依法确定为国家秘密的政府信息，法律、行政法规禁止公开的政府信息，以及公开后可能危及国家安全、公共安全、经济安全、社会稳定的政府信息，不予公开。例如，政府有关国防安全问题的保密文件就不应当予以公开。

（2）涉及商业秘密、个人隐私等公开会对第三方合法权益造成损害的政府信息，行政机关不得公开。例如关系到某个企业的商业秘密的信息、金融信息等。这部分信息的公开例外并不是绝对的，如果信息涉及的第三方同意公开或者行政机关认为不公开会对公共利益造成重大影响的，则可以予以公开。

（3）行政机关的内部事务信息，包括人事管理、后勤管理、内部工作流程等方面的信息，可以不予公开。例如，行政机关内部的人事规则与制度、行政机关的内部联系等。

不过，即使是属于例外范围的信息，如果加以公开不会对国家安全或社会造成损害，行政机关也可以公开其中的某些材料。并且，如果可以将行政信息中的公开例外部分与非例外部分分开，则行政机关经过一定的技术处理后应该将非例外的部分对社会公开。

5. 救济制度 信息公开制度的实现很大程度上取决于救济制度是否有效，即当行政机关拒绝提供信息时，当事人是否可以通过一定的法律途径对行政机关的决定提出异议。

对此，各国通常有三种不同的做法：一是通过议会监察专员制度或者特设的议会委员会进行干预，如北欧国家与加拿大；二是通过行政机关内部的复议或者审查机制进行干预，如美国的纽约州与康涅狄格州；三是通过普通法院的司法审查进行干预，大部分普通法国家都是这样。

我国的信息公开救济制度更类似于第二种和第三种方式的结合。一方面对于申请被拒绝的情况，在我国过去的信息公开制度中，并没有规定当事人可以因为信息公开申请被拒绝而有权提起行政复议或者行政诉讼，或者赋予其其他的途径来实现自身权利的救济。但在最新修改的《政府信息公开条例》第47条中，补充规定了“公民、法人或者其他组织认为行政机关未按照要求主动公开政府信息或者对政府信息公开申请不依法答复处理的，可以向政府信息公开工作主管部门提出。政府信息公开工作主管部门查证属实的，应当予以督促整改或者通报批评”，也就是说，公民对于申请信息被拒绝的情况可以通过提起申诉的方式来维护权利。另一方面，行政相对人对于信息公开工作中行政机关侵犯其合法权益的，则可以向上一级行政机关或者政府信息公开工作主管部门投诉、举报，也可以依法申请行政复议或者提起行政诉讼。

二、职能分离制度

（一）职能分离的概念

职能分离的概念有广义和狭义之分。广义的职能分离是指行政机关的不同工作因其性质的不同而必须由不同的部门或人员来完成，以避免因职能合并而导致的工作人员主观臆断或偏见影响到行政行为的结果。狭义的职能分离，即典型的职能分离，是指行政机关在作出行政决定或举行正式听证时，其机构或者人员不能从事与裁决和听证行为不相容的活动，以保证裁决和听证的公正。我国主流观点对职能分离的理解更贴近于广义的概念。一般来说，我国设立职能分离制度就是为防止行政机关及其工作人员以权谋私和滥用职权，侵犯相对人的合法权益，从而将行政机关某些相关联的职能加以分离，使之分属于不同的机关或不同的工作人员掌管和行使。例如行政机关在实施行政处罚时，其调查、控告职能应与作出处罚决定的职能分离，将这两种职能分属于不同的机构或不同的工作人员。

职能分离制度源于自然公正原则，其用意在于避免职能过度集中以致当事人不能得到公正对待的行政专制主义。如果按照自然公正原则的通俗表述，职能分离的一个重要制度来源就是：人不能当自己的法官。在行政程序中，当事实的调查和裁决集中于一个人时，行政相对人几乎不可能得到公正的待遇，这属于典型的行政专制主义。如果事先参与调查行政事实的行政执法人员主持行政相对人进行的申辩和质证，则其必然着重以其调查的证据作为裁决的基础，而忽视行政相对人所提出的证据和反驳意见。甚至有可能行政执法人员通过秘密调查获取而没有经过行政相对人质证的证据，也被当作裁决的基础。这对行政相对人来说是很不公平的。行政执法人员事先参与调查和追诉，对于案件的处理很难处于一种脱离于双方关系之外的超然的客观心理状态，而这种超然心理状态却是公正的听证和裁决所必须具有的条件。

当然，职能分离制度也存在着一些缺点。由于行政机关活动需要知识性、专业性、效率性，事无巨细一律实行职能分离原则不仅会导致行政机关失去活力，使社会利益受到影响，而且由于行政资源的客观限制，事实上也很难做到绝对的职能分离。所以，职能分离只是行政程序法对重要行政行为的原则性程序要求。

（二）职能分离的模式

职能分离制度包括完全的职能分离和内部的职能分离两种基本模式。

1. 完全的职能分离 完全的职能分离，是指行政案件的调查、审查与裁决，分别交由两个相互完全独立的机关来行使的一种制度。完全的职能分离是一种司法色彩浓重的分权模式，主要见于美国联邦行政程序法制定以前，作为解决职能分离问题的一种方案。但是，由于这种方案有悖于英美法系国家的司法传统，没有为美国联邦行政程序法所采纳。同时，因为这种模式由于过分强调了行政案件中审查权与裁决权的分离，既可能会因多设机构增加财政负担，也可能会导致行使裁决权的机构因缺乏行政专业知识而不能正确地裁决案件。所以，它也很少为各国制定的行政程序法所采纳。

2. 内部的职能分离 内部的职能分离，是指在同一行政主体内部，由不同的机构或人员分别行使案件调查、审查权与裁决权的一种制度。内部职能分离是基于处理行政案件需要行政专业知识、提高行政效率这一特点而设置的。例如，在当前动物卫生监督执法机构中设立稽查科和动物防疫监督科分别承担调查和监督管理职能，就是行政主体内部职能分离的模式。

尽管从行政相对人的角度来看，行政主体内部的职能分离虽然可能有违背自然公正原则之嫌，但与职能不分的做法相比，还是有了很大的进步。加之有司法审查制度作为事后救济的手段，行政相对人的合法权益能够得到法律保障。需要指出的是，内部的职能分离仅仅是指行政机关执行层级的分离，在行政机关决策层级，不发生职能分离的问题。

我国《行政处罚法》集中规定的两种职能分离制度，都是内部的职能分离。第一，行政案件的调查与行政处罚的决定相分离。在行政处罚的普通程序中，规定由执法人员调查或检查、收集证据，而由行政机关负责人对调查结果进行审查并作出处罚决定，重大复杂的违法行为导致的行政处罚还应由行政机关负责人集体讨论决定。第二，决定行政罚款的机关与收缴罚款的机关相分离。罚款这一行政处罚具有特殊性，极易导致各种形式的腐败。因此，我国《行政处罚法》规定，除个别情形外，作出罚款决定的机关不得自行收缴罚款，由当事人在规定时间内到指定的银行交纳罚款。同时，罚款必须上缴国库，任何行政机关或个人都不得以任何形式私分截留。

三、听证制度

（一）听证的概念

听证，是指行政机关在作出有关行政决定之前听取行政相对人的陈述、申辩、质证的程序。行政机关在作出一项行政决定之前，应当给予行政相对人参与并发表意见的机会，或者行政机关的决定对行政相对人有不利影响时，必须听取行政相对人的意见，不能片面认定事实，剥夺对方辩护的权利。听证的目的在于赋予行政相对人了解行政决定所依据的事实、理由并为自己辩护的权利，以促进行政活动的公正性。

西方发达国家的行政程序法中大多规定了听证制度，具体称谓有差别，有的称为听证，有的称为申辩。它被认为是保障公民权益、防止行政专横、减少行政争议的有效途径。在实施行政行为时允许行政相对人与执法人员当面对质、辩论，对澄清事实、防止主观臆断是有积极作用的。这种制度对行政执法人员也是一种制约。

世界各国的经验证明，在行政行为过程中运用听证程序，合法、公开、公正和高效地处理行政案件，是市场经济和民主政治条件下行使国家行政权的最为有效的方法。行政程序中的听证程序对于完善行政程序的公正与公开机制具有重要作用。为了适应世界的发展趋势，完备我国的行政体系，我国也结合自己的国情建立了行政行为中的听证程序。

由于听证程序在行政程序中处于基础关键的地位，它能够为行政程序的各个方面带来益处。第一，它有利于行政机关客观、全面地弄清案件事实，听取行为人的意见，获取证据并准确地适用法律，从而使行政机关作出的行政决定更具有合法性和公正性，从而提高行政机关的办事效率和执法水平。第二，由于大部分行政案件在经过听证程序后，即可作出合法、公正的处理，因此减少了行政复议案件和行政审判案件的数量，便于强化行政机关内部的自我约束和自我监督。第三，经过听证程序处理的行政案件即使进入到行政复议或者行政审判阶段，也在取得证据、认定事实、使用法律和作出处理方面奠定了基础。此外，由于听证可以公开举行，便于行政相对人了解案情，便于人民群众对行政机关的执法活动进行监督，也有利于进行社会主义法制宣传和教育。

听证程序是行政程序的核心内容，是通过公正、公开、民主的方式达到行政目的的重要程序。但是，听证程序也有烦琐复杂的问题，如果所有的行政行为都适用听证程序，势必影响行政效率。而且从行政实践中也可以看出，听证程序的实际适用范围较为有限。

（二）听证制度的基本内容

1. 听证程序的告知和通知 听证程序的告知即告知权利，是指行政机关在规定或法定期限内依法告知行政行为利害关系人有要求举行听证的程序性权利；通知是行政机关将有关听证的事项在法定期限内通知利害关系人，以使利害关系人有充分的时间准备参加听证。告知和通知在行政程序中是行政机关的法定义务，发挥着行政机关和行政相对人之间的沟通作用，是听证中不可缺少的程序。

2. 听证程序的主持人 听证程序应由行政机关中具有相对独立地位的专门人员或者部门来主持。他们应是行政机关中非直接参与案件调查取证的人员或者单位，并且这些部门或者人员有权力也有职责独立办案，不受来自各方面的干扰，可以客观、公正地依据事实和法律作出判断。案件的调查取证人员、行为人的近亲属、与案件处理结果有利害关系的人员不得被任命为听证主持人。

3. 听证程序的当事人和其他参加人的权利义务 听证程序的当事人是指参加听证的行政机关和申请听证的行政相对人。在听证程序中，双方权利义务平等。他们都有权参加听证的辩论，提出有关证据，提出回避申请等，也有义务遵守听证的秩序，听从听证主持人的决定。为了保护行政相对人的合法权益，行政相对人还有申辩权及辩论后的最后陈述权。如果行政相对人无正当理由不参加听证，应视为放弃听证。此外，由于行政相对人并不一定都能自如地运用法律维护自己的合法权益，因此，应当允许其获得必要的法律帮助。在听证中，行政相对人可以委托代理人参加听证，以维护自己的合法权益。当然，行政主体为了对行政行为和相关事项作出更好的解释说明，同样可以委托代理人参加听证。

除了行政主体和行政相对人之外，与处理结果有直接利害关系的第三人也有权要求参加听证。有直接利害关系的第三人是指除了行政相对人之外，自身合法权益也受到案件处理结果或者最终行政决定直接影响的公民、法人或其他组织。例如，经行政许可设立一个动物养殖场，则该养殖场在经营活动中就可能会导致周边产生环境污染、噪声和安全问题，对附近居民的生产、生活环境带来直接影响，则此时受到影响的居民就是与该行政许可的结果有直接利害关系的第三人。在听证中，第三人享有与行政相对人相同的权利并承担与行政相对人相同的义务。

4. 听证的一般步骤 听证大致按以下的步骤进行：①听证主持人宣布听证会开始；②行政机关陈述处理意见及作出行政处理决定的理由；③听证主持人询问行政相对人、证人和其他人员并出示有关证据材料；④行政相对人从事实和法律上进行答辩或申辩；⑤行政机关和行政相对人就与本案有关的事实与法律问题进行质证；⑥辩论结束后，行政相对人作最后陈述。

5. 证据审查 证据包括证人证言、物证、书证、行政相对人陈述、勘验笔录、视听材料等。所有与认定案件的主要事实有关的全部证据都必须在听证中出示，并经认定、鉴定及质证，否则，不得作为认定案件事实的依据。

6. 对抗辩论 对抗辩论是指由行政机关提出作出行政决定的事实和法律依据，行政相对人对此提出质疑和反驳。对抗辩论贯穿于听证的始终，能够使案件事实更趋于真实可靠。

7. 听证记录 听证必须制作记录（笔录）。一般来说，听证记录应包括参加听证人员的基本情况、听证的时间和地点、当事人的陈述、提出的证据等，并由当事人核对无误后签字或盖章。

听证记录是行政机关作出行政决定的依据之一，其对行政机关的约束力有两种：一种是听证记录对行政机关的决定有一定的约束力，但行政机关不是必须完全以听证记录为根据作出行政决定；另一种称为案卷排他性规则，又称“唯一专有记录”，是指行政机关的行政决定必须根据听证记录的案卷作出，不能在案卷之外，以当事人不知道或没有论证的事实作为根据，否则，行政决定无效。我国采取的是案卷排他性规则。案卷排他性规则是听证的核心内容，其目的在于维护听证的公正性。如果行政机关可以根据听证以外的证据作出决定，听证就会毫无意义。

8. 作出行政决定 听证终了后，应该由主持听证的人员或者部门向实施行政行为的行政机关提出行政决定建议。

9. 公开举行 听证一般公开进行。任何人员都可以参加，也可以进行宣传报道。举行听证的行政机关要在举行听证前的适当时间内，把举行听证的时间、地点、案由公之于众。但是，若公开举行听证有可能损害公共安全和相对人的合法权益，或者在法律、法规规定的其他情况下，行政机关可以作出不公开举行听证的决定。也就是说，除涉及前文所述国家秘密、商业秘密和个人隐私等情形外，听证都应当公开进行，让公众有机会了解行政机关的行政决定作出的过程，从而监督行政机关依法行政。

10. 费用 根据《行政处罚法》第 42 条、《行政许可法》第 47 条等条款的规定，当事人不承担行政机关组织听证的费用，听证费用一般由国库承担。

四、回避制度

（一）回避制度的概念

回避制度是指为了防范和限制国家公务人员利用职权徇私舞弊而建立的一种制度，主要指行政主体的公务人员在行使职权过程中，因与所处理的事项有利害关系，为保证实体处理结果和程序进展的公正性，依法终止其对该事务的处理而由他人代替的一种法律制度。

回避制度的法理基础同样来源于普通法上的自然公正原则，即“任何人都不得做自己案件的法官”，此时对“自己案件”的判定范围扩展到与相关公务人员有亲属关系、利害关系的人。可见，自然公正原则的两个要求——“在作出对当事人不利的决定前，应听取当事人的意见”和“任何人都不得做自己案件的法官”分别能够体现于行政程序法的听证制度和回避制度之中。

回避制度的价值就在于它有利于排除与所处理的事项有利害关系的行政人员主持行政程序，从而实现行政公正；有利于增加相对人对行政机关的信任感，保证行政管理活动的顺利进行。

（二）回避制度的内容

回避制度是在世界范围内获得行政程序法普遍认可和应用的基本制度。世界上许多国家对公职人员都有关于回避的规定和制度。一般来说，回避制度的具体内容包括两个方面，即对任用的限制和对执行公务的限制。

1. 对任用的限制 对任用的限制又包括任职回避和地区回避，主要见于《公务员法》第 74 条、第 75 条的相关规定。前者是指不允许有亲属关系的公务人员在同一单位任职或在同一系统中担任具有上下级关系、监督关系的职务。《公务员法》第 74 条规定，“公务员之间有夫妻关系、直系血亲关系、三代以内旁系血亲关系以及近姻亲关系的，不得在同一机关双方直接隶属于同一领导人员的职位或者有直接上下级领导关系的职位工作，也不得在其中一方担任领导职务的机关从事组织、人事、纪检、监察、审计和财务工作。”一般情况下，是职务较低的一方，或由任免机关决定某一方进行职务回避。地区回避则主要是指限制公职人员在其家乡所在地担任乡级机关、县级机关、设区的市级机关及其有关部门主要领导职务。

2. 对执行公务的限制 对执行公务的限制即公务回避，要求公职人员在执行公务时，若遇到处理与自己有亲属关系的当事人的问题，应当请他人处理，本人不得参与，也不得施加影响。公务回避一般是先由公务员自行申请或领导督促回避，再经有关领导批准。在公务员没有主动申请回避的情形下，当事人及其法定代理人也有权要求其回避。

现代人事回避制度的基本内容包括对回避种类、回避范围、回避事项的规定及其他有关的回避规定。近几年回避制度正在成为我国现代人事制度的一项重要内容，它对进一步完善我国的干部制度、加强民主监督、防止和减少滥用权力现象的发生具有重要作用，同时也是加强廉政建设的有效措施。

五、其他基本制度

由于大量研究人员和地方政府部门在学理划分、实践操作等方面的不同习惯等因素，除上述四项基本制度之外，还衍生出其他几项行政程序法基本制度。

（一）告知制度

告知制度是指行政主体在作出行政行为时，将有关事项告诉相对人的制度。告知制度的内容有：①告知决定。如告知受理或不受理、告知许可或不许可、告知是否给予处罚或处罚轻重等。②告知权利。如告知相对人有为自己辩护的权利、获得救济的权利等。③告知其他事项。如告诉听证会的时间、地点等。

（二）说明理由制度

说明理由制度是指行政机关在作出影响相对人权利义务的决定时，要说明作出该决定的事实依据和法律依据的制度。说明理由制度的内容有：①行政行为的合法性理由。用以支撑行政行为合法性的事实依据和法律依据，即为行政行为的合法性理由。②行政行为的正当性理由。用以支撑行政行为自由裁量合理的事实依据和法律依据，即为行政行为的正当性理由。

（三）权利救济制度

权利救济制度是指在相对人不服行政主体作出的影响其权利义务的行政决定时，法律应为其提供救济的途径与机会，由法定机关对原行政决定进行审查并作出裁决的制度。权利救济制度的价值在于：第一，为行政行为提供重要的监督机制和信息反馈机制，可以随时发现并纠正行政行为的错误；第二，为行政相对人的合法权益提供保障机制，当相对人的合法权益受到行政行为违法或不当侵害时，可以通过救济制度对其利益及时补救。

DI-SHIYI ZHANG

第十一章 11

行政违法与行政责任

行政违法是违反行政合法性原则的行政行为，行政不当是违反行政合理性原则的行政行为。行政违法和行政不当是引起相应主体承担行政责任的原因与前提。行政法设立行政责任制度的目的就是为了防止和纠正行政违法和行政不当，并对行政违法和行政不当所侵害的行政法律关系及对行政相对人造成的损害给予法律上的救济。本章主要介绍行政违法、行政不当以及行政责任的基本内容，主要包括行政违法、行政不当的概念与特征，行政违法与行政不当的区别，行政责任的界定、基本特征，行政责任的分类、构成要件，以及行政责任的免除与承担等内容。

第一节　行政违法与行政不当

一、行政违法

（一）行政违法的界定

关于行政违法的含义，有广义和狭义之分。广义上的行政违法是指行为主体违反行政法律规范侵害受法律保护的行政关系尚未构成犯罪的违法行为，既包括行政机关违反行政法律规范的行为，也包括公民、法人或者其他组织违反行政法律规范的行为。狭义上的行政违法则仅指行政机关及其工作人员即行政权行使主体违反行政法律规范侵害受法律保护的行政关系尚未构成犯罪的违法行为，不包含公民、法人或者其他组织的违法行为。需要说明的是，由于行政机关的职权行为是通过其工作人员具体作出并实施的，因此就存在行政机关工作人员的行政违法问题。行政机关工作人员的行政违法是指行政机关工作人员在行使行政职权的过程中，违反行政法律规范侵害受法律保护的行政关系尚未构成犯罪的有故意或者重大过失的行为。本节所涉行政违法特指狭义上的行政违法。

（二）行政违法的特征

1. 行政违法的主体是国家行政机关及其工作人员　这是行政违法区别于刑事违法和民事违法的重要特征，例如，滥用行政职权与行政失职均以行政机关及其工作人员为主体。

2. 行政违法是违反行政法律规范的行为　首先，行政违法是违反行政法律规范的行为而不是违反纪律的行为；其次，行政违法是违反行政法律规范的行为，而不是违反其他法律规范的行为。这一特征不仅使行政违法区别于其他违法行为，而且区别于违反纪律的行为。

3. 行政违法是尚未构成犯罪的行为　行政违法与犯罪有本质区别：①危害程度不同。一般而言，行政违法比犯罪危害程度小。②后果不同。行政违法引起行政责任，犯罪引起刑事责任。同时，行政违法与犯罪又有联系：行政违法若情节严重，危害程度大，则会构成犯罪，例如，行政机关工作人员的失职行为通常属于行政违法，但是，在失职行为造成严重后果的情况下，这一行为则构成犯罪。行政法上的行政违法仅限于尚未构成犯罪的违法行为。

4. 行政违法必然导致行政法律责任　“违法必究”是社会主义法制的基本要求之一，因此，任何行政违法主体都必须对其违法行为承担相应的法律责任。行政违法引起的责任是行政法律责任，而不是刑事责任或民事责任。

（三）行政违法的构成

在实践中，要正确地认定行政违法，从而确定违法主体应负的法律责任，就必须分析行政违法的构成要件。所谓行政违法的构成要件，是指由行政法所规定的，构成行政违法所必须具备的一切客观和主观要件的总和。构成行政违法的行为必须同时具备以下几个要件：

1. 行为人必须是行政机关或其工作人员 其他国家行政机关或其工作人员的违法行为不构成行政违法，如审判人员滥用司法裁量权不构成行政违法。

2. 行政机关或其工作人员具有相应的法定义务 违法行为就其本质而言，是指不按规定履行、不履行以及怠慢履行法定义务的行为。因此，要确定某一行为是否构成行政违法，首先要看行政机关及其工作人员是否具有职务上的义务（职责）。没有职务上的义务，就不会构成行政违法。依法行政原则要求行政机关及其工作人员做到：履行职务，不失职；遵守权限，不越权；正当行使权利，不滥用职权。不同的行政机关及其工作人员往往具有不同的职务上的义务，特定的法律法规所规定的义务，往往只要求特定的行政机关或者特定的工作人员履行，对某一机关或工作人员适用的义务，并不一定适用于另一机关或工作人员。构成行政违法所要求的义务必须是法律法规明确规定适用于某一行政机关或者工作人员的义务，行为人具有相应的法定义务是行政违法的前提条件。

3. 行政机关及其工作人员有违反或不履行法定义务的行为或者不作为 由于行政机关的职权同时表现为职责，其职责所确定的义务也就有不作为的义务和作为的义务，行政违法是行政机关不按规定履行法定义务的作为和不作为行为。

以上条件必须同时具备，才能构成行政违法。此外，行政机关工作人员违法还必须具备行为人的过错要件。从理论上讲，任何行为都是人的有意识的活动。过错是指行为人作出行为时的心理态度，分为故意和过失。故意是指行为人明知自己的行为会造成危害社会的结果，且希望或者放任这种结果发生的心理态度。过失是指行为人应当预见到自己的行为可能造成危害社会的结果，因为疏忽大意而没有预见或者已经预见而轻信能够避免这种结果发生的心理态度。

（四）行政违法的分类

对行政违法进行科学的分类，有助于正确地认定和处理行政违法案件。从不同的角度可以对行政违法作不同的划分。

1. 根据违法行为主体的不同，行政违法可分为行政机关的违法和行政机关工作人员的违法。行政机关是行使国家行政权的主体，它行使行政职权的行为是通过其所属工作人员的行为表现出来的。当行政机关工作人员依行政机关的意志进行活动时，该行为属于行政机关的行为，若构成违法，则属于行政机关违法；该工作人员若对此行为存在故意或过失，行政机关和该工作人员均构成违法。当行政机关工作人员违背其所属机关的意志进行活动时，若构成违法，则属于该工作人员违法。由于行政机关的违法和行政机关工作人员的违法在判断标准、法律后果等方面均不相同，区别行政机关的行政违法和行政机关工作人员的行政违法在行政实务上具有重要意义。

2. 根据行政违法侵犯的客体（法律所保护的行政关系）的不同，行政违法可分为侵害人事、经济、治安、民政、司法教育、科技、文化、卫生、体育等行政关系的行政违法。

3. 根据违法行为的方式和状态的不同，行政违法可分为作为行政违法和不作为行政违法。

4. 根据行政违法行为的内容和形式的不同，行政违法可分为实体上的行政违法和程序上的行政违法。前者是违反行政实体法的行为，后者是违反行政程序法的行为。实体上的行政违法又可分为行政失职、行政越权、滥用职权等；程序上的行政违法可分为形式违法、步骤违法和过程违法等。

二、行政不当

（一）行政不当的概念与特征

行政不当，或称行政失当，是指国家行政机关及其工作人员行使职权的行为，虽不构成违法，但不合情理，即违反行政合理性的要求。如处罚主体作出的行政处罚虽在法定幅度内，但存在畸轻畸重等不合理情形。行政不当主要发生在自由裁量行政行为中，但行政行为明显失当的，也会视同为行政违法。

行政不当具有以下法律特征：①行政不当以合法为前提。行政不当是行政行为在合法范围内的失当，而不是在合法范围外的失当。②行政不当侵害的是行政关系的合理性。也就是说，行政不当只发生在自由裁量行政行为中，不发生在羁束行政行为中。

（二）行政不当的分类

1. 根据行政自由裁量权的范围划分

（1）主体不当　指行政主体及其工作人员所选择的行政法律关系的另一方不当。例如，行政主体对甲作出某一行政行为比对乙作出该行政行为更合理，但行政主体却对乙而未对甲作出该行政行为。

（2）时间不当　指行政主体及其工作人员实施某一行政行为所选择的时间不当。例如，行政主体放弃更为恰当、合适的时间，而选择了某一不恰当、不合适的时间实施了某种行政行为。

（3）地点不当　指行政主体及其工作人员实施某一行政行为所选择的地点不当。

2. 根据行政自由裁量权的内容划分

（1）权利赋予不当　包含两种情况：一种是权利赋予对象不当，即在把某一权利赋予几人中的一人时未做出恰当的选择；另一种是权利赋予量不当，即未根据实际情况赋予不同相对人适当的权利。

（2）义务科以不当　这里也包含两种情况：一种是义务科以对象不当，另一种是义务科以量不当。例如，某市需抽调一批动物防疫技术人员前往疫情处置前线，有关领导指定一名年过花甲且体弱多病的同志前往参加染疫动物扑杀工作，而不指定年富力强的中青年同志参加，则属于义务科以对象不当。

三、行政不当与行政违法的区别

行政违法行为是违反行政合法性原则的行政行为，行政不当行为是违反行政合理性原则的行政行为，它们都是有瑕疵的行政行为。行政违法与行政不当有较大的区别，具体表现在：

1. 侵犯的行政关系的性质不同 行政违法侵犯的是行政关系的合法性；行政不当侵犯的是行政关系的合理性。

2. 发生范围不同 行政违法则既可能发生在自由裁量行为中，也可能发生在羁束行为中；而行政不当仅发生在自由裁量行为中，不发生在羁束行为中。

3. 法律责任不同 行政不当并不必然导致行政责任，只有在法律规定的条件下，行政主体才承担相应的行政责任，而且即使行政不当行为人必须依法承担行政责任，一般仅承担补救性行政责任，特殊情况下也可能承担惩罚性行政责任；但行政主体的行政行为如果是违法的，违法行为人必须承担由此引起的行政责任（包括补救性行政责任和惩罚性行政责任）。

4. 法律效力不同 行政不当并非绝对无效。根据我国《行政诉讼法》第 6 条的规定，人民法院在行政诉讼中，对具体行政行为作合法性审查，不作合理性审查。根据我国《行政复议法》的规定，行政复议机关在行政复议中可以审查行政行为的适当性，对明显不当的具体行政行为作出撤销、变更和责令重作的复议决定。而行政违法行为一概无效，对行政管理相对人没有拘束力，而且自违法行为发生之日起就没有效力。

行政主体的行政行为必须做到既合法又合理，这是行政法两大基本原则——合法性原则和合理性原则的基本要求。在行政法中设立行政责任制度的直接目的就是纠正行政违法和行政不当，并补救由此给行政相对人造成的损害以及督促行政主体及其工作人员依法行政。所以说，正确认识行政违法和行政不当，是更好地依法行政的基础。

第二节　行政责任

一、行政责任的概念及特征

（一）行政责任的概念

一般说来，责任是指在一定条件下行为主体应尽的义务或者因违反义务而应承担的否定性后果。在行政法中，责任主要是指法律责任，而不是其他性质的责任如道义责任、政治责任等。关于行政责任概念的界定，国内学界也有不同观点，根据对责任主体和责任内容的不同理解，总体上可分为广义与狭义两种。从责任主体角度，广义的行政责任，既包括行政主体及其工作人员的责任，也包括行政相对人的责任；狭义的行政责任，则仅包括行政主体及其工作人员的责任。从责任内容角度，广义的行政责任是指行政法律规范为行政法主体设定的某种义务以及行政法主体不履行该义务所引起的法律后果；狭义的行政责任则仅指行政法主体不履行或违法、不当履行法定义务而引起的法律后果。一般来说，行政责任是指行政机关及其工作人员在职务上的责任，即与其职务相关的义务。本书中的行政责任是指行政机关及其工作人员由于不依法履行法定职责和义务依法应承担的法律责任，是行政违法或行政不当引起的法律后果。行政违法或行政不当与行政责任是因果关系，前者是原因，后者为结果。

（二）行政责任的特征

1. 行政责任是一种法律责任 行政责任是由法律法规设定的，是与违宪责任、民事责任、刑事责任相并列的法律责任，而不是基于约定或道义而产生的责任；行政责任是以法律规范所规定的职责为基础的，其内容和承担方式也以法律规范的规定为根据；行政机关及其工作人员所承担的行政责任都是以一定的具体行政法律规定为依据的，并通过一定的法律途径，如行政复议、行政诉讼等来实现。因此，行政责任就是行政法律责任。行政责任的法律性质，使其成为一种独立的责任形式。

2. 行政责任是行政机关及其工作人员承担的法律责任 首先，在行政管理过程中，行政机关享有行政职权，负有行政职责，而公民、法人和其他组织享有和承担的是一般法律权利和义务。作为行政责任，应当是与行政职权和行政职责相联系的法律责任。其次，在行政管理活动中，行政机关与公民、法人和其他组织双方法律责任实现的方式是不同的。公民、法人和其他组织法律责任的承担，是以行政机关在行政管理过程中行使行政职权的方式实现的，能够通过行政机关单方的意思表示来实现；而行政机关的法律责任，必须通过特殊的法律途径来实现。最后，行政机关行使行政职权是通过其工作人员来实现的，因此，与行政职权和职责相联系的行政责任的承担主体，应当包括行政机关及其工作人员。

3. 行政责任是指行政机关及其工作人员在行使行政职权过程中的违法或不当行为引起的法律后果 仅就其一般含义而言，行政责任包含两层含义：一是指行政机关及其工作人员应当履行的职责和义务；二是指行政机关及其工作人员不履行职责和遵守义务所应承担的法律后果。行政法上的行政责任仅指上述第二层含义。

二、行政责任的分类

（一）根据责任承担主体划分

根据行政责任承担主体不同，可以分为行政主体的责任和行政公务人员的责任。行政主体作为国家行政权的行使主体，负有保障相对人合法权益、维护社会管理秩序正常运行的法定职责，承担行政违法行为造成的法律后果。若行政公务人员作出行政违法行为时有主观过错，则需根据主观恶性的程度来承担相应的责任。

（二）根据责任所涉范围划分

根据行政责任所涉及的范围的不同，可以分为内部行政责任和外部行政责任。内部行政责任，是指行政主体作为内部行政法律关系主体时因行政违法而必须承担的行政责任。外部行政责任，是指行政主体作为外部行政法律关系主体时因行政违法而必须承担的行政责任。

（三）根据责任承担方式划分

根据行政责任的承担方式不同，可以分为补救性行政责任和惩罚性行政责任。补救性行政责任是行政相对人权益受到侵害后，依据行政法律规范对损害加以弥补和修复，以恢复被破坏的行政法律关系，如承认错误、履行职责、返还权益等。惩罚性行政责任是对实施行政违法或者行政不当行为的行政主体及其行政公务人员进行惩戒，以实现教育和威慑的目的，如通报批评、行政处分、承担一定的行政赔偿等。

（四）根据责任具体内容划分

根据行政责任的具体内容不同，可以分为精神罚、财产罚和身份罚。精神罚是对行政违法主体的精神上的惩戒，它不直接涉及被惩罚主体的实体权利义务，但它对于引起行政违法主体的警觉、防止下次重犯起着较大的作用，如警告、通报批评。财产罚是强迫造成损害后果的行政违法主体缴纳一定金额的罚款，或者剥夺其某些财产权利的责任形式，如罚款、行政赔偿。身份罚是对实施行政违法行为的行政主体以及国家公务员的特定方面的权力予以限制或者剥夺，进而改变其身份的一种责任形式，如撤职、开除。

三、行政责任的构成要件

行政机关及其工作人员行使行政职权的行为并不必然引起行政责任，行政责任的构成需要具备一定的条件。一般说来，行政责任的构成条件包括以下几方面。

（一）具有行政违法或行政不当的情形

按照依法行政原则的要求，行政机关及其工作人员应当依照法律法规的规定行使职权、履行职责，即遵守权限不越权，履行职务不失职，符合法律目的不滥用职权，遵守程序而不违反，合理行政而避免失当。行政机关及其工作人员一旦违反上述义务，就会构成行政违法或者不当，就要承担相应的行政责任。

一般说来，行政违法或者不当主要表现在以下几个方面：①实施行政行为依据的主要证据不足或者事实不清；②行政机关及其工作人员的职权行为缺乏法律依据或适用法律法规错误；③行政机关及其工作人员的职权行为超越法定的权限范围；④行政机关及其工作人员缺乏充分的法定理由而拒不履行法定职责；⑤行政行为违反法定程序；⑥行政机关及其工作人员的行为违反法定目的而滥用职权；⑦行政机关及其工作人员的职权行为内容畸轻畸重而显失公正。

作为一种否定性的法律后果，行政责任只有在行政机关及其工作人员的行政行为出现了上述违法或者不当的情形之一时，才引起行政责任。

（二）行政责任主体是行政机关或法律、法规授权的组织及其工作人员

行为人具有法律上的权利能力和行为能力，是其承担法律责任的条件之一。同样，行政责任的承担者必须是具有行政权力能力和行政行为能力的组织和个人。从总体上说，行使国家行政权的行政机关是一个庞大的组织系统，其内部机构设置和职能相当复杂，从法律角度而言，只有具备了法律主体资格的行政组织，才以其自己的名义享受权利，负担义务，承担法律责任。行政行为的具体实施者在大多数情况下是具有法定职权的行政机关，在个别情况下是法律、法规授权的组织。只有依据法律、法规规定或者经授权负有行政职责，并能以自己的名义实施行政权力的组织，才具有承担行政责任的能力。能够以自己的名义行使行政权力、承担行政责任的组织有两种：一是依法成立，行使行政职权的行政机关；二是法律、法规授权其行使某项行政职权的事业单位或组织。受行政机关委托行使行政职权的组织不具有独立的法律人格，不能以自己的名义承担行政责任。

依法行使行政职权的行政机关工作人员有两种：一是在行政机关担任公职的国家公务员；二是依法接受行政机关委托从事公务的人员。就工作人员个人而言，具有权利能力和行为能力是其在国家机关担任公职或接受行政机关委托行使行政职权的基本条件。依法行使行政职权的人员，应当合法、适当地履行其行政职责，否则，就应当承担法律责任。

（三）违法或不当行政行为发生在行使行政职权过程中

如前所述，行政责任主体是行政机关及其工作人员。行政机关或其工作人员承担责任的前提条件是行政违法或行政不当，只有行政机关以及法律、法规授权的组织或行政机关委托的组织及其工作人员在行使行政职权、履行行政职责过程中发生的违法或不当，才能引起行政责任。上述机关、组织或者人员作出的与行使行政职权、履行行政职责无关的行为即使违法也不引起行政责任。

（四）法律规范对行政责任作出明确规定

行政机关及其工作人员应当承担行政责任的情形以及行政责任的方式、内容都必须由法律规范作出明确规定。法律规范没有规定行政责任的情形，行政机关及其工作人员不承担行政责任。

（五）行政机关工作人员承担行政责任还须具有主观故意或重大过失

与判断行政机关的职权行为违法主要采取客观标准不同，行政法要求把主观过错作为追究行政机关工作人员行政责任的要件之一。例如，《国家赔偿法》第 16 条规定："赔偿义务机关赔偿损失后，应当责令有故意或者重大过失的工作人员或者受委托的组织或者个人承担部分或者全部赔偿费用。对有故意或者重大过失的责任人员，有关机关应当依法给予行政处分；构成犯罪的，应当依法追究刑事责任。"

第三节　行政责任的追究和免除

一、行政责任追究的原则

行政责任是国家行政机关及其工作人员对其违法失职行为所必须承担的法律后果，其性质属于一般行政违法，尚不够追究刑事责任，只能从行政上追究违法者的法律责任。从立法的指导思想、原则以及执法实践看，追究行政责任主要应遵循以下几项原则：

1. 责任法定原则　即只有法律上的明文规定，才能成为确认和追究行政责任的依据。一方面，行政责任要根据法律的规定来明确责任的范围和程度；另一方面，对行政责任的确认和追究，必须依据法定的程序、形式、范围和幅度进行，并严格限制类推适用。

2. 责任与违法程度相一致原则　该原则要求行政责任的承担体现公平公正，依据行政违法行为的性质、情节、社会危害性，选择适当的责任形式。违法情节轻微、危害程度不大又未造成严重后果，可以不予追究行政责任；违法情节严重、给相对人造成了实质性的损害，需要根据损害程度来进行责任的追究，以维护行政相对人的合法权益。

3. 责任自负原则　或称责无旁贷原则，指对违法失职行为，不管涉及谁，都应毫无例外地追究其行政责任。对于集体违法失职的共同行为，不能"法不责众"，也要分清当事人的责任大小，分别作出相应的制裁。不允许存在担任职务、行使职权而不承担责任的现象，更不允许出现推卸责任或强加责任、包揽责任、代负责任的情形。

4. 惩戒、补救和教育相结合原则　违法责任的追究，往往表现为对违法责任者的惩罚，其最终的或者说最重要的目的在于对受损害权益的补救，以恢复法治社会的正常秩序。但是，仅靠惩罚或科处补救性义务，并不一定能有效地控制和防止行政违法行为的发生。一定程度的惩罚是必要的，而惩罚的目的是为了教育并使违法责任者更好地履行职责或义务，最终建立良好的社会法治秩序。所以，在确认和追究违法行政责任时，对责任种类、方式和强度等的选择，都应体现惩罚、补救和教育相结合的原则。

二、行政责任的追究主体

行政责任的追究是指有权机关根据法律规定和行政责任的构成要件，在确定行政责任的基础上，按法定程序和方式对负有责任的行政机关或公务人员的行政责任加以认定和追究的过程。在我国，有权认定和追究行政责任的机关包括权力机关、行政机关、监察机关和审判机关。

1. 权力机关 权力机关指从中央到地方的各级人民代表大会及其常务委员会。根据《宪法》《立法法》的规定，权力机关追究行政机关行政责任的形式主要是通过依法撤销行政机关违法行为或改变其不适当的决定、命令来实现。需要注意的是，罢免公职人员的职务不是追究行政责任的一种形式，因此，权力机关不能直接追究公务人员的行政责任。

2. 行政机关 行政机关对违法或不当的行政行为追究行政责任，是实现内部行政责任的主要途径。既可以对行政主体追究行政责任，又可以对行政公务人员追究行政责任。行政机关追究有关行政机关及其公务人员行政责任的方式包括：①追究下级行政机关及其所属机构的行政责任，如命令其纠正不当行为，作出赔偿，必要时直接改变或撤销其行为；②追究本机关所属机构及其公务人员的行政责任，如责令公务人员对相对人作赔礼道歉等。

3. 监察机关 监察机关是对于包括国家各级行政机关及其工作人员在内的所有行使公权力的国家公职人员进行监察监督，调查职务违法和职务犯罪，开展廉政建设和反腐败工作，维护宪法和法律的尊严，行使国家监察职能的专责机关。依据法定职责范围、任务和权限，监察机关享有追究行政机关及其公务人员行政责任的权力。各级监察委员会依照《监察法》和有关法律规定履行监督、调查、处置职责，具体包括：①对公职人员开展廉政教育，对其依法履职、秉公用权、廉洁从政从业以及道德操守情况进行监督检查；②对涉嫌贪污贿赂、滥用职权、玩忽职守、权力寻租、利益输送、徇私舞弊以及浪费国家资财等职务违法和职务犯罪进行调查；③对违法的公职人员依法作出政务处分决定，对履行职责不力、失职失责的领导人员进行问责，对涉嫌职务犯罪的，将调查结果移送人民检察院依法审查、提起公诉；④向监察对象所在单位提出监察建议。

4. 审判机关 审判机关的地位和任务决定了它享有监督行政机关依法行政的职责，在一定条件下有权直接追究有关行政机关的行政责任。人民法院按照《行政诉讼法》的规定，通过司法审查，以行政判决、裁定的方式追究行政机关的行政责任。在行政机关及其工作人员违法行使职权构成犯罪的情况下，人民法院根据检察机关的指控依法追究有关人员或者行政主体的刑事责任，也是违法行政引起的一种法律后果。人民法院追究行政责任的内容与方式和权力机关、行政机关有很大的不同，表现在：①行政案件的当事人不起诉，法院不能主动追究有关行政机关的行政责任；②法院不能追究公务人员的行政责任，只限于追究行政机关的行政责任，因为行政诉讼是以行政机关而不是以个人为被告；③法院追究行政责任具有补救性，不能追究惩罚性行政责任。

三、行政责任的免除及其情形

行政责任既必须依法追究，也可以依法免除。行政责任的免除是指符合行政责任的构成要件、应当追究相应的责任，但根据法定的条件和理由，不再追究作出行政违法行为主体的行政责任。目前，行政责任的免除大致有两种：一是一般免除，二是豁免（强制免除）。二者的区别有：①豁免条件是法定的，没有法律的明文规定，一概不得豁免；而一般免除则可以由行政责任的追究机关在不与法律相抵触的条件下自行确定。②豁免是强制性的，行政责任的追究机关没有自由裁量的余地；而一般免除没有强制性，行政责任的追究机关有自由裁量的余地，可以决定免除，也可以决定不免除。

行政责任的免除条件一般须有法律的明文规定，我国目前还没有关于行政责任免除的统一法律规定，而是散见于各类具体法律条文中。就一般免除而言，根据相关法律法规的规定，主要有以下情形：

1. 不可抗力 不可抗力是指不能预见、不可避免、不能克服的客观情况。既可以是地震、水灾、旱灾等自然原因造成的，也可以是战争、政府禁令、罢工等人为的、社会因素引起的。不可抗力所造成的是一种法律事实，当不可抗力的情况发生后，行政主体及其公务人员因客观上不能控制行政行为带来的后果，所以无须承担行政责任。

2. 紧急避险 紧急避险是指为保护公共利益、本人或者他人的人身及其财产等权利免受正在发生的危险，不得已而采取的侵害法律保护的其他公共利益或者他人权益的行为。紧急避险须具备以下要件：①为了使合法权益免受正在发生的危险；②情况紧急，无其他途径可供选择；③损害的合法权益不得超过保护的合法权益。行政主体及其行政公务人员为了保护更大的公共利益而侵害其他公共利益或个人权益符合比例原则的要求，可以作为不承担行政责任的抗辩理由。

3. 行政相对人或第三人的过错 行政主体及行政公务人员作出行政行为时，由于其他一些干扰因素的介入而使得行政行为的结果偏离原先的预期，如行政相对人或第三人主观上故意对自己的人身或财产权益造成损害，或明知行为会导致损害的发生而未及时阻止致使损害扩大，行政主体及其公务人员就由于相对人或第三人过错导致的部分结果不承担行政责任。

第四节　行政责任的承担

一、行政主体承担行政责任的形式

（一）通报批评

通报批评是一种精神性或名誉性的制裁，它虽不涉及被惩罚主体的实体权利（权力）及义务，但对引起行政主体及其行政公务人员的注意、预防行政违法行为具有重要的作用。通报批评通常采用书面形式，通过公开的方式向社会公众公布。

（二）赔礼道歉、承认错误

赔礼道歉、承认错误是一种较为轻微的精神上的补救性的责任形式。当行政主体在行政管理过程中由于管理上的违法或者不当，损害相对人的合法权益时，理应向相对人赔礼道歉、承认错误。赔礼道歉、承认错误虽然对受损害者的物质损害没有补救，但能使受害者在精神上得到抚慰。这种责任一般由行政机关的领导和直接责任人员出面承担，可以采取口头形式，也可以采取书面形式。

（三）恢复名誉、消除影响

当行政主体的违法或者不当行政行为造成相对人名誉上的损害、产生不良影响时，一般采取这种精神上的补救性的责任形式。消除影响的方法有：①在大会上公布正确的决定；②在报刊上更正处理决定并向有关单位寄送更正决定等。方法的选择，取决于相对人名誉的受损害程度和影响。

（四）返还权益

如果行政主体剥夺相对人权益的行为是违法的，行政主体在撤销违法行为的同时，应当返还权益。这里的“权益”不仅包括财产性权益，还包括其他无形的权益，但不包括可预期利益。返还权益的前提是存在违法的行政行为，并且造成了相对人实质性的权益损害。如公安机关对公民作出的治安管理处罚错误，应当向被处罚人退回罚款及没收的财物。没有实质权益的损害，不构成返还权益责任。

（五）恢复原状

行政违法行为造成相对人的损害，若受损的财产权益可以恢复到原来的状态又不至负担过高的成本，可以采取恢复原状的责任承担方式。例如，公安机关非法检查公民的生产设备致其损坏，公安机关就应承担修复的责任。恢复原状的前提是违法行政行为损害之物，能恢复到原来的状态和特征。

（六）停止违法行为

停止违法行为是行为上的惩戒性行政责任。对于持续性的违法行政行为，如果行政相对人提出控诉时侵害仍在继续，行政责任的追究机关有权责令违法行为主体停止其违法行政行为。

（七）履行职务

履行职务是针对行政主体不履行或拖延履行职务而确立的一种行政责任形式。这种针对行政主体失职行为的行政责任形式，既可以由相对人提出申请，又可以由人民法院的判决或者上级行政机关的决定予以确立。如不服行政处理的当事人依法申请复议，行政复议机关若置之不理，当事人有权要求行政复议机关履行法定职责，受理申请并作出决定。

（八）撤销违法行政行为

行政行为经过特定机关或行政主体自己认定已构成违法的情况下，符合法定的可以撤销的情形又具有可撤销的内容，则依据法定程序予以撤销，使其自始不发生法律效力。撤销违法行政行为有两种情况：一是撤销已经完成的行为，如宣布原来的决定无效；二是撤销正在进行中的行为，如取消禁令等。一般情况下，当行政主体所作出的行政行为具有如下情形之一时，行政主体应承担撤销违法行政行为的行政责任：①主要证据不足的；②适用法律、法规错误的；③违反法定程序的；④超越职权、滥用职权的。

（九）纠正不当行政行为

对滥用自由裁量权的不当行政行为，行政主体要负相应行政责任. 纠正不当行政行为就是对行政主体行使行政裁量权进行控制的行政责任形式。纠正不当行政行为的具体方法是变更不当行政行为，变不当为适当。

（十）行政赔偿

行政赔偿是一种财产补救性的行政责任形式。行政主体的违法行政行为造成相对人人身、财产上的损害，应依法承担行政赔偿责任。

二、行政公务人员承担行政责任的形式

行政公务人员的法律责任是指行政公务人员由于违反行政法律规范或不履行行政法律义务所应承担的否定性法律后果。作为行政机关或法律、法规授权组织的公务人员，若在履行公务职责的过程中作出行政违法行为且具有主观过错，则应当承担相应的行政责任。

行政公务人员的行政责任有如下特点：第一，引起行政责任的行为是公务人员违法行使职权的职务行为；第二，通常履行行政职务的公务人员不直接对行政相对人承担行政责任，而是由国家先期、直接承担行政责任之后，再向有违法责任的公务人员进行责任的追究；第三，行政公务人员的行政责任主要是惩戒性的责任。

行政公务人员承担行政责任的具体形式有：

（一）接受批评教育

这是行政公务人员所承担的惩戒性行政责任形式。批评教育的形式主要包括通报批评和狭义的批评教育两种。通报批评，是指由有权机关在会议上或者文件上公布针对具有重大违法违纪行为的公务人员予以批评的决定；狭义的批评教育，是指有权机关针对具有情节轻微的违法违纪行为的公务人员直接予以批评，教育其改正错误，避免再犯。

通报批评的目的在于教育有责任的公务人员本人的同时，也对其他公务人员起到警戒的作用；而狭义的批评教育目的在于教育有责任的公务人员本人。例如《公务员法》规定，公务员“违纪行为情节轻微，经批评教育后改正的，可以免予处分”。可见狭义的批评教育，既可以是独立的程序，又可能构成予以处分的前置程序。

（二）承担赔偿损失

承担赔偿损失责任，是兼有惩罚性和补救性的责任承担形式。行政公务人员的赔偿责任的特点，在于公务人员并不直接向受害的行政相对人赔偿，而是先由行政机关承担赔偿责任，再根据追偿权向有故意或者重大过失的公务人员追偿已赔偿款项的部分或者全部。

（三）接受行政处分

例如《公务员法》规定：“公务员因违纪违法应当承担纪律责任的，依照本法给予处分或者由监察机关依法给予政务处分。”前者所指的处分，就是行政处分。行政处分是公务员承担违法行政责任的主要形式，是国家行政机关依照行政隶属关系，对违法失职的公务员给予的惩戒措施。

DI-SHI’ER ZHANG

第十二章 12

行政复议

行政复议作为监督行政的一种重要形式，既是行政复议机关（上级行政机关或其他法定行政机关）对行政主体实施的行政行为的合法性和合理性依法进行审查、监督的行政活动，也是行政相对人因其合法权益遭受非法行政侵害而获取救济的重要途径。本章主要介绍行政复议法律制度与行政复议实务的基本知识、理论与原理，包括行政复议的概念、性质、法律特征，行政复议与行政诉讼、行政申诉等相关法律制度的联系和区别，行政复议的基本原则与基本制度，行政复议的受案范围与管辖，行政复议法律关系的主体，行政复议程序等。

第一节　行政复议概述

一、行政复议的概念

（一）行政争议

行政复议是用来解决行政争议的一种机制。正确理解行政复议，首先应明确什么是行政争议。行政争议，又称行政纠纷，是指在国家行政管理过程中，因不服行政主体的行政行为而在行政相对人与行政主体之间产生的纠纷和争执。根据争议当事人之间是否存在行政隶属关系，又分为内部行政争议和外部行政争议。

理解和掌握行政争议，应注意以下几个特点：

1. 行政争议是行政相对人不服行政主体的行政行为而与行政主体之间发生的争议　没有行政行为，就不会引起行政争议。这一点区别于公民、法人和其他组织之间的民事争议。

2. 行政争议的各方当事人中，必有一方是行政主体　行政争议是因行政行为的实施引起的，而行政行为的主体必须是行政主体，即必须是依法享有一定行政职权的行政机关，或法律、法规授权的组织。

3. 行政争议的焦点是行政行为是否合法、适当　行政相对人不服行政主体作出的行政行为，主要涉及该行政行为的合法性和合理性。

4. 行政争议解决途径多样化　行政争议的解决，既可通过申请行政复议，也可以通过提起行政诉讼，有的还可以通过行政申诉、行政调解等途径加以解决。

（二）行政复议

依据《行政复议法》的规定，行政复议是公民、法人或其他组织认为行政机关的具体行政行为侵犯其合法权益，依法向该行政机关的上一级行政机关或法律、法规规定的特定行政机关提出复议申请，由受理申请的行政机关对具体行政行为的合法性和合理性依法进行审查并作出复议决定的活动。

理解和把握行政复议，应注意其以下几个特征：

1. 行政复议的性质，是行政性与司法性的统一　关于行政复议的性质，目前学界有多种不同观点。一种是“行政说”，认为行政复议是一种具体行政行为，行政复议权是行政权的具体内容和表现，复议机关与被申请人之间的关系是一种行政隶属关系，与申请人之间是管理与被管理的行政关系，行政复议与其他的具体行政行为没有本质区别。另一种是“司法说”，持这种学说的人认为，行政复议是解决行政纠纷的活动，复议机关的地位类似于司法机关在解决行政争议中地位，行政复议活动在行为性质、行为发动者、行政机关的法律地位等方面与一般的行政行为有所不同，具有时效、管辖、不告不理等明显的司法活动的特点。本书认为行政复议兼具行政与司法的双重性质和特点，又称“行政司法说”或“准司法说”，这一学说为多数学者认同。

2. 行政复议是解决外部行政争议的一种手段 根据争议当事人之间是否存在行政隶属关系，行政争议可分为内部行政争议和外部行政争议。外部行政争议是行政主体与行政相对人之间的行政争议；内部行政争议是行政主体相互之间以及行政主体与公务人员之间发生的行政争议。在我国，内部行政争议的解决不适用行政复议，而是通过申诉、复核等手段来解决。

3. 行政复议是依申请的具体行政行为 与行政机关内部一般的上级对下级的监督不同，行政复议程序的启动是由不服行政行为的利害关系人依法提出申请而引起，只有不服行政行为的利害关系人以书面或口头的形式作出明确的申请意思表示后，才能引起行政复议程序；如果利害关系人尽管不服行政行为，但却放弃申请复议的权利，则行政机关不能依职权主动启动行政复议程序。

4. 行政复议的审查对象原则上主要是具体行政行为 行政机关的行为有行政行为，也有民事行为。行政机关的行政行为又可分为抽象行政行为和具体行政行为。行政复议的审查对象仅限于行政行为。同时，作为解决行政争议的一种途径，行政复议并不适用于所有行政争议，从我国现行法律规定来看，行政相对人对抽象行政行为不服的，不能直接申请行政复议，但是按照《行政复议法》的规定，在对具体行政行为申请复议时，可以就该具体行政行为所依据的某些规范性文件一并提出审查的申请。

5. 行政复议以合法性和适当性为审查标准 首先，行政复议机关对引起争议的具体行政行为是否合法进行审查，如行政机关是否履行法定职责，其行为是否属于事实不清、证据不足，适用法律、法规、规章及具有普遍约束力的决定和命令是否正确，是否违反法定程序，其是否属于越权、滥用职权、行政侵权等。其次，行政复议对行政行为是否适当、合理也要进行审查，行政复议机关对明显不当的具体行政行为，应依法撤销或变更。

6. 行政复议是一种法定的程序性活动 行政复议必须依法进行，不得违反法定程序。这里的依法包括两层意思：一是公民、法人和其他组织申请行政复议必须依法进行；二是行政复议机关受理行政复议申请、作出行政复议决定也必须严格依法进行。《行政复议法》对公民、法人和其他组织申请行政复议的范围、程序以及行政机关如何受理行政复议申请、作出行政复议决定等作出了一系列的规定，无论是公民、法人和其他组织还是行政机关在进行行政复议活动时都要严格遵守这些规定。这一点使行政复议制度与一般行政机关内部监督相区别，同时又使行政复议与行政诉讼相接近。

二、行政复议与行政诉讼、行政申诉

（一）行政复议与行政诉讼

行政复议与行政诉讼制度，都是通过解决行政争议为相对人提供救济和对行政主体是否依法行使行政权进行监督的法律制度，因此二者在功能、目的、程序制度等方面具有一定的共性或相似之处。但二者也存在明显差异，具体比较起来，主要区别表现在：①性质不同。行政复议由行政机关主持，虽然复议机关与被申请人之间无法律上的利害关系，但二者是行政隶属关系。复议机关开展复议活动，依职权进行审理、裁决，本身属于行政行为范畴，具有行政性质；而行政诉讼则属于司法活动。②受案范围不同。根据现行法律规定，行政复议的受案范围要比行政诉讼的受案范围宽泛。③审查标准不同。行政复议对行政行为的合法性和适当性（合理性）均可以进行审查，而行政诉讼对行政行为的审查是有限的，原则上只能进行合法性审查。④程序不同。从总体来看，行政复议较行政诉讼在程序方面更为简便、快捷。⑤法律效力不同。行政复议决定是具体行政行为，不具有最终的效力，当事人对行政复议决定不服的，还可以依法提起行政诉讼，请求司法保护。

行政复议和行政诉讼共同构成行政相对人的救济手段。作为不服具体行政行为的行政相对人请求权利救济的两种选择，二者有着相同或相异的地方，同时，还存在着密切的联系，这种联系主要体现在二者的具体适用上。根据法律的相关规定，行政复议与行政诉讼在具体适用上存在三种不同模式。

1. 自由选择模式 《行政诉讼法》第 44 条第 1 款规定："对属于人民法院受案范围的行政案件，公民、法人或者其他组织可以先向行政机关申请复议，对复议决定不服的，再向人民法院提起诉讼；也可以直接向人民法院提起诉讼。"据此，在法律无特别规定情况下，为解决行政争议，当事人有权在行政复议和行政诉讼之间进行自由选择。我国绝大多数法律规定的是这种模式。

2. 复议前置模式 《行政诉讼法》第 44 条第 2 款规定："法律、法规规定应当先向行政机关申请复议，对复议不服再向人民法院起诉的，依照法律、法规的规定。"在此情况下，行政复议是行政诉讼的必经程序，即复议前置模式。

3. 复议终局模式 一般而言，"司法高于行政"是法治国家的一项重要原则，行政诉讼是行政复议的最终救济手段。但出于特殊考虑，在某些个别情形下，法律也会作出复议终局的规定。如《行政复议法》第 14 条规定："对国务院部门或者省、自治区、直辖市人民政府的具体行政行为不服的，向作出该具体行政行为的国务院部门或者省、自治区、直辖市人民政府申请行政复议。对行政复议决定不服的，可以向人民法院提起行政诉讼；也可以向国务院申请裁决，国务院依照本法的规定作出最终裁决。"需要注意的是，复议终局只能由法律进行规定。

（二）行政复议与行政申诉

行政申诉与行政复议制度有很大相同之处，主要表现为：二者都是行政主体行使行政权的行为，具有行政性；都是针对行政管理过程中的违法或不当行为的，目的是通过申诉或复议而纠正行政违法或不当；都是以行政机关内部监督机制为途径，通过监督者与被监督者之间的行政隶属关系纠正行政违法或不当。

行政申诉与行政复议的主要区别在于：①申请人资格方面有区别。行政申诉的申诉人无资格限制，无利害关系的人也可以检举、控告。而行政复议中，并非所有的人都可以申请行政复议，只有利害关系人才可以提起行政复议。②在时效方面规定不同。行政复议有严格的时效规定，《行政复议法》第 9 条规定，复议申请一般时效为 60 日，超过 60 日无法定事由的，申请人丧失申请复议权。而行政申诉则无时效规定。③管辖不同。行政申诉无严格的管辖制度，申诉人既可以向作出行政决定的机关提出，也可以向其上一级行政机关提出，还可以越级申诉。而行政复议则有严格的管辖限制，申请人只能向有管辖权的特定的行政复议机关提出复议。④程序不同。行政申诉没有严格的程序要求，行政申诉的提出和行政申诉的处理没有法律上的必然联系。而行政复议则有严格的程序规定，行政复议程序的启动与申请人申请的提出有法律上的必然联系。

三、我国行政复议法律制度的历史沿革

我国的行政复议制度发端于20世纪50年代，1950年11月15日公布的《财政部设置财政检查机构办法》第6条规定："被检查的部门，对检查机构之措施，认为不当时，得具备理由，向其上级检查机构，申请复核处理。"1950年12月15日政务院第63次政务会议通过的《税务复议委员会组织通则》，首次使用了"复议"一词，该通则明确规定了税务复议委员会的性质、任务及受案范围。与此同时，政务院还通过了另一个有关行政复议的法规——《印花税暂行条例》，该条例第21条明确规定，被处罚人不服税务机关的处罚，得于5日内提请复议，或向上级税务机关申诉。这些规定标志着行政复议制度在我国的初步确立。

1950年以后，行政复议制度的范围和领域日益扩大。1951年4月18日政务院公布的《暂行海关法》把行政复议制度扩大到海关行政领域，同年政务院通过的《海关进出口税则暂行实施条例》使海关行政复议制度更加程序化、具体化、1954年的《国营企业内部劳动规则纲要》、1955年的《农村粮食统购统销暂行办法》、1957年的《国境卫生检疫条例》、1958年的《农业税条例》等进一步推动了我国的行政复议制度的完善。

1978年后，随着我国民主与法制建设的发展，行政复议制度得到进一步恢复和发展，作为行政法律制度的重要组成部分而规定在各单行行政法律、法规之中。1989年《行政诉讼法》颁布，尽管这部法律是对行政诉讼的法律规定，但是，该法有4个条文涉及行政复议，为建立统一的行政复议制度提出了要求。

1990年12月24日国务院发布《行政复议条例》，标志着我国统一的行政复议制度开始建立起来。1994年10月9日，国务院又在总结该条例实施4年来的实践基础上作了相应修改。随着行政复议制度的不断健全和完善，由最高立法机关制定统一的《行政复议法》，从制度上进一步完善行政机关内部自我纠错的监督机制已成为必要，为此，第八届全国人民代表大会常务委员会将行政复议法纳入立法规划。国务院法制局于1996年3月开始研究起草行政复议法，在反复讨论的基础上形成《行政复议法（草案）》，1999年4月29日第九届全国人民代表大会常务委员会第九次会议正式通过了现行《行政复议法》。为进一步发挥行政复议制度在解决行政争议、建设法治政府、构建社会主义和谐社会中的作用，2007年5月23日国务院第177次常务会议审议通过《行政复议法实施条例》，自2007年8月1日起施行。该条例在总结行政复议实践经验的基础上，将《行政复议法》规定的基本制度进一步具体化，增强了可操作性。行政复议制度的建立、发展与完善，对于更好地维护公民、法人和其他组织的合法权益，促进行政机关依法行政，建设法治政府，构建和谐社会具有重要作用。

第二节 行政复议的基本原则与基本制度

一、行政复议的基本原则

行政复议的基本原则，是指《行政复议法》所规定的，反映行政复议的基本特点，贯穿行政复议全过程并对行政复议具有普遍指导意义和规范作用的基本准则。我国《行政复议法》第 4 条、第 5 条分别规定："行政复议机关履行行政复议职责，应当遵循合法、公正、公开、及时、便民的原则，坚持有错必究，保障法律、法规的正确实施。""公民、法人或者其他组织对行政复议决定不服的，可依照行政诉讼法的规定向人民法院提起行政诉讼，但是法律规定行政复议决定为最终裁决的除外。"据此，行政复议活动应遵循合法、公正、公开、及时、便民、有错必纠、诉讼终局等基本原则。

（一）合法原则

合法原则是指行政争议的双方当事人以及行政复议机关，都应当遵守《行政复议法》及相关法律、法规和规章。合法原则要求行政复议机关的复议活动不仅形式上合法，而且其作出的行政复议决定也要合法，主要体现在复议主体合法、复议范围合法、复议依据合法、复议程序合法以及复议决定合法等几个方面。合法原则是行政复议活动的核心。

（二）公正原则

行政复议不仅要合法，而且应当公正，即应当在合法的前提下尽可能做到合理、充分、无偏私。具体地讲，就是复议机关在行使行政复议权时应当公正地对待复议双方当事人，不能有所偏视。要保证行政活动的公正性，就必须公平地对待行政复议活动中的双方当事人，特别是要正确处理复议机关与下级行政机关的关系，真正体现复议机关对下级行政机关的监督和控制，从而充分发挥行政复议的救济功能。

（三）公开原则

公开原则，是指行政复议机关在复议过程中，除涉及国家秘密、个人隐私和商业秘密外，复议案件的受理、审查、审理、决定等整个过程应当尽可能地向行政复议当事人和社会公开。《行政复议法》第 23 条第 2 款规定："申请人、第三人可以查阅被申请人提出的书面答复、作出具体行政行为的证据、依据和其他有关材料，除涉及国家秘密、商业秘密或者个人隐私外，行政复议机关不得拒绝。"公开原则是公民知情权在行政复议活动中的要求和体现。通过公开，使社会了解行政复议活动的具体过程，从而有效地发挥社会监督作用，增强公众对行政复议的信任。

（四）及时原则

及时原则又称效率原则，是指行政复议活动要在法律规定的时限内尽可能早地完成，以确保行政复议行为的效率性。行政复议作为行政系统内部的层级监督，要在合法的前提下，尽快地解决问题。行政复议与作为最后救济手段的行政诉讼不同，行政诉讼制度的设计重点在于强调行政案件的公正解决，因此，行政诉讼的程序要求特别严格，对及时性的要求则次于对公正的要求。行政复议的及时原则体现在如下几个方面：受理行政复议申请应当及时；受理及审理工作应当及时；作出复议决定应当及时，等等。

（五）便民原则

便民原则，是指行政复议机关在合法、公正的前提下，应当尽量为复议当事人特别是申请人提供便利，从而保护相对人合法权益。这一原则主要包含两方面的内容：其一，复议活动要简便，不能过于烦琐、累赘，即要在法律许可的范围内尽可能为相对人进行复议提供方便；其二，要尽力使复议活动切实有效，降低复议后的诉讼率，降低行政复议的社会成本，充分发挥行政复议制度应有的功能。

（六）有错必纠原则

我国行政系统内部监督除了行政复议制度外，还有其他监督制度，但由于行政复议制度在法律化、程序化方面最为规范，因而成为最有力、有效的内部监督手段。当公民、法人和其他组织认为自己的合法权益受到了行政行为的侵害而提起行政复议时，行政复议则成为行政机关自我纠错的有效监督机制。因此，有错必纠也成为行政复议的一项基本原则。有错必纠原则要求行政复议机关必须正确处理行政复议案件，一旦发现错误，必须坚决予以纠正。这是由依法行政和保护广大人民群众利益的根本宗旨所决定的。只有坚持这一原则，才能维护社会主义法制的统一和权威，提高行政复议机关的威信。

（七）诉讼终局原则

诉讼终局原则又称司法最终原则，即行政复议机关的复议不是最终发生法律效力的决定，当事人不服，可以在法定期限内向人民法院提起诉讼，人民法院经过审理后作出最终裁判。诉讼终局原则是法治原则的根本体现，也是法治精神的最重要支柱，这一原则自我国《行政诉讼法》颁布以来已经逐步得到确认，《行政复议法》再次明确这一原则。但是必须注意的是，诉讼终局原则与其他有关法律原则一样，也存在例外，但这种例外必须由法律加以规定，法规、规章及其他规范性文件不得作这样的例外规定，即使规定，也没有法律效力。

二、行政复议的基本制度

（一）一级复议制度

一级复议制度，也可以理解为一次复议制度，是指行政争议经复议机关一次审理并裁决之后，申请人即使对复议决定不服，也不能再次申请复议，除法律另有规定外，只能依法向人民法院提起行政诉讼的制度。一级复议制度包括以下内容要求：第一，复议申请权的一次性。申请人对具体行政行为不服的，只能行使一次复议申请权，即使对复议决定不服，也不能通过行政程序再次提起复议申请，只能依法向人民法院提起诉讼。第二，撤回复议申请的，同样丧失再次申请复议的权利。根据《行政复议法》第 25 条规定，申请人在行政复议决定作出前自愿撤回行政复议申请的，经说明理由，可以撤回。但《行政复议法实施条例》第 38 条 2 款同时又规定：申请人撤回行政复议申请的，不得再以同一事实和理由提出行政复议申请。申请人能够证明撤回行政复议申请违背其真实意思表示的除外。第三，法律可以规定多级复议的情形。根据客观需要或出于某种考虑，法律可以对某些特殊情形规定多级复议，即一级复议是原则，多级复议是例外。如《行政复议法》第 14 条规定的情形。

（二）书面复议制度

书面复议制度，亦称书面审查制度，是指行政复议机关进行复议审查时只对复议申请人提出的申请和被申请人提交的答辩，以及被申请人作出具体行政行为依据的规范性文件和证据进行非公开对质性的审查，并在此基础上作出行政复议决定的制度。区别于法院的开庭审理制度，书面复议制度可以避免复议申请人与被申请人对抗和抵触，并有利于提高复议效率。同时，书面复议制度不排除其他复议审查方式。《行政复议法》第 22 条规定："行政复议原则上采取书面审查的办法，但是申请人提出要求或者行政复议机关负责法制工作的机构认为有必要时，可以向有关组织和人员调查情况，听取申请人、被申请人和第三人的意见。"

（三）依法复议不调解制度

依法复议不调解制度，是指行政机关复议行政案件只能依法对被申请复议的具体行政行为的合法性进行裁判，合法的予以维持，违法的予以撤销，不应进行调解，不得以调解方式结案。依法复议不调解制度是由行政复议所解决的问题——行政行为的合法性决定的。对于合法性之外的其他问题，可以适用调解。2007 年 8 月 1 日起施行的《行政复议法实施条例》第 50 条规定，"有下列情形之一的，行政复议机关可以按照自愿、合法的原则进行调解：（一）公民、法人或者其他组织对行政机关行使法律、法规规定的自由裁量权作出的具体行政行为不服申请行政复议的；（二）当事人之间的行政赔偿或者行政补偿纠纷。"

（四）复议不停止执行制度

复议不停止执行制度，是指具体行政行为不因相对人申请行政复议和复议机关开展复议审查而停止（暂停）执行的制度。原行政行为不因行政复议而停止执行，既是因为行政行为具有公定力效力，同时也是确保行政管理效率及稳定性的实践需要。但复议不停止执行有例外，《行政复议法》第 21 条规定，"行政复议期间具体行政行为不停止执行；但是，有下列情形之一的，可以停止执行：（一）被申请人认为需要停止执行的；（二）行政复议机关认为需要停止执行的；（三）申请人申请停止执行，行政复议机关认为其要求合理，决定停止执行的；（四）法律规定停止执行的。"

（五）禁止不利变更制度

禁止不利变更制度，亦称行政复议不加重原则，是指复议机关在复议审查基础上作出的变更复议决定与原具体行政行为相比，原则上不能使申请人处于更为不利的境地，包括加重申请人的法律责任，也包括减损申请人的既得利益。《行政复议法实施条例》第 51 条明确规定："行政复议机关在申请人的行政复议请求范围内，不得作出对申请人更为不利的行政复议决定。"行政复议中确立并贯彻这一制度，有利于充分保障相对人的复议申请权及时行使，也有利于充分发挥行政复议制度的监督、纠错功能。

第三节　行政复议范围

一、具体行政行为复议范围

《行政复议法》第 6 条明确列举了具体行政行为的复议范围。根据该条的规定，具体行政行为的复议范围包括以下 11 种情形：

1. 对行政机关作出的警告、罚款、没收违法所得、没收非法财物、责令停产停业、暂扣或者吊销许可证、暂扣或者吊销执照、行政拘留等行政处罚决定不服的 行政处罚，是指行政机关和法律、法规授权的组织，对违反法律、法规、规章的公民、法人或者其他组织实施制裁的具体行政行为。行政处罚的种类很多，形式多样。此项规定明确了相对人对行政处罚行为不服的，可以申请行政复议。

2. 对行政机关作出的限制人身自由或者查封、扣押、冻结财产等行政强制措施决定不服的 此项规定授予行政相对人对行政机关行政强制措施不服可以申请复议的权利。行政强制措施，是指行政机关为了预防、制止或控制危害社会行为的发生，依法采取的对有关对象的人身、财产和行为自由加以限制，使其保持一定状态的手段，包括强制戒毒、强制遣送、拘留等限制人身自由的措施和查封、扣押、冻结等限制财产流通的强制措施。行政相对人对上述两类行政强制措施不服的，均可以申请行政复议。

3. 对行政机关作出的有关许可证、执照、资质证、资格证等证书变更、中止、撤销的决定不服的 许可证、执照、资质证、资格证等是公民、法人或其他组织经过申请，依法获得的从事某项活动的法律凭证。行政机关不得任意变更、中止或者撤销。公民、法人或者其他组织对行政机关变更、中止、撤销许可证等的行为，认为侵犯自己的合法权益时，可对其申请行政复议。对此项受案范围应作较为宽泛的理解。实践中以及法律、法规、规章的规定中，对行政机关作出的对许可证的废止、终止、确认无效等具体行政行为，也可以申请复议。

4. 对行政机关作出的关于确认土地、矿藏、水流、森林、山岭、草地、荒地、滩涂、海域等自然资源的所有权或者使用权的决定不服的 这类案件的复议通常称为行政确权案件的复议，主要针对公民、法人或其他组织之间因土地、矿藏、水流、山岭、草原、荒地、滩涂、海域等自然资源的所有权或者使用权产生争议，由行政机关依法处理而确定权益归属的行为。具体包括：对林木、林地权属争议的处理；对土地权属争议的处理；对水事争议的处理；对草原权属争议的处理；对水面、滩涂权属争议的处理。公民、法人或其他组织认为行政机关在上述事项的行政处理中侵犯自己合法权益的，可以申请行政复议。

5. 认为行政机关侵犯合法的经营自主权的 我国《全民所有制工业企业法》以及集体企业、私营企业和外商投资企业等方面的法律、法规，都明确规定了企业或其他经济组织依法享有生产、销售等经营活动自主权。明确规定企业自主经营，自负盈亏，独立核算。任何单位、个人不得非法干预、侵犯企业经营自主权。行政机关在行政管理过程中，具体行政行为违法侵犯了企业经营自主权的，被管理方可以申请行政复议。

6. 认为行政机关变更或者废止农业承包合同，侵犯其合法权益的 改革开放以来，我国农民与所属的集体经济组织签订了大量的承包合同，如土地承包、森林承包、草原承包、水面承包、荒山承包等合同。行政机关如果在行政管理过程中违法干预，强迫当事人变更或废止合同，将直接影响到公民、法人或其他组织特别是广大农民的利益。对于行政机关上述行政行为，合同当事人认为其侵犯自己的合法权益的，可以依照《行政复议法》申请复议。

7. 认为行政机关违法集资、征收财物、摊派费用或者违法要求履行其他义务的 在行政机关的职权中，除了可以赋予行政相对人某种权利或剥夺其某种权利外，还有权力对行政相对人科以某种义务或免除某种义务。行政机关对行政相对人要求履行某种义务时，必须具有法律上的明确的依据，并按照法律规定的程序进行。如果法律、法规没有关于行政相对人履行某项义务的规定，行政机关强行要求其履行，实质上就是对行政相对人权益的侵犯。此外，即使法律、法规对行政相对人有履行某项义务的规定，但是如果行政机关违反法律规定的条件或程序要求行政相对人履行义务，行政相对人也可以申请行政复议。

8. 认为符合法定条件，申请行政机关颁发许可证、执照、资质证、资格证等证书，或者申请行政机关审批、登记有关事项，行政机关没有依法办理的 行政机关颁发许可证、执照、资质证、资格证等证书，是在行政相对人申请的前提下，依法作出的准许申请人从事某种活动或确认其某种资格或能力以及某种法律关系等的具体行政行为。给符合条件的申请人办理相关证书等是行政机关的法定职责。在当事人向有管辖权的有关行政机关提出办理上述手续的申请时，行政机关对其中符合法定条件的，不予依法办理，不履行法律、法规规定的行政职责的，行政相对人可以对此种不作为行为申请行政复议。

9. 申请行政机关履行保护人身权利、财产权利、受教育权利的法定职责，行政机关没有依法履行的 依照我国有关法律、法规的规定，行政机关负有对公民、法人或其他组织在民事、商事以及其他社会活动中的合法权利实施保护的职责。当公民、法人或其他组织的人身权利、财产权利、受教育权利受到侵害，要求负有职责的行政机关予以保护时，如果行政机关不履行保护职责，公民、法人或其他组织便有权向复议机关申请复议。

10. 申请行政机关依法发放抚恤金、社会保险金或者最低生活保障费，行政机关没有依法发放的 公民享受抚恤金、社会保险金或者最低生活保障费，是宪法规定的公民的社会经济权利的组成部分，也是公民生存权的重要内容。保障公民基本生活水平并给没有劳动能力或者对失去劳动条件的公民提供物质帮助，是行政机关的职责和义务。当事人申请行政机关依法发放，行政机关没有依法发放的，可以向复议机关申请复议。

11. 认为行政机关的其他具体行政行为侵犯其合法权益的 行政相对人认为除上述10类具体行政行为外，其他具体行政行为违法，侵犯其合法权益的，也可以依照《行政复议法》的规定向行政复议机关申请复议。此项规定实际上是一项概括性规定，属于兜底条款。列举式事项规定，优点是清楚明晰，但缺点是不可能穷尽，因此必须有一项兜底条款，将所有侵犯相对人合法权益的具体行政行为纳入行政复议范围。对该项规定应作这样的理解：其一，可以申请复议的行为必须是具体行政行为，凡是行政相对人认为侵犯了其合法权益，侵权行为又属于具体行政行为的，均可以申请行政复议；其二，该项中的“其他合法权益”是指除上述10项内容涉及的人身权、财产权外，还包括其他受法律保护的合法权益，其中既包括人身权、财产权，也包括劳动权、受教育权、休息权、环境权以及出版、言论、集会、结社、宗教信仰等政治性权利。如果具体行政行为侵犯了行政相对人受法律保护的这些合法权益，相对人也有权申请行政复议。

二、抽象行政行为复议范围

抽象行政行为是与具体行政行为相对的概念，是指行政主体针对不特定的相对人制定的具有普遍约束力的行为规范的行政行为。在行政实践中，抽象行政行为表现为多种形式，如行政法规、行政规章以及其他规范性文件。抽象行政行为有类似立法的效果。抽象行政行为可以成为具体行政行为的依据，因此可能成为具体行政行为违法的源头。也正是因为这一点，对抽象行政行为合法性的审查，无论是在行政复议还是行政诉讼中，都是理论关注的热点，也是争论的焦点。

行政复议的范围，原则上限于具体行政行为，对行政相对人申请的关于抽象行政行为的复议不予受理。但是，现实生活中存在这样一种情形：由于行政机关作出具体行政行为所依据的规定本身不合法，行政机关依据其作出具体行政行为时，虽然形式上合法，但在实质上构成对行政相对人合法权益的侵害。因此，在规范性文件本身不合法的情况下，行政机关直接适用该规定作出的具体行政行为，在实质上亦构成行政违法行为。与《行政复议条例》相比，《行政复议法》显著进步还在于将部分抽象行政行为纳入了行政复议的范围，从而使我国对抽象行政行为的监督更趋完善。

《行政复议法》第 7 条规定，“公民、法人或者其他组织认为行政机关的具体行政行为所依据的下列规定不合法，在对具体行政行为申请行政复议时，可以一并向行政复议机关提出对该规定的审查申请：（一）国务院部门的规定；（二）县级以上地方各级人民政府及其工作部门的规定；（三）乡、镇人民政府的规定。前款所列规定不含国务院部、委员会规章和地方人民政府规章。规章的审查依照法律、行政法规办理。”

对这一规定，可作以下理解：

第一，纳入复议范围的只是部分抽象行政行为。具体包括国务院部门的规定、县级以上地方各级人民政府及其工作部门的规定和乡、镇人民政府的规定。但不包括国务院部委规章和地方人民政府规章。

第二，行政相对人对抽象行政行为申请复议，只能针对具体行政行为所依据的抽象行政行为提出。这一点说明，如果抽象行政行为尚未被适用于具体事项和具体相对人，则不能对其提出行政复议。

第三，对抽象行政行为申请复议采用与具体行政行为一并提起的方式。即申请人必须在对具体行政行为的复议申请中一并提出对作为具体行政行为依据的抽象行政行为的审查申请。

目前，我国行政诉讼尚未确立对抽象行政行为的司法审查制度，公民不能直接就其认为是违法的抽象行政行为向法院起诉，要求审查其合法性。正因为司法审查制度的缺位，对立法审查以及行政审查提出了迫切的要求。《行政复议法》适应了现实的需要，在复议范围上作了重大改进，即有条件地将部分抽象行政行为纳入了审查范围。依据《行政复议法》第 7 条的规定，相对人对规章以下的抽象行政行为不服，在对具体行政行为的复议申请中有权一并提出对作为该具体行政行为依据的抽象行政行为的复议审查申请，但如果抽象行政行为尚未被适用于具体事项和具体相对人，则不能对其提出行政复议。

三、行政复议的排除事项

行政复议的排除事项是指《行政复议法》规定的相对人不能申请行政复议的事项范围。根据《行政复议法》第 8 条规定，这些事项主要包括：

1. 不服行政机关作出的行政处分或者其他人事处理决定的 《行政复议法》第8条第1款规定："不服行政机关作出的行政处分或者其他人事处理决定的，依照有关法律、行政法规的规定提出申诉。"《行政复议法》之所以将行政处分和人事处理决定排除在行政复议之外，主要是因为我国现行有关法律、行政法规已规定了对行政处分和人事处理决定的救济途径，如果再作为行政复议事项，则必然会出现复议机关与行政监察部门的职权交叉和重叠，不利于纠纷的真正解决。

2. 不服行政机关对民事纠纷作出的调解或者其他处理的 《行政复议法》第8条第2款规定："不服行政机关对民事纠纷作出的调解或者其他处理，依法申请仲裁或者向人民法院起诉。"复议机关之所以不能受理关于行政机关对民事纠纷的调解或处理的案件，是因为这类调解处理行为是行政机关针对平等主体之间的民事纠纷居间作出的行政行为，而这类纠纷原本可以由仲裁机关或人民法院处理，只是先由行政机关调解或处理，可以起到过滤和提高效率的作用，但如果当事人不愿调解或者对行政处理不服，仍要由仲裁机关或法院来解决，所以不必经过行政复议程序。

第四节 行政复议管辖

行政复议管辖，是指不同层级、不同职能的行政机关之间受理具体复议案件的权限和分工，即某一行政争议发生后，应由哪一个行政机关来行使行政复议管辖权。根据《行政复议法》及《行政复议法实施条例》的相关规定，行政复议管辖主要包括一般管辖、特殊管辖、转送管辖以及协商或指定管辖。

一、一般管辖

一般管辖是指在通常情况下，以行政机关之间的职能和层级为依据来确立复议案件的管辖机关。一般管辖主要有以下几种类型：

1. 选择管辖 指复议案件根据行政上下级隶属关系由作出具体行政行为的行政机关的上一级行政机关进行管辖。根据《行政复议法》第12条1款之规定，相对人对县级以上地方各级人民政府工作部门的具体行政行为不服的，由申请人选择，可以向该部门的本级人民政府申请行政复议，也可以向上一级主管部门申请行政复议。选择管辖是行政复议管辖的基本管辖规则。

2. 上一级主管部门管辖 指复议案件依据行政管理的业务专业性，由作出具体行政行为的政府工作部门的上一级业务主管部门进行管辖。根据《行政复议法》第12条第2款之规定，相对人对海关、金融、国税、外汇管理等实行垂直领导的行政机关和国家安全机关的具体行政行为不服的，向上一级主管部门申请行政复议。另外，依据《行政复议法实施条例》第24条之规定，相对人对经国务院批准实行省以下垂直领导的部门（如市场监督管理、食品药品监督等部门）作出的具体行政行为不服的，可以选择向该部门的本级人民政府或者上一级主管部门申请行政复议；但省、自治区、直辖市另有规定的，依照省、自治区、直辖市的规定办理。

3. 上一级人民政府管辖 指复议案件基于上下级人民政府间的领导与被领导关系，

由作出具体行政行为的地方各级人民政府的上一级人民政府进行管辖。如《行政复议法》第 13 条规定，对地方各级人民政府的具体行政行为不服的，向上一级人民政府申请行政复议。

4. 原机关管辖 指复议案件基于行政机关的级别特征和某种特殊情况，由作出具体行政行为的本行政机关自己来行使复议管辖权。这主要是《行政复议法》第 14 条所规定情形：对国务院部门或者省、自治区、直辖市人民政府的具体行政行为不服的，向作出该具体行政行为的国务院部门或者省、自治区、直辖市人民政府申请行政复议。

二、特殊管辖

除一般管辖外，由于行政组织设置及管理关系的复杂性、多样性，《行政复议法》第 15 条还针对特殊情形下不能按一般管辖原则确定的复议管辖作了特殊规定，即特殊管辖。特殊管辖的种类如下：

1. 不服派出机关的具体行政行为的复议管辖 派出机关是县级以上地方人民政府为有效地行使职权，管理本辖区各个不同区域内经济、文化、民政和其他社会事务，依法设立的行政机关。派出机关具有独立行政主体资格，以自己的名义发布决定、命令、指示，实施具体行政行为。因此，对不服派出机关作出的具体行政行为引起的行政复议，由设立派出机关的地方人民政府管辖。

2. 不服派出机构的具体行政行为的复议管辖 派出机构是人民政府工作部门为实现其法定行政管理职能，依法设立的机构。对于派出机构依据法律、法规和规章的规定，以自己的名义作出的具体行政行为不服，提出的复议申请，由设立该派出机构的部门或者该部门所属的本级人民政府管辖。

3. 不服法律、法规授权的组织的具体行政行为的复议管辖 法律、法规授权的组织是指依据法律、法规的规定，享有一定行政管理职权的非行政机关组织。由于行政管理的专业性，某些非行政机关的组织得到法律或法规的授权，取得了某一方面的行政职能和资格，能够以自己的名义独立对外行使行政职权，也能够以自己的名义独立承担责任。根据《行政复议法》第 15 条的规定，“对法律、法规授权的组织的具体行政行为不服的，分别向直接管理该组织的地方人民政府、地方人民政府工作部门或者国务院部门申请行政复议。”

4. 不服共同具体行政行为的复议管辖 共同具体行政行为，是指两个或两个以上的行政机关以共同的名义作出的具体行政行为。对两个或两个以上行政机关以共同的名义作出的具体行政行为不服的，向其共同上一级行政机关申请行政复议。

5. 不服被撤销的行政机关撤销前作出的具体行政行为的复议管辖 行政机关被撤销后，其行政职能要由其他行政机关所继受，这是行政管理行为连续性的基本要求。如果继受的行政机关继续行使被撤销的行政机关的职权，它就应当对被撤销的行政机关在撤销前的行为负责。继受的行政机关的上一级机关有权改变或撤销继受的行政机关的决议或命令，当然也有权改变和撤销被继受的行政机关在撤销前所作出的不合法或不适当的具体行政行为。根据《行政复议法》第 15 条规定，对这种复议案件的管辖，由继续行使被撤销行政机关职权的行政机关的上一级行政机关管辖。

三、转送管辖

转送管辖是指对属于特殊管辖的情形，复议申请人可以向具体行政行为发生地的县级地方人民政府提出复议申请，由接受申请的县级地方人民政府依法受理或确定并负责转送有管辖权的复议机关的管辖规则。转送管辖不是一种独立管辖规则，实际上是《行政复议法》为方便申请人及时行使复议申请权而作的便民规定。根据《行政复议法》第 15 条 2 款、第 18 条之规定，转送管辖的内容包括：①转送管辖仅适用于特殊管辖的情形；②复议申请人向具体行政行为发生地的县级地方人民政府提出复议申请；③接受申请的县级地方人民政府有义务将依法不属于自己管辖的复议申请按照特殊管辖规定，在接到行政复议申请之日起 7 日内转送其他行政复议机关，并告知当事人。

四、协商或指定管辖

依据《行政复议法实施条例》第 30 条之规定，申请人就同一事项向两个或者两个以上有权受理的行政机关申请行政复议的，由最先收到行政复议申请的行政机关受理；同时收到行政复议申请的，由收到行政复议申请的行政机关在 10 日内协商确定；协商不成的，由其共同上一级行政机关在 10 日内指定受理机关。协商确定或者指定受理机关所用时间不计入行政复议审理期限。

第五节　行政复议法律关系主体

行政复议法律关系主体是指行政复议活动中享有复议权利和承担复议义务的组织和个人，包括行政复议机关、行政复议参加人和其他参与人。

一、行政复议机关与行政复议机构

（一）行政复议机关

《行政复议法》第 3 条规定："依照本法履行行政复议职责的行政机关是行政复议机关。"因此，行政复议机关是指依法享有并行使行政复议职权、承担行政复议职责的行政机关或法律、法规授权的组织。从行政复议管辖的规定看，行政复议机关包括：县级和县级以上地方各级人民政府、各级政府工作部门的上一级主管部门、人民政府的派出机关、国务院各部门以及国务院。行政复议机关必须具有独立行政主体资格。

（二）行政复议机构

行政复议机构是指行政复议机关内部设立的负责行政复议工作的机构。行政复议机构不具有行政主体资格，只能以所属行政复议机关的名义进行复议工作，其所作的行政复议行为视为行政复议机关的行为，所作出的行政复议决定书也只是加盖行政复议机关的公章。《行政复议法》第 3 条同时规定：行政复议机关负责法制工作的机构具体办理行政复议事项。从上述规定看，我国的行政复议机构既不是一个独立的机构，也不是一个专职的机构。

行政复议机构的职责主要包括如下几个方面：受理行政复议申请；向有关组织和人员

调查取证，查阅文件和资料；审查申请行政复议的具体行政行为是否合法、适当，拟定行政复议决定；处理或转送申请人对具体行政行为所依据的规定的审查申请；对行政机关违反《行政复议法》规定的行为提出处理建议；办理行政诉讼的应诉事项；法律、法规规定的其他职责。

二、行政复议参加人

行政复议参加人，是指与被申请复议的具体行政行为有利害关系而参与行政复议活动的复议当事人以及与复议当事人法律地位类似的其他人。复议当事人通常指申请人和被申请人，在个别情形下，还包括第三人；与复议当事人法律地位类似的人主要是指代理人。证人、鉴定人、翻译人员等不属于复议参加人。

（一）申请人

申请人指对行政主体作出的具体行政行为不服，依据法律、法规的规定，以自己的名义向行政复议机关申请行政复议的公民、法人或其他组织。成为行政复议申请人必须具备以下条件：①复议申请人必须是被申请复议具体行政行为的行政相对人。②复议申请人必须是认为具体行政行为侵犯其合法权益的公民、法人或其他组织，即申请人必须与具体行政行为有直接利害关系。③复议申请人必须是以自己的名义申请行政复议的公民、法人或其他组织，如果不是以自己的名义而是代理申请人申请行政复议的，则为复议代理人。

一般情况下，行政复议申请人的资格具有专属性，但特殊情况下，会发生申请人资格的转移。根据《行政复议法》第 10 条的规定，下列情况下申请人资格发生转移：①有权申请行政复议的公民死亡的，其近亲属可以申请行政复议，包括其配偶、父母、子女、兄弟姐妹、祖父母、外祖父母、孙子女、外孙子女；②有权申请行政复议的法人或者其他组织终止的，承受其权利的法人或者其他组织可以申请行政复议。

（二）被申请人

被申请人是指其具体行政行为被复议申请人指控违法或不当侵犯其合法权益，并由行政复议机关通知参加行政复议的行政主体。

行政复议被申请人必须具备以下条件：①被申请人只能是行政主体，即必须是依法享有国家行政职权、管理国家行政事务的行政机关或基于法律授权行使行政管理职能的其他组织，非行政主体不能成为行政复议被申请人；②作出了某一具体行政行为，申请人认为该行政行为侵害其合法权益；③由复议机关通知其参加行政复议。

根据《行政复议法实施条例》的规定，行政复议的被申请人有下列几种：

（1）申请人对行政机关的具体行政行为不服的，该行政机关为被申请人。

（2）法律、法规授权而享有一定行政管理职能的组织作出具体行政行为的，该组织为被申请人。

（3）接受行政机关的委托而作出具体行政行为的组织，委托的行政机关是被申请人。

（4）对县级以上地方人民政府设立的派出机关的具体行政行为不服的，该派出机关是被申请人。

（5）对行政机关的派出机构实施的具体行政行为不服的，如果派出机构在授权范围内以自己的名义作出具体行政行为，则该派出机构为被申请人；行政机关设立的派出机构、内设机构或者其他组织，未经法律、法规授权，对外以自己名义作出具体行政行为的，该行政机关为被申请人。

（6）作出具体行政行为的行政机关被撤销的，继续行使其职权的机关为被申请人；如果没有继续行使其职权的机关的，作出撤销决定的行政机关是被申请人。

（7）两个或两个以上行政机关（或法律、法规授权的组织）作出同一具体行政行为，共同作出该具体行政行为的行政机关（或法律、法规授权的组织）是被申请人；行政机关与其他组织以共同名义作出具体行政行为的，行政机关为被申请人。

（8）下级行政机关依照法律、法规、规章规定，经上级行政机关批准作出具体行政行为的，批准机关为被申请人。

（三）第三人

第三人，是指同被申请行政复议的具体行政行为或拟将作出的复议决定有法律上的利害关系，经复议机关批准而参加行政复议的除申请人和被申请人以外的其他公民、法人或其他组织。行政复议第三人具有如下特征：①与被申请复议的具体行政行为或拟将作出的复议决定有利害关系。"有利害关系"，指有"法律上的权利义务关系"，具体讲就是第三人认为具体行政行为或拟将作出的复议决定影响了其权利义务关系，导致其既得或应得权利的丧失或义务的增加。②须经复议机关通知或经申请获得批准后才能成为第三人。③第三人参加行政复议活动是为了维护其合法权益，具有独立法律地位。

在实践中，行政复议第三人通常包括以下几种：

（1）行政处罚复议案件中，被处罚人或被侵害人一方申请行政复议，另一方则可以作为第三人申请参加复议。

（2）行政裁决、行政确权复议案件中，民事纠纷一方当事人申请行政复议，另一方当事人可以作为第三人参加复议。

（3）同一具体行政行为针对两个或两个以上行政相对人，部分相对人申请复议，则未申请复议的相对人可作为第三人参加复议。

（4）因行政主体越权而引起的复议案件，被越权的行政主体可作为第三人参加复议。

（5）两个或两个以上行政主体针对同一事件作出相互矛盾的具体行政行为，相对人对其中一个具体行政行为不服申请复议，则其他行政主体可以作为第三人申请参加复议。

（四）代理人

行政复议中的代理人，是指以被代理人的名义在代理权限范围内实施复议行为，其法律后果由被代理人承担的复议参加人。代理人主要包括两种情形：①法定代理人。根据《行政复议法》第 10 条第 2 款之规定，有权申请行政复议的公民为无民事行为能力或者限制民事行为人的，其法定代理人可以代为申请行政复议。②委托代理人。《行政复议法》第 10 条第 5 款和《行政复议法实施条例》第 10 条分别规定，"申请人、第三人可以委托代理人代为参加复议"，"申请人、第三人可以委托 1 至 2 名代理人参加行政复议。申请人、第三人委托代理人的，应当向行政复议机构提交授权委托书。授权委托书应当载明委托事项、权限和期限。公民在特殊情况下无法书面委托的，可以口头委托。口头委托的，行政复议机构应当核实并记录在卷。申请人、第三人解除或者变更委托的，应当书面报告行政复议机构。"此外，《行政复议法实施条例》第 8 条规定，"同一行政复议案件申请人超过5人的，推选1至5名代表参加行政复议。”

第六节 行政复议的程序

行政复议程序是指从行政复议申请人向行政复议机关申请行政复议至行政复议机关作出复议决定的具体步骤、形式、顺序和时限的总和，是行政复议合法、高效进行的重要保证。行政复议的程序分为申请、受理、审理、决定四个环节。

一、申请

行政复议是一种由申请人提出申请而启动的行政行为，必须由受到行政行为影响的公民、法人和其他组织提出。复议申请，是指公民、法人或其他组织不服行政机关作出的具体行政行为而向复议机关提出要求撤销或变更该具体行政行为的请求。具体讲，就是公民、法人或其他组织认为行政机关的具体行为侵犯其合法权益，依法向行政复议机关提出请求，要求对该具体行政行为的合法性、适当性进行审查，并要求撤销或改变该具体行政行为，以保护其合法权益的行为。申请是行政复议的必经程序，没有申请，复议机关不主动引起复议活动。但申请又不会导致复议活动的必然发生，只有符合条件的申请，复议机关才予以受理。

（一）申请的条件

根据《行政复议法》的规定，行政复议的申请应当具备以下条件：①申请人必须是认为具体行政行为侵犯其合法权益的公民、法人或其他组织；②有明确的被申请人；③有具体的复议请求和事实根据；④属于复议范围和受理复议机关管辖；⑤必须符合法定的申请期限；⑥法律、法规规定的其他条件。

（二）申请期限

《行政复议法》规定，“公民、法人或者其他组织认为具体行政行为侵犯其合法权益的，可以自知道该具体行政行为之日起60日内提出行政复议申请；但是法律规定的申请期限超过60日的除外。因不可抗力或者其他正当理由耽误法定申请期限的，申请期限自障碍消除之日起继续计算。”

（三）申请方式

申请人申请行政复议，可以书面申请，也可以口头申请。书面申请是指申请人向复议机关提交复议申请书，要求复议。复议申请书应当载明下列内容：申请人的姓名、性别、年龄、职业和住所，法人或其他组织的名称、住所和法定代表人的姓名、职务；被申请人的名称、地址；申请复议的理由；申请的年、月、日等。

口头申请，是指书写复议申请书有困难的，允许申请人以口头形式申请复议，由行政复议机关工作人员记入笔录，经核对后，由申请人签名。口头申请的，行政复议机关应当当场记录申请人的基本情况、行政复议的主要事实、理由和时间。

二、受理

复议的受理，是复议机关接到复议申请后的处理，具体指行政复议机关对公民、法人或者其他组织的行政复议申请进行初步审查，决定是否予以立案的行为。

（一）受理前的审查程序与处理

《行政复议法》第 17 条 1 款规定，“行政复议机关收到行政复议申请后，应当在 5 日内进行审查，对不符合本法规定的行政复议申请，决定不予受理，并书面告知申请人；对符合本法规定，但是不属于本机关受理的行政复议申请，应当告知申请人向有关行政复议机关提出。”第 2 款规定，“除前款规定外，行政复议申请自行政复议机关负责法制工作的机构收到之日起即为受理。”

据此，复议机关在作出是否予以受理的决定之前应对申请人的申请进行初步审查，审查的内容主要涉及以下方面：①是否有明确的申请人和符合规定的被申请人；②申请人与具体行政行为是否有利害关系；③是否有具体的行政复议请求和理由；④是否在法定申请期限内提出；⑤是否属于《行政复议法》规定的行政复议范围；⑥是否属于收到行政复议申请的行政复议机构的职责范围；⑦申请材料是否齐备；⑧是否属于重复申请或人民法院已经受理同一主体就同一事实提起的行政诉讼。

复议机关经审查后依法作出如下相应具体处理：

（1）对于不符合法律规定的行政复议申请，决定不予受理，并书面告知申请人。

（2）对于符合《行政复议法》规定但是不属于本机关受理的行政复议申请，应当告知申请人向有关行政复议机关提出。

（3）除前述两种情形以外，行政复议申请自行政复议机关负责法制工作的机构收到之日起即为受理。

（4）补正后受理。行政复议申请材料不齐全或者表述不清楚的，行政复议机构可以自收到该行政复议申请之日起 5 日内书面通知申请人补正。补正通知应当载明需要补正的事项和合理的补正期限。无正当理由逾期不补正的，视为申请人放弃行政复议申请。

（二）受理的法律效果

受理是一种法律行为，复议机关受理后，行政复议案件即告成立，复议程序即正式开始，并产生以下法律后果：

（1）申请人、被申请人、行政复议机关成为该行政复议法律关系的主体，依法享有一定的权利，承担一定的义务。

（2）复议机关、申请人和被申请人都必须严格按照行政复议程序进行行政复议活动，非经法定程序，行政复议不得随意中止或终结。

（3）行政复议期间具体行政行为不停止执行，但出现依法停止执行情形的，可以停止执行。

（4）行政复议机关已经受理的行政复议案件，在行政复议期限内，就同一具体行政行为，当事人向法院提起行政诉讼的，人民法院不应受理。

（三）对不予受理的救济与监督

1. 提起行政诉讼 根据《行政复议法》第 19 条的规定，“行政复议机关决定不予受理或者受理后超过行政复议期限不作答复的，公民、法人或者其他组织可以自收到不予受理决定书之日起或者行政复议期满之日起十五日内，依法向人民法院提起行政诉讼。”

2. 请求上级行政机关处理 根据《行政复议法》第 20 条、《行政复议法实施条例》

第 31 条之规定，公民、法人或者其他组织依法提出行政复议申请，行政复议机关无正当理由不予受理的，可以请求上级行政机关处理。上级行政机关认为行政复议机关不予受理复议申请的理由不成立的，可以先行督促其受理；经督促仍不受理的，应当责令其限期受理，必要时，上级行政机关也可以直接受理；认为行政复议申请不符合法定受理条件的，应当告知申请人。

三、审理

审理是复议机关对依法受理后的复议案件的事实、证据、法律适用及争议的焦点等内容进行审查的过程，是复议程序中最具实质性的环节。

（一）审理前的准备

1. 发送法律文书 复议机关负责法制工作的机构应当自行政复议申请受理之日起 7 日内，将行政复议申请书副本或者行政复议申请笔录复印件发送被申请人。

2. 提交答辩材料 被申请人应当自收到申请书副本或者申请笔录复印件之日起 10 日内，提出书面答复，并提交当初作出具体行政行为的证据、依据和其他有关材料。申请人、与申请行政复议的具体行政行为有利害关系的第三人可以申请查阅，除涉及国家秘密、商业秘密或者个人隐私外，行政复议机关不得拒绝。

（二）审理的方式

根据《行政复议法》第 22 条之规定，“行政复议原则上采取书面审查的办法，但是申请人提出要求或者行政复议机关负责法制工作的机构认为有必要时，可以向有关组织和人员调查情况，听取申请人、被申请人和第三人的意见。”这一规定表明，我国的行政复议制度实行书面审查为原则、其他审查为例外的审查方式。

（三）审理的内容

根据《行政复议法》的规定，复议审查实行全面审查，即复议机关有权对具体行政行为的合法性及合理性进行全面审查。全面审查的内容包括以下几个方面：①复议机关对具体行政行为的合法性进行审查。包括审查作出具体行政行为的行政主体是否适格，内容是否符合法律、法规、规章和具有普遍约束力的决定、命令，是否超越权限，程序是否合法等。②复议机关对具体行政行为的合理性进行审查。具体行政行为的合理性是基于行政主体的自由裁量权发生的，对明显不适当的具体行政行为，行政复议机关可以决定变更。③复议审查不受复议申请请求的限制。④复议机关有权对被申请复议的具体行政行为所依据的规范性文件的合法性进行审查。

（四）审理的期限

《行政复议法》第 31 条规定，“行政复议机关应当自受理申请之日起 60 日内作出行政复议决定；但是法律规定的行政复议期限少于 60 日的除外。情况复杂，不能在规定期限内作出行政复议决定的，经行政复议机关的负责人批准，可以适当延长，并告知申请人和被申请人，但是延长期限最长不超过 30 日。”

四、决定

复议决定是复议机关对立案受理的复议案件经审查后作出的具有法律效力的判断。行政复议机关通过对案件的审理，根据不同情况作出不同的复议决定。

（一）复议决定的种类及适用条件

根据《行政复议法》及《行政复议法实施条例》的规定，复议决定包括以下几种：

1. 维持决定 维持决定，是指行政复议机关作出的维持被申请人的具体行政行为的决定。维持决定是复议机关对原具体行政行为的再次肯定，其适用条件包括：具体行政行为认定事实清楚；证据充分确凿；适用法律依据正确；程序合法；内容适当。

2. 责令履行决定 责令履行决定，是指行政复议机关经审查，认定被申请人无正当理由不履行或拖延履行法定职责，而要求其在一定期限内履行其法定职责的决定。责令履行决定主要针对不作为行政复议案件，其适用条件包括：①被申请人负有履行某种法定职责的义务；②申请人依法提出履行请求；③被申请人未在法定期限或合理期限内履行职责，且无正当理由；④责令被申请人履行其职责有实际意义。

3. 撤销决定 撤销决定，是指复议机关经审查，认为被申请人的具体行政行为存在违法或明显不当，因而否定其效力的决定。具体行政行为存在下列情形之一的，复议机关有权作出撤销原具体行政行为的决定：①主要事实不清的；②适用法律、法规、规章和具有普遍约束力的决定、命令错误的；③违反法定程序的；④超越或者滥用职权的；⑤具体行政行为明显不当的。

4. 变更决定 变更决定，指复议机关经审查，认定被申请人作出的具体行政行为合法但不合理，而依法将不合理内容予以改正的决定。《行政复议法实施条例》第 47 条规定，“具体行政行为有下列情形之一，行政复议机关可以决定变更：（一）认定事实清楚，证据确凿，程序合法，但是明显不当或者适用依据错误的；（二）认定事实不清，证据不足，但是经行政复议机关审理查明事实清楚，证据确凿的。”

5. 确认违法决定 确认违法决定，是指复议机关经审查，认定原具体行政行为违法但又无法撤销、变更，或责令履行无实际意义的，作出该具体行政行为违法认定的复议决定。确认违法复议决定是复议机关对原行政行为违法状态的一种宣示或认定，其适用条件主要是：①被申请复议的行政行为具有违法性；②作为行政行为违法但无法撤销、变更；③不作为行政行为违法但责令履行没有实际意义。

6. 赔偿决定 赔偿决定，是指复议机关经审查，认定被申请人作出的具体行政行为违法侵犯了申请人的合法权益并造成损害事实，依法责令被申请人承担损害赔偿责任的决定。根据《行政复议法》及《行政复议法实施条例》的规定，申请人在申请行政复议时一并提出行政赔偿请求的，行政复议机关经审查，如认为符合《国家赔偿法》的有关规定应予赔偿的，应在作出撤销、变更具体行政行为或者确认具体行政行为违法的决定时，同时作出责成被申请人依法给予申请人赔偿的决定。申请人在申请行政复议时如果没有提出行政赔偿请求，行政复议机关在依法决定撤销或者变更罚款、撤销违法集资、没收财物、征收财物、摊派费用以及对财产的查封、扣押、冻结等具体行政行为时，应当同时作出责令被申请人返还申请人财产，解除对申请人财产的查封、扣押、冻结措施，或者赔偿相应价款的决定。

7. 驳回复议申请决定 驳回复议申请决定，是指行政复议机关受理案件后，认为申请人提出的复议申请不符合受理条件或者认为行政机关不履行法定职责的理由不能成立而作出的复议处理决定。根据《行政复议法实施条例》第48条的规定，有下列情形之一的，行政复议机关应当决定驳回行政复议申请：①申请人认为行政机关不履行法定职责申请行政复议，行政复议机关受理后发现该行政机关没有相应法定职责或者在受理前已经履行法定职责的；②受理行政复议申请后，发现该行政复议申请不符合《行政复议法》和《行政复议法实施条例》规定的受理条件的。

驳回复议申请决定与不予受理两种处理方式有着密切的联系，但也存在较大的区别：①阶段不同。驳回复议申请是行政复议机关受理案件后作出的决定；不予受理是行政复议机关在受理案件前作出的决定。②适用条件不同。驳回复议申请的适用条件是行政复议机关认为申请人提出的行政复议申请不符合受理条件或者认为行政机关不履行法定职责的理由不能成立；而不予受理决定的适用条件是行政复议机关认为申请人提出的行政复议申请不符合受理条件。③对申请人权利的影响不同。当复议机关认为申请人关于行政机关不履行法定职责的理由不能成立时，驳回复议申请否定的是申请人的实体请求权，而如果行政复议机关认为申请人提出的行政复议申请不符合受理条件，驳回复议申请否定的则是申请人的程序请求权；不予受理否定的则只能是申请人的程序请求权。

8. 对抽象行政行为的处理决定 申请人在申请行政复议时，一并提出对有关抽象行政行为的审查申请的，行政复议机关对该抽象行政行为有权处理的，经对该行为的审查，应当在30日内依法作出处理决定；其无权处理的，应当在7日内按照法定程序转送有权处理的行政机关作出处理决定，有权处理的行政机关应当在60日内依法作出处理决定。

此外，行政复议机关在对被申请人作出的具体行政行为进行审查时，认为具体行政行为的依据（如行政法规、规章等）不合法，行政复议机关有权处理的，应当在30日内依法处理；其无权处理的，应当在7日内按照法定程序转送有权处理的国家机关依法处理。处理期间，复议机关中止对具体行政行为的审查。

（二）复议决定的形式、效力与执行

行政复议机关作出行政复议决定应当制作行政复议决定书，并加盖印章。复议决定书应载明下列内容：①申请人姓名、性别、年龄、职业、住址，法人或其他组织的名称、地址、法定代表人的姓名；②被申请人的名称、地址、法定代表人的姓名、职务；③申请复议的主要请求和理由；④复议机关决定的事实、理由，适用的法律、法规、规章和具有普遍约束力的决定、命令；⑤复议结论；⑥不服复议决定向人民法院起诉的期限，或终局的复议决定，当事人履行的期限；⑦作出复议决定的年、月、日。复议决定书由复议机关的法定代表人署名，加盖复议机关的印章。

行政复议决定书一经送达，即发生法律效力。对于生效行政复议决定，被申请人、申请人均应当遵守履行。

被申请人不履行或者无正当理由拖延履行行政复议决定的，行政复议机关或者有关上级行政机关应当责令其限期履行。

申请人逾期不起诉又不履行行政复议决定的，或者不履行最终裁决的行政复议决定的，按照下列规定分别处理：①维持具体行政行为的行政复议决定，由作出具体行政行为的行政机关依法强制执行，或者申请人民法院强制执行；②变更具体行政行为的行政复议决定，由行政复议机关依法强制执行，或者申请人民法院强制执行。

DI-SHISAN ZHANG

第十三章 13

行 政 诉 讼

伴随着行政权不断扩张及社会生活的复杂化，公民与国家管理活动之间的冲突及行政侵权纠纷相应地增多，及时、公平、合理地为受害人提供救济、解决行政纠纷，不仅关涉当事人的合法权益维护，也事关我国的社会主义法治建设进程。在现代社会中，行政诉讼作为一项重要的法律制度，是为公民、法人或者其他组织在可能被行政机关或法律、法规授权的组织所作出的违法不当行政行为侵犯合法权益的情况下，提供的法律救济手段和途径。行政诉讼通过对行政纠纷的审理与裁判，化解行政机关与相对人之间因行政行为而产生的争议，从而维护和稳定社会秩序。行政诉讼的最基本功能是解决行政纠纷，在定纷止争过程之中，也起到了权利救济和监督行政权行使的客观效果。本章以行政诉讼的概念、特征与功能，行政诉讼法律关系，行政诉讼的基本原则等行政诉讼制度的基本理论知识为基础，依据现行《行政诉讼法》及相关司法解释的具体规定，对我国行政诉讼的受案范围与管辖、行政诉讼参加人、行政诉讼证据与举证责任以及行政诉讼的程序等内容进行阐述。

第一节 行政诉讼概述

一、行政诉讼的概念、特征、功能

（一）行政诉讼的概念

建立宪政制度的目的是保障公民权益，而对公民权益的侵犯主要来自国家权力，特别是集中的、不受限制的国家权力。因此，从资产阶级革命之初，将权力分立，通过权力之间的分工、制衡来限制和规范国家权力，就成为保护公民权益的重要手段。在权力制约中，最重要的是对行政权的规范与制约。

由于法律文化、传统的不同，各国的行政诉讼制度安排呈现出较为明显的差异性。我国现行的《行政诉讼法》第 2 条规定，“公民、法人或者其他组织认为行政机关和行政机关工作人员的行政行为侵犯其合法权益，有权依照本法向人民法院提起诉讼。”根据这一规定，对我国的行政诉讼可作如下界定：所谓行政诉讼，是指公民、法人或者其他组织认为行政机关和被授权组织的行政行为侵犯其合法权益而不服时，依法定程序向法院起诉，由法院依法受理，并在当事人和其他诉讼参加人的参加下，依法对行政行为的合法性进行审查并就相关行政争议作出裁决的司法活动或者制度。

（二）行政诉讼的特征

根据上述概念，我国的行政诉讼制度具有如下特征：

1. 原告、被告恒定 我国的行政诉讼制度是为了保护公民权益不受行政权的非法侵犯，属于主观诉讼。因此，只有认为自身权益受到行政行为侵害的公民、法人或者其他组织才能向法院提起行政诉讼，请求审查行政行为的合法性，而作出被诉行政行为的行政机关在诉讼中始终居于被告地位，不能以行政主体的身份作为原告向法院起诉。

2. 人民法院主管 我国法院组织体系属于单轨制，不设专门的行政法院，人民法院享有对所有案件的管辖权。与此同时，法院内部分设有行政审判庭，具体负责行政案件的审理工作，依据不同于民事诉讼的专门的行政诉讼程序规则，适用行政法规范，审理和裁判行政案件。

3. 审查对象为行政行为的合法性 权力的分工制衡决定了司法审查的有限性，人民法院原则上只能审查行政行为是否合法。除非法律有明确规定，不审查行政行为的合理性问题。例如，《动物防疫法》第 75 条规定，“违反本法规定，不按照国务院兽医主管部门规定处置染疫动物及其排泄物，染疫动物产品，病死或者死因不明的动物尸体，运载工具中的动物排泄物以及垫料、包装物、容器等污染物以及其他经检疫不合格的动物、动物产品的，由动物卫生监督机构责令无害化处理，所需处理费用由违法行为人承担，可以处三千元以下罚款。”若行政相对人认为此行政处罚侵犯了其合法权益，可以提起行政诉讼，行政诉讼原告为受处罚的行政相对人，被告为作出处罚的动物卫生监督机构，人民法院原则上只审查该行政处罚行为是否合法，一般不对其合理性进行审查。

（三）行政诉讼的功能

由于各国社会、政治、经济、文化、风俗习惯等具体国情的不同，行政诉讼的功能在不同的国家甚至于在同一国家的不同时期都有不同的表现。我国现行《行政诉讼法》第 1 条规定，“为保证人民法院公正、及时审理行政案件，解决行政争议，保护公民、法人和其他组织的合法权益，监督行政机关依法行使职权，根据宪法，制定本法。”据此，行政诉讼具有以下三项重要功能：

1. 解决行政纠纷 解决纠纷是行政诉讼最基本的功能。纠纷的解决有多种途径：协商、调解、复议、诉讼，由于行政诉讼主要针对行政行为的合法性，而合法性问题的可妥协性很小，所以协商与调解在解决行政合法性争议时没有太大的用武之地，复议和诉讼就成为解决行政纠纷的常用手段。

2. 保护公民、法人和其他组织的合法权益 建立行政诉讼的目的是通过规范监督行政权，保护公民、法人和其他组织的合法权益。这一要求自始至终贯穿和体现在行政诉讼的各具体制度之中。例如，受案范围制度明确了公民可以提起诉讼的对象，原告资格制度明确了公民在何种情况下可以通过行政诉讼的方式寻求救济，临时救济措施制度则为诉讼过程中的公民提供了更为周全的保障，各种裁判种类的设定则通过撤销、变更违法的行政行为，使法律关系恢复到受损害前的状态。

3. 监督和制约行政机关依法行使职权 行政权受司法权的制约，行政决定接受司法的审查，是一种基于民主和法治理念所作的制度安排。行政诉讼通过审查被诉行政行为的合法性，迫使行政主体在作出行政行为之时按照法律规定谨慎行使职权。即使行政主体行使自由裁量权，但亦得尊重裁量基准和裁量梯次，否则裁量严重不当的话，便会出现行政行为严重不合理之情形，对此法院亦有对之予以审查的权力。行政机关在行使职权的过程中可能会出现两种情况：一是行政机关违法行政，侵犯了公民的合法权益而引发诉讼；二是公民拒不接受行政机关的合法行为而引发诉讼。对于第一种情况，法院可以通过撤销、变更等判决形式，监督行政机关依法行政；对于后一种情况，则通过驳回判决，督促公民依法履行其义务，维护行政的权威。

二、行政诉讼法律关系

（一）行政诉讼法律关系的概念

行政诉讼法律关系是行政诉讼法律规范所调整的，人民法院与诉讼当事人之间，以及其他诉讼参加人相互之间在行政诉讼过程中所形成的以行政诉讼权利义务为内容的特定的法律关系。

（二）行政诉讼法律关系的构成要素

1. 行政诉讼法律关系的主体 是指在行政诉讼过程中，依法享有行政诉讼权利、承担行政诉讼义务的组织或者个人，具体包括职权主体、诉讼当事人、其他诉讼参加人和参与人。职权主体，是指作为审判主体的人民法院和作为法律监督主体的人民检察院，人民法院在行政诉讼中处于主导地位。当事人包括原告、被告、第三人，它们是行政诉讼法律关系中最基本的主体。其他参加人和参与人主要指诉讼代理人、证人、鉴定人、勘验人、翻译人员等。

2. 行政诉讼法律关系的客体 是指行政诉讼法律关系主体的权利义务所共同指向的对象。我国行政诉讼活动是围绕被诉行政行为的合法性展开的，所以，被诉行政行为的合法性即为行政诉讼法律关系的客体。

例如，根据《动物防疫法》第78条规定，“屠宰、经营、运输的动物未附有检疫证明，经营和运输的动物产品未附有检疫证明、检疫标志的，由动物卫生监督机构责令改正，处同类检疫合格动物、动物产品货值金额百分之十以上百分之五十以下罚款”。当行政相对人认为此行政处罚侵犯了其合法权益而提起行政诉讼时，该行政诉讼法律关系的客体即为行政处罚的合法性。

3. 行政诉讼法律关系的内容 是指行政诉讼法律关系主体在诉讼活动中所享有的诉讼权利和承担的诉讼义务。如职权主体在行政诉讼中依法享有审判权和监督权，以及依法公正、及时地审理案件等职责；诉讼当事人依法享有各种权利，同时必须履行遵守法庭纪律、执行法院判决的义务。

（三）行政诉讼法律关系的产生、变更和消灭

法律关系的产生以法律规范的存在为前提，以法律事实的产生为条件，二者结合导致法律关系的产生、变更和消灭。

行政诉讼法规范为在何种条件下产生、变更或者消灭行政诉讼法律关系设定了条件。

法律事实包括能够引起一定的法律效果的法律行为和法律事件。法律行为是行政诉讼法律关系主体基于自己的意志实施的、能够导致行政诉讼法律关系产生、变更、消灭的行为。例如，起诉行为、举证行为、上诉行为等，均导致行政诉讼法律关系发生一定的变化。

法律事件是指由于主体意志之外的情况，导致法律关系产生、变更、消灭的事实。例如，有原告资格的公民死亡，且其近亲属不愿继续诉讼的，导致行政诉讼法律关系终止。

三、行政诉讼的基本原则

行政诉讼的基本原则，是指由宪法和法律规定的、贯穿于行政诉讼活动的整个过程，对行政诉讼活动起指导和补充作用的基本精神和准则。

（一）共有原则

行政诉讼作为法院主持下的三大诉讼制度之一，与其他诉讼制度有一些共同的原则，主要有：①法院依法独立行使行政审判权原则；②以事实为根据，以法律为准绳原则；

③合议、回避、公开审判原则；④两审终审制原则；⑤当事人法律地位平等原则；⑥使用本民族语言文字进行诉讼原则；⑦辩论原则；⑧人民检察院实行法律监督原则。

（二）特有原则

行政诉讼以行政争议为解决对象，这一特殊性决定了行政诉讼具有与其他诉讼不同的原则，主要有：

1. 选择复议原则 即在法律、法规没有明确规定必须经复议的情况下，当事人对行政处理决定不服时，既可以先向上一级行政机关或者法律规定的特定机关申请复议，对复议决定不服，再向法院起诉，也可以不经复议直接向法院起诉。把行政复议作为行政诉讼的必经阶段，即行政复议前置原则，是一些国家行政诉讼的基本原则。在我国，原则上复议不是进行行政诉讼的必经程序，除法律另有规定外，是否先经过复议，由当事人自己选择。

例如，根据我国《畜牧法》第 61 条，“违反本法有关规定，销售、推广未经审定或者鉴定的畜禽品种的，由县级以上人民政府畜牧兽医行政主管部门责令停止违法行为，没收畜禽和违法所得并处罚款”。当行政相对人对县级人民政府畜牧兽医行政主管部门作出的行政处罚不服时，可以先向市一级人民政府畜牧兽医行政主管部门申请复议，对复议决定不服，再向法院起诉；也可以不经复议直接向法院起诉。

2. 行政行为合法性审查原则 抽象行政行为和具体行政行为都有可能对公民、法人或者其他组织的合法权益构成侵害，鉴于我国的宪政体制和人民法院的地位，《行政诉讼法》规定，公民、法人或者其他组织只能在认为行政行为侵犯其合法权益时，才可以向法院起诉。

对行政机关作出的具体行政行为的要求应当包括两个方面，即合法性和合理性。行政行为违法或者虽然合法但不合理（即不适当），都可能对公民、法人或者其他组织的合法权益构成侵害。考虑到法院的性质和司法权与行政权之间的关系，《行政诉讼法》在第 6 条规定，“人民法院审理行政案件，对行政行为是否合法进行审查”。因此，行政机关在法律、法规授予的行政自由裁量权范围内作出的具体行政行为是否合理、适当，原则上通过行政复议由行政机关自行判断和处理。

3. 行政行为不因诉讼而停止执行原则 行政行为是行政机关代表国家依据法律、法规的规定作出的，一旦作出即应推定为合法，即行政行为具有先定力、约束力、确定力及执行力。因而，即使当事人认为行政行为违法并向法院起诉，要求改变或者撤销违法行政行为，但在法院依据有关法律、法规作出生效判决之前，行政行为仍然被推定为合法有效，也就要求得到执行。实行这一原则也有利于保证国家行政管理活动的正常进行和提高行政效率。当相对人在规定的期限内不履行具体行政行为所要求的义务时，行政机关或者法院有权依据法律规定实施强制执行。

例如，根据我国《畜牧法》第 64 条，“违反本法有关规定，使用的种畜禽不符合种用标准的，由县级以上地方人民政府畜牧兽医行政主管部门责令停止违法行为，没收违法所得”。当行政相对人对县级人民政府畜牧兽医行政主管部门作出的行政处罚不服时，可以提起诉讼，但在法院代表国家依据有关法律、法规作出生效判决之前，具体行政行为仍然被推定为合法有效，也就要求得到执行。

《行政诉讼法》同时也考虑到在某些特殊情况下，被诉行政行为应当停止执行，否则将可能造成难以弥补的损失。《行政诉讼法》第 56 条规定，在以下四种情况下，行政行为可以停止执行：①被告认为需要停止执行的；②原告在提起行政诉讼的同时，申请法院停止执行具体行政行为，法院认为该具体行政行为的执行将会造成难以弥补的损失，并且停止执行不损害社会公共利益，裁定停止执行的；③人民法院认为该行政行为的执行会给国家利益、社会公共利益造成重大损害的；④法律、法规规定停止执行的。

4. 不适用调解原则 是指人民法院审理行政案件，既不能把调解作为行政诉讼过程中的一个必经阶段，也不能把调解作为结案的一种方式。《行政诉讼法》第 60 条规定，“人民法院审理行政案件，不适用调解。”法院审理行政案件之所以不适用调解原则，其根本原因在于，法院审理行政案件是对被诉行政行为的合法性进行审查并作出裁判，行政机关作出行政行为，是其行使法定职权的表现，而对于这种法定职权，行政机关不得放弃或者让步，否则即构成失职。因此，行政机关作出的行政行为或者合法或者违法，除此之外没有第三种可能。法院就某一争议在双方当事人之间进行调解，其前提是当事人对争议的内容即权利义务享有处分的权利，即可以放弃或者作出某种程度的让步。在行政诉讼中适用调解，会造成行政机关法定职权的性质与调解的前提之间相互矛盾。

不适用调解原则存在例外情形。《行政诉讼法》第 60 条规定，“行政赔偿、补偿以及行政机关行使法律、法规规定的自由裁量权的案件可以调解。”这是因为，赔偿诉讼无非涉及两个问题：一是是否造成了损害；二是损害的程度如何。相应地，法院审理这类案件也是解决两个问题：一是是否赔偿；二是赔偿的数额。而这两个问题均不涉及行政机关的法定职权，仅在于对损害事实的认定及相应赔偿数额确定。因此，双方可以通过协商，本着互谅互让的原则，解决行政赔偿责任问题。行政机关行使法律、法规规定的自由裁量权的案件因解决的是合理性与否的问题，故也可以调解。

5. 司法变更权有限原则 司法变更权是指人民法院对被诉具体行政行为经过审理后，改变该行政行为的权力。司法变更权涉及司法权与行政权的关系问题，因此，各国在规定法院所享有的变更权时都极为慎重。《行政诉讼法》既考虑到最大限度地保护当事人合法权益的需要及保障司法权行使的有效性，又考虑到法定的权力分配关系，在第 77 条规定：“行政处罚明显不当，或者其他行政行为涉及对款额的确定、认定确有错误的，人民法院可以判决变更。”

第二节 行政诉讼的受案范围与管辖

一、行政诉讼受案范围

（一）行政诉讼受案范围的概念

自《行政诉讼法》颁布以来，行政诉讼受案范围一直是备受学界与实务界关注的重要问题。行政诉讼受案范围，又称行政诉讼范围，是指人民法院可以行使行政审判权的行政案件的范围。行政机关在行使行政权的过程中，会与公民、法人和其他组织发生各种各样的行政争议。但不是所有的行政争议都可以进入行政诉讼程序，纳入法院的审理范围之内。

受案范围的确定，具有如下意义：①划定司法权监督行政权的疆域。受案范围的存在，表明了司法权的触角延伸到行政领域的广度，法院无权监督受案范围以外的行政行为。②界定法院内部各审判庭的分工。行政机关的行政活动，有时与其他的职能密切联系在一起，如公安机关的治安管理权与刑事执法权。不同性质的行为，分属于法院不同审判庭审理。受案范围的规定，可以明确界定各审判庭的分工。③确定公民、法人和其他组织的诉权。虽然诉权是不同于受案范围的概念，但公民、法人和其他组织诉权的行使，却受限于受案范围的规定。对于不属于受案范围内的行政行为，公民、法人和其他组织的诉权就无法行使。从这个角度来看，受案范围越宽，诉权的保障就越有力。

（二）行政诉讼受案范围的确定

对于行政诉讼受案范围，我国《行政诉讼法》立法采取了“概括肯定＋列举肯定＋列举否定”的规定方式。具体如下：

1. 概括性肯定 《行政诉讼法》第 2 条规定：“公民、法人或者其他组织认为行政机关和行政机关工作人员的行政行为侵犯其合法权益，有权依照本法向人民法院提起诉讼。前款所称行政行为，包括法律、法规、规章授权的组织作出的行政行为。”从该条款规定来看，可以成为我国行政诉讼受案范围的行政争议，必须是“行政机关和行政机关工作人员以及法律、法规、规章授权的组织”作出的“行政行为”。

2. 肯定性列举的范围 《行政诉讼法》第 12 条列举了可以纳入行政诉讼受案范围的行政行为类型，包括：

（1）行政拘留、暂扣或者吊销许可证和执照、责令停产停业、没收违法所得、没收非法财物、罚款、警告等行政处罚　行政处罚是享有行政处罚权的行政机关或法律、法规授权的组织对违反行政管理秩序依法应当受到处罚的公民、法人或者其他组织所给予的一种法律制裁。处罚的前提是被罚人有违反行政法的行为且事实已经查清、确定。行政机关用惩戒手段来警示违法行为人，常以剥夺权利、课以义务的方式使被处罚人的权益受到损害，这无疑是对公民、法人或者其他组织的合法权益构成威胁的一种具体行政行为。行政处罚的罚种主要有：行政拘留，驱逐出境，吊销许可证照和执照、责令停产停业，罚款，没收违法所得、没收非法财物，警告，等等。

（2）限制人身自由或者对财产的查封、扣押、冻结等行政强制措施和行政强制执行。

（3）申请行政许可，行政机关拒绝或者在法定期限内不予答复，或者对行政机关作出的有关行政许可的其他决定不服的　拒绝颁发是指行政机关明确拒绝公民、法人和其他组织的申请。不予答复是指行政机关超过法定期限或在无法定期限的情况下超出合理期限不对公民、法人和其他组织作出是否同意申请的意思表示。

（4）行政机关作出的关于确认土地、矿藏、水流、森林、山岭、草原、荒地、滩涂、海域等自然资源的所有权或者使用权的决定。

（5）征收、征用决定及其补偿决定　行政征收针对的是所有权——集体土地、私有房产等，而行政征用针对的是财物的使用权——“用毕归还”，两者均应当予以补偿。行政征收、征用决定及其补偿决定均具有损害相对人合法权益的可能。

（6）申请行政机关履行保护人身权、财产权等合法权益的法定职责，行政机关拒绝履行或者不予答复　通常情况下，对该条款的适用，需要存在公民、法人和其他组织的申请。但在行政机关有主动依职权行政的职责时，则不以公民、法人和其他组织的申请为必要条件。

（7）行政机关侵犯其经营自主权或者农村土地承包经营权、农村土地经营权的行政行为 根据《行政诉讼法》第12条第1款第7项，人民法院受理公民、法人或者其他组织认为行政机关侵犯法律规定的经营自主权或者农村土地承包经营权、农村土地经营权而提起的诉讼。所谓法律规定的经营自主权，是指企业和经济组织依照法律、法规和规章的规定，对自身的机构、人员、财产、生产、销售、原材料供应等事项的自主管理、经营权利。企业的自主经营权具体包括：生产经营决定权，产品定价、销售权，物资采购权，资产处置权，投资决策权，留用资本支配权，联营兼并权，劳动用工权，内部人事管理权，工资奖金分配权，内部机构设置权，拒绝摊派权等。农村土地承包经营权，是指农村土地承包人对其依法承包的土地享有占有、使用和一定处分的权利。根据《农村土地承包法》第61条的规定，国家机关及其工作人员侵犯农村土地承包经营权，应当承担损害赔偿等责任。当行政相对人认为自己的经营自主权、农村土地承包经营权、农村土地经营权受到侵犯时，依照《行政诉讼法》的规定，都可以提起行政诉讼。

（8）行政机关滥用行政权力排除或者限制竞争的行政行为 滥用行政权力限制竞争行为，即行政垄断行为，是指政府及其所属部门滥用行政权力，限定他人购买其指定的经营者的商品，限制其他经营者正当的经营活动，或者政府及其所属部门滥用行政权力，限制本地商品流向外地市场等。根据《反不正当竞争法》第7条、《反垄断法》第32条的规定，严禁行政机关滥用行政权力排除或限制竞争，干涉行政相对人正常的经营活动。行政相对人认为行政机关滥用行政权力的行为侵害了自己合法的经营权，可以依据《行政诉讼法》的规定提起行政诉讼。

（9）行政机关违法集资、摊派费用或者违法要求履行其他义务的行政行为 相对人的义务是依法确定的，对于法定义务，公民、法人或者其他组织应当认真履行；不履行的，行政机关可以依法强制其履行。但是，行政机关无权要求公民、法人或者其他组织履行法定义务以外的其他义务，否则就是侵犯他们的合法权益。乱集资、乱收费、乱摊派是行政机关违法要求相对人履行义务的常见行为，这里的“违法要求履行其他义务”是指违法要求相对人承担其他财产或者劳务负担。只要相对人认为行政机关要求自己履行没有法律依据的义务，就可以提起行政诉讼。

（10）行政机关没有依法支付抚恤金、最低生活保障待遇或者社会保险待遇的行政行为 抚恤金、最低生活保障待遇、社会保险待遇的发放都属于行政给付行为，负有发放职责的行政机关如果没有依法发放相应资金给行政相对人，将构成行政失职行为，侵犯行政相对人获得物质帮助的基本权利。这里的“没有依法”，包括没有发放、少发放、未按法定期限发放等情况。

（11）行政机关不依法履行、未按照约定履行或者违法变更、解除政府特许经营协议、土地房屋征收补偿协议等协议的行政行为 政府特许经营协议、土地房屋征收补偿协议以及国有土地使用权有偿出让等协议为典型的行政合同。行政合同，也叫行政契约，指行政机关为达到维护与增进公共利益，实现行政管理目标之目的，与相对人之间经过协商一致达成的协议。行政合同从特征上来说具有双重属性，即行政性与合同性。实践中，合同一方当事人对行政机关在合同履行过程中按照合同条款行使监督权、处罚权而作出的行政行为，或对行政机关变更、终止或者废除行政合同不服的，可依法提起行政诉讼。

(12) 侵犯其他人身权、财产权等合法权益的行政行为　这类案件是指除上述案件之外的涉及相对人人身权、财产权的案件，是对上述列举不足作的补充。这意味着虽然没有在上述列举范围内的行政行为，只要起诉人认为侵犯其人身权、财产权等合法权益的也可起诉，人民法院应当予以受理。例如行政机关对平等主体间赔偿问题所作出的裁决或强制性补偿决定；行政机关作出违背公民、法人或者其他组织意愿，并直接导致增加义务或妨碍权利的行政确认以及其他各种行政处理及不作为的行政行为等。

(13) 法律、法规规定可以提起诉讼的其他行政行为　根据《行政诉讼法》第 12 条第 2 款的规定，人民法院受理法律、法规规定可以提起诉讼的其他行政案件，这是一条兜底性的规定。即除前述规定外，人民法院还受理法律、法规规定可以提起诉讼的其他行政案件。《行政诉讼法》第 12 条第 1 款对属于人民法院受案范围的各类案件虽然做了列举，但并不等于我国的行政诉讼受案范围就只限于《行政诉讼法》所规定的范围。只要其他法律、法规规定可以起诉，也属于人民法院的受案范围。如《政府信息公开条例》第 33 条第 2 款规定，公民、法人或者其他组织认为行政机关在政府信息公开工作中的具体行政行为侵犯其合法权益的，可以依法申请行政复议或者提起行政诉讼。需要说明的是，这些行政案件不只限于公民、法人或者其他组织的人身权、财产权方面，还可以是其他的合法权益，如劳动权、受教育权、政治权利和自由以及其他社会权利等。

3. 否定性列举的范围　《行政诉讼法》第 13 条列举了 4 类不属于行政诉讼受案范围的行为，具体如下：

(1) 国防、外交等国家行为　指国务院、中央军事委员会、国防部、外交部以国家名义实施的有关国防、外交事务的行为，以及经宪法和法律授权宣布紧急状态、实施戒严和总动员等行为。国家行为被排除审查的主要原因在于该行为的政治性，不适于由中立的法院作出裁判。

(2) 抽象行政行为　即行政主体制定行政法规、规章或者行政机关制定、发布的具有普遍约束力的决定、命令的行为。需要注意的是，这里排除的仅是公民、法人和其他组织单独以抽象行政行为为诉讼对象提起的诉讼，这并不能否定法院在行政诉讼过程中对规范性文件的附带性审查权力。规章以下的抽象行政行为可以被提出附带审查。《行政诉讼法》第 53 条规定，“公民、法人或者其他组织认为行政行为所依据的国务院部门和地方人民政府及其部门制定的规范性文件不合法，在对行政行为提起诉讼时，可以一并请求对该规范性文件进行审查。前款规定的规范性文件不含规章。”根据《行政诉讼法》第 64 条规定，人民法院在审理行政案件中，经审查认为上述规范性文件不合法的，不作为认定行政行为合法的依据，并向制定机关提出处理建议。

(3) 内部行政行为　行政机关对行政机关工作人员的奖惩、任免等决定。这是传统行政法认定属于特别权力关系的领域，因此排除司法的介入。

行政机关对其工作人员所作的任免、奖惩、调动、福利等决定，工作人员不服的不可以提起行政诉讼。行政机关的这种内部行为与争议是在机关内部执行行政纪律，制定工作规则，调整内部结构，人事奖惩、升降变动中作出与发生的，这种行为本身不引起相对人权利义务的获得、消失、变更的行政法律后果，行政机关工作人员对此不服是在内部通过申诉等途径解决的，而不发生提起行政诉讼的问题。至少，现阶段我国的人民法院还无法受理此类案件。注意适用此项规定的前提必须是公务员，下列人员不属于公务员的范围：行政机关中的工勤人员；中小学教师；未被录用为公务员的应试人员；退休的公务员。除人事管理行为外，行政机关还有一些针对内部机关事务的保存档案、工作规划等内部行为也不具有可诉性。

（4）法律规定由行政机关最终裁决的具体行政行为 这里的“法律”，只能做狭义的理解。将终局行政行为纳入排除范围，是因为此类行为具有特殊性和专业性，不适宜由法院进行审查。

现行法律规定的行政机关终局裁决，仅剩《行政复议法》的两个条文，①《行政复议法》第14条规定：“对国务院部门或者省、自治区、直辖市人民政府的具体行政行为不服的，向作出该具体行政行为的国务院部门或者省、自治区、直辖市人民政府申请行政复议。对行政复议决定不服的，可以向人民法院提起行政诉讼；也可以向国务院申请裁决，国务院依照本法的规定作出最终裁决。”②《行政复议法》第30条第2款规定：“根据国务院或者省、自治区、直辖市人民政府对行政区划的勘定、调整或者征用土地的决定，省、自治区、直辖市人民政府确认土地、矿藏、水流、森林、山岭、草原、荒地、滩涂、海域等自然资源的所有权或者使用权的行政复议决定为最终裁决。”随着我国加入世界贸易组织《商标法》《专利法》的修改，以及2013年7月1日起《出境入境管理法》的实施，《外国人入境出境管理法》和《公民出境入境管理法》废止，原《商标法》《专利法》《外国人入境出境管理法》以及《公民出境入境管理法》关于终局裁决行政行为的规定，均已不复存在。法律规定不可诉的行政行为、当事人因未依法起诉丧失行政诉讼权利的行政行为，事实上可能会成为行政机关终局裁决的行政行为，但是，这些行政行为都不是本项规定的“法律规定由行政机关最终裁决的行政行为”。

此外，2018年《最高人民法院关于适用〈中华人民共和国行政诉讼法〉的解释》还确定下列行为不属于人民法院行政诉讼的受案范围：

（1）公安、国家安全等机关依照《刑事诉讼法》的明确授权实施的行为。指公安、国家安全等机关依照《刑事诉讼法》的明确授权实施的行为。这是一种形式意义上的行政行为，其在实质意义上则为司法行为。公安、国家安全机关行使职权具有双重性质，其受《刑事诉讼法》明确授权实施的行为不受行政法规则调整和支配。

（2）调解行为以及法律规定的仲裁行为。调解是一种当事人自愿接受的“管辖”，对当事人权利、义务发生影响的决定因素是其意思表示，而非行政机关的意志。行政调解只是一种行政的规劝、建议，达成调解协议也主要依赖平等主体间让渡权利、处分权利。劳动仲裁、人事争议仲裁或其他法定仲裁的主体往往不是行政机关，故而对调解行为和仲裁行为不服 不可以提起行政诉讼，而是以对方当事人为被告提起民事诉讼。

（3）行政指导行为。因为行政指导行为不具有强制性，行政相对人不是必须接受，没有必要通过行政诉讼解决。

（4）驳回当事人对行政行为提起申诉的重复处理行为。重复处理行为一定是维持了原结论，没有对相对人的权利、义务产生新的影响，只是对以往结论的肯定和维持，故而不能提起行政诉讼。

（5）行政机关作出的不产生外部法律效力的行为。

（6）行政机关为作出行政行为而实施的准备、论证、研究、层报、咨询等过程性行为。

（7）行政机关根据人民法院的生效裁判、协助执行通知书作出的执行行为，但行政机关扩大执行范围或者采取违法方式实施的除外。

（8）上级行政机关基于内部层级监督关系对下级行政机关作出的听取报告、执法检查、督促履责等行为。

（9）行政机关针对信访事项作出的登记、受理、交办、转送、复查、复核意见等行为。

（10）对公民、法人或者其他组织权利义务不产生实际影响的行为。

例如，根据我国《畜牧法》规定，畜牧兽医行政主管部门应当指导畜牧业生产经营者改善畜禽繁育、饲养、运输的条件和环境，此为行政指导行为，不属于人民法院行政诉讼的受案范围。又根据该法第 61 条，“违反本法有关规定，销售、推广未经审定或者鉴定的畜禽品种的，由县级以上人民政府畜牧兽医行政主管部门责令停止违法行为，没收畜禽和违法所得”，这一行为有可能属于行政机关侵犯其他人身权、财产权等合法权益的行政行为，因此属于人民法院行政诉讼的受案范围，当行政相对人对畜牧兽医行政主管部门作出的行政处罚不服时，可以提起诉讼。

除了《行政诉讼法》及其解释所规定的不属于法院的行政诉讼受案范围的事项外，根据立法精神及解释，医疗事故鉴定、火灾事故责任认定、交通事故责任认定和劳动能力鉴定也不属于行政诉讼的受案范围。这是因为以上几种鉴定或认定，要么主体不是行政机关，要么具有较强的专业性、技术性，法院作为非技术部门无法对该行为作出判断，因此，以上行为都不属于行政诉讼中法院应予司法审查的行政行为。

二、行政诉讼管辖

（一）行政诉讼管辖的概念

行政诉讼管辖指不同级别和地域的人民法院之间受理第一审行政案件的权限分工。行政诉讼的管辖主要有级别管辖与地域管辖。级别管辖解决的是不同审级法院之间管辖权的划分；地域管辖旨在确定不同地域的人民法院之间受理行政案件的分工。

法院的审判权与管辖权，既有联系又有区别。审判权是管辖权的基础和前提，没有审判权也就不可能有管辖权；管辖权是审判权的具体落实，但属于法院受案范围的争议，并不是每一个法院都有管辖权。《行政诉讼法》对行政案件的管辖权作出具体规定，便于公民、法人或者其他组织提起诉讼，有利于法院系统内部的合理分工及明确法院的内部职责，便于有关国家机关及全体人民对法院的工作进行监督。

（二）确定行政诉讼管辖的原则

根据《行政诉讼法》的规定，结合审判实践，我国确定行政诉讼管辖的原则主要有：

1. 便利当事人进行诉讼原则 所谓便利当事人进行诉讼原则，是指行政诉讼的管辖确定要方便原告、被告双方。尤其是要方便作为原告的行政相对人进行诉讼，方便当事人参与诉讼活动。本原则中的“便利”是一个综合的范畴：既有空间上的考虑，又有时间上的考虑；既有经济上的考虑，也有行为上的考虑；既有对事实因素的考虑，也有对法律因素、权利因素的考虑。总之，根据这个原则，确定诉讼管辖应充分考虑当事人起诉、应诉以及进行其他诉讼行为的方便，考虑到及时解决纠纷、保护当事人利益的需要。

2. 便利人民法院审判、保证案件的公正审理原则 各级人民法院都有其行使审判权力的空间范围，而行政案件的情况不同，审判上的需要也不同，该原则就是要求充分考虑人民法院和案件的具体情况，合理确定最适宜的法院来管辖案件，保证人民法院及时、顺利地完成审判任务。另外，由于各种原因，同一行政案件由不同的法院审判，很可能得出不同的结果。为了维护法律和正义，使案件得以公正处理，在确定管辖时应当排除各种因素的干扰，尽量确定最能秉公执法的人民法院进行审判，以保证案件的审判质量。

3. 均衡各级法院的工作负担原则 该原则是指行政诉讼管辖要考虑到在各级法院的诉讼负担上合理分工，不能使某一级法院的负担过于繁重，否则就会不利于法院对行政案件的及时审理与判决。在我国，各级人民法院的工作职责范围是不同的，确定管辖时不能只考虑案件的受理问题，还要考虑到各级法院还有其他的职能与任务。所以，针对这种情况，在确定管辖时，应当从保证案件质量、效果的角度出发，有数量差异地、区分不同难度地进行案件分配，以使各级法院的分工基本均衡。

（三）行政诉讼管辖的种类

行政诉讼管辖主要有级别管辖、地域管辖和裁定管辖。

1. 级别管辖 级别管辖是指上下级法院受理第一审行政案件的分工和权限。级别管辖是从纵向上解决哪些第一审行政案件应由哪一级法院受理和审理的问题。我国现行《行政诉讼法》采用了与刑事诉讼、民事诉讼级别管辖大体相同的标准，即主要以案件性质和影响范围作为确定行政诉讼级别管辖的标准。根据这一标准，《行政诉讼法》具体规定了四级人民法院的分工。

（1）基层人民法院的管辖范围 《行政诉讼法》第 14 条规定：“基层人民法院管辖第一审行政案件。”结合《行政诉讼法》的其他规定，本条应理解为除法律规定由上级法院管辖的情形外，行政案件都应由基层人民法院管辖，即行政案件一般都由基层人民法院管辖。

行政案件多由基层人民法院承担的规定，在于基层人民法院距离当事人较近，便于当事人参加诉讼；它又常是争议发生地，便于人民法院调查取证和执行。

（2）中级人民法院的管辖范围 《行政诉讼法》对中级人民法院应管辖的案件作出了较为明确的规定，这些案件包括：

第一，对国务院部门或者县级以上地方人民政府所作的行政行为提起诉讼的案件。这些案件由中级人民法院管辖主要是考虑到这类案件的被告级别较高，所作出的具体行政行为往往涉及面广，影响大，对其合法性的审查非基层人民法院所能胜任。

第二，海关处理的案件。这类案件主要包括海关处理的纳税案件和海关行政处罚案件。这类案件由中级人民法院管辖的主要原因是：①海关类案件的业务性和专业性较高，且多有涉外因素；②海关的设置不同于一般的行政区划，多分布的在大中城市，与中级人民法院管辖区域较吻合。

第三，本辖区内重大、复杂的案件。这是对中级人民法院管辖的案件的概括性和补充性规定，即除前述案件外，凡在中级人民法院辖区内影响重大、案情复杂的案件，应由中级人民法院管辖。这里的“本辖区内影响重大、案情复杂的案件”主要情形包括：①社会影响较大的共同诉讼案件（5 人以上）。②涉外行政案件：原告是外国的公民、法人或者其他组织；案件的审理涉及国际条约的适用；案件的客体是涉及国际关系的事项；裁判的执行需要外国法院承认；国际贸易、反倾销、反补贴等行政案件。③涉港、澳、台地区的行政案件。④其他重大、复杂案件。

是否属于“社会影响重大”等，一般由中级人民法院判断。当事人以案件重大、复杂为由或者认为有管辖权的基层人民法院不宜行使管辖权，直接向中级人民法院起诉，中级人民法院应当根据不同情况在 7 日内分别作出以下处理：①指定本辖区其他基层人民法院管辖；②决定自己审理；③书面告知当事人向有管辖权的基层人民法院起诉。

（3）高级人民法院和最高人民法院的管辖范围　高级人民法院管辖本辖区内重大、复杂的第一审行政案件；最高人民法院管辖全国范围内重大、复杂的第一审行政案件。

最高法院有权受理其认为应该审理的所有的行政案件。

2. 地域管辖　地域管辖是按照人民法院的辖区与行政案件在地域方面的关联来划分同级人民法院之间第一审行政案件的分工。根据我国《行政诉讼法》的规定，行政案件的地域管辖分为一般地域管辖和特殊地域管辖两种。

（1）一般地域管辖　一般地域管辖指除特殊情况外，一般行政案件的地域管辖。如果一个案件兼具两种性质，应当优先适用特殊地域管辖规定。《行政诉讼法》第 18 条对我国行政案件的一般地域管辖作出了规定：“行政案件由最初作出行政行为的行政机关所在地人民法院管辖。经复议的案件，也可以由复议机关所在地人民法院管辖。”根据该规定，我国《行政诉讼法》确定一般地域管辖采用的是“原告就被告”原则，这一原则与民事诉讼一般地域管辖原则相一致。结合行政诉讼实践，一般地域管辖可以分为以下情形：

其一，当事人未经复议直接向法院起诉的案件，由最初作出具体行政行为的行政机关所在地法院管辖。

其二，经复议的案件，既可以由最初作出具体行政行为的行政机关所在地法院管辖，也可以由复议机关所在地法院管辖。换言之，经过复议程序之后提起诉讼的案件，无论复议机关作出的是维持决定还是变更决定，最初作出行政行为的行政机关所在地法院或复议机关所在地法院都享有案件管辖权。根据《行政诉讼法》第 21 条规定，“两个以上人民法院都有管辖权的案件，原告可以选择其中一个人民法院提起诉讼。原告向两个以上有管辖权的人民法院提起诉讼的，由最先立案的人民法院管辖。”

（2）特殊地域管辖。根据《行政诉讼法》及相关法律规定，有以下两种特殊地域管辖情形：

第一，对限制人身自由的行政强制措施不服而提起的诉讼，由被告所在地或者原告所在地法院管辖。在公民被限制人身自由的情况下，当事人起诉便受到很多限制，为了保护当事人的权益，《行政诉讼法》赋予当事人在管辖方式上更多的选择机会和余地，既可以由被告所在地也可以由原告所在地人民法院管辖。这里的“原告所在地”包括原告的户籍所在地、经常居住地和被限制人身自由地。所谓经常居住地，是指公民离开住所地至起诉时连续居住1年以上的地方，但公民住院就医的地方除外。

第二，因不动产而提起的诉讼，由不动产所在地的人民法院管辖。不动产指形体上不可移动或者移动就会损失其经济价值的财产，如土地、建筑物、滩涂、山林、草原等。因不动产引起的案件，由不动产所在地的人民法院管辖，这是诉讼法的既定规则，行政诉讼也不例外。

需要注意的是，财产权与人身权共诉案件，行政机关基于同一事实既对人身又对财产实施行政处罚或者采取行政强制措施的，被限制人身自由的公民、被扣押或者没收财产的公民、法人或者其他组织对上述行为均不服的，既可以向被告所在地人民法院提起诉讼，也可以向原告所在地人民法院提起诉讼，受诉人民法院可一并管辖。此时，原告所在地的法院也有管辖权。

3. 指定管辖和管辖权转移

（1）指定管辖。是指上级法院决定将行政案件交由下级法院管辖的制度。根据《行政诉讼法》的规定，指定管辖有两种情况：第一，由于特殊原因，有管辖权的法院不能行使管辖权。所谓特殊原因，是指导致有管辖权的人民法院不能公正、及时审结案件的情况。包括事实原因，比如自然灾害、战争、意外事故等不可抗力事实；以及法律原因，如该法院与案件有利害关系。第二，法院之间发生管辖权争议。同级法院之间发生争议，应当互相协商；协商不成的，应当报请共同上一级法院决定管辖。

（2）管辖权转移。是指基于上级法院裁定，下级法院将自己管辖的行政案件转交上级法院审理，或者上级法院将自己有管辖权的行政案件交由下级法院审理。这里需要注意几点：第一，转移的法院与接受的法院之间应当具有审级关系。没有上下级审级关系的法院之间不能移转管辖。第二，移转管辖的理由由法院裁量，但必须出于诉讼公正、效率的目的。例如：案件审理难度大，下级法院受理案件以后，发现案情复杂、难度大，自己力所不及等，可以请求移转管辖；为了排除地方干扰因素；为了保护当事人的诉权。第三，《行政诉讼法》对移转管辖的程序没有规定。应当认为，移转管辖涉及当事人的诉权，应当听取当事人的意见，并且允许当事人上诉。

（3）指定管辖和管辖权转移的启动途径。

第一，当事人启动。包括两种情形：一是当事人以案件重大、复杂为由或者认为有管辖权的基层人民法院不宜行使管辖权，可以直接向中级人民法院起诉；二是当事人向有管辖权的基层人民法院起诉，受诉人民法院在7日内未立案也未作出裁定，当事人向中级人民法院起诉。对上述两种情形，中级人民法院应当根据不同情况在7日内分别作出以下处理：一是书面告知当事人向有管辖权的基层人民法院起诉，或者要求有管辖权的基层人民法院依法处理；二是指定本辖区其他基层人民法院管辖；三是决定自己审理。后两种情形属于指定管辖和管辖权转移。

第二，基层人民法院启动。基层人民法院对其管辖的第一审行政案件，认为需要由中级人民法院审理或者指定管辖的，可以报请中级人民法院决定。中级人民法院应当根据不同情况在7日内分别作出以下处理：决定由报请的人民法院审理；指定本辖区其他基层人民法院管辖；决定自己审理。同样，后两种情形属于指定管辖和管辖权转移。

第三，上述情形适用于由基层人民法院管辖的第一审行政案件。如果中级人民法院和高级人民法院管辖的第一审行政案件需要由上一级人民法院审理或者指定管辖的，可以参照上述情形处理。

同时，对上述指定管辖裁定有异议的，不适用管辖异议的规定。

第三节 行政诉讼参加人

一、行政诉讼参加人的概念

行政诉讼参加人，是指起诉、应诉，或与具体行政行为有利害关系，在整个或部分诉讼中参加行政诉讼活动的人。行政诉讼参加人包括行政诉讼的原告、被告、共同诉讼人、诉讼中的第三人和诉讼代理人。其中，原告、被告、共同诉讼人、诉讼中的第三人统称“行政诉讼当事人”。

二、行政诉讼的原告

（一）概念与条件

1. 行政诉讼原告的概念 行政诉讼的原告，是指与被诉的行政行为具有利害关系，以自己的名义向法院提起诉讼并寻求权利保护的公民、法人和其他组织。

2. 行政诉讼原告的条件 可以行使诉权的原告必须符合以下条件：①是行政诉讼受案范围内的行政行为的相对一方，不仅包括直接对象人，也包括其他受行政行为影响的相对人；②公民、法人和其他组织与被诉的行政行为具有法律上的利害关系，这说明我国现阶段对原告行使诉权的“诉的利益”要件，仍停留在“法律上的利益”阶段；③公民、法人和其他组织具备相应的诉讼能力。依据我国法律规定，当原告丧失相应的诉讼权利能力时，会发生原告资格转移的法定结果。如有权提起诉讼的公民死亡，其近亲属可以提起诉讼；有权提起诉讼的法人或者其他组织终止，承受其权利的法人或者其他组织可以提起诉讼。当原告不具备相应的诉讼行为能力时，还会发生法定代理或中止诉讼的结果。

根据2018年《最高人民法院关于适用〈中华人民共和国行政诉讼法〉的解释》第12条的规定，“与行政行为有利害关系”的情形包括：①被诉的行政行为涉及其相邻权或者公平竞争权的；②在行政复议等行政程序中被追加为第三人的；③要求行政机关依法追究加害人法律责任的；④撤销或者变更行政行为涉及其合法权益的；⑤为维护自身合法权益向行政机关投诉，具有处理投诉职责的行政机关作出或者未作出处理的；⑥其他与行政行为有利害关系的情形。

在原告资格的确立上，该司法解释还就下列问题作了明确规定：①合伙企业向人民法院提起诉讼的，应当以核准登记的字号为原告。未依法登记领取营业执照的个人合伙的全体合伙人为共同原告。②个体工商户向人民法院提起诉讼的，以营业执照登记的经营者为原告。③股份制企业的股东大会、股东会、董事会等认为行政机关作出的行政行为侵犯企业经营自主权的，可以企业名义提起诉讼。④联营企业、中外合资或者合作企业的联营、合资、合作各方，认为联营、合资、合作企业权益或者自己一方合法权益受行政行为侵害的，可以自己的名义提起诉讼。⑤非国有企业被行政机关注销、撤销、合并、强令兼并、出售、分立或者改变企业隶属关系的，该企业或者其法定代表人可以提起诉讼。

（二）原告资格的转移

原告资格的移转是指享有原告资格的主体因特定法律事实出现（如自然人死亡或法人及其他组织消灭、合并、分立等）引起该主体在法律上不复存在，其原告资格依法转移至其他主体。原告资格转移发生于与原告有特定利害关系的主体之间，包括两类情形：一类是自然人原告资格转移，即享有原告资格的自然人死亡的，其近亲属可以提起诉讼。近亲属包括配偶、父母、子女、兄弟姐妹、祖父母、外祖父母、父母、孙子女、外孙子女和其他具有扶养、赡养关系的亲属。另一类是法人或者其他组织原告资格转移，即享有原告资格的法人及其他组织消灭、合并、分立的，其权利承受人可以起诉。

另外需要注意的是，我国已建立的行政公益诉讼制度是对行政诉讼中原告资格的突破。中共中央十届四中全会《关于全面推进依法治国若干重大问题的决定》明确提出了“探索建立检察机关提起公益诉讼制度”。2017 年 6 月 27 日《全国人民代表大会常务委员会关于修改〈中华人民共和国民事诉讼法〉和〈中华人民共和国行政诉讼法〉的决定》第 2 条规定：“第 25 条增加 1 款，作为第 4 款：人民检察院在履行职责中发现生态环境和资源保护、食品药品安全、国有财产保护、国有土地使用权出让等领域负有监督管理职责的行政机关违法行使职权或者不作为，致使国家利益或者社会公共利益受到侵害的，应当向行政机关提出检察建议，督促其依法履行职责。行政机关不依法履行职责的，人民检察院依法向人民法院提起诉讼。”

公益诉讼是涉及公共利益的诉讼，在没有特定的受害人、被侵害人提起诉讼时，赋予没有利害关系的、以维护公共利益为己任的检察机关在法定情形下以程序法意义上原告人身份提起诉讼。公益诉讼既包括民事公益诉讼，也包括行政公益诉讼。

三、行政诉讼的被告

（一）行政诉讼被告的概念

行政诉讼的被告，是指被原告指控其行政行为侵犯原告行政法上的合法权益、由人民法院通知应诉的行政主体。由于实践中行政管理的范围很广，牵涉到的行政执法部门十分复杂，因此被告的确定是一个复杂的问题。行政诉讼的被告有以下特征：

第一，被告是行政机关或者法律、法规、规章授权的组织。

第二，被告应当是对被诉行政行为承担实体法律责任的行政机关，包括：行政行为的作出机关；委托的行政机关（受委托的机关应当以委托机关的名义作出行政行为，后果也应当由委托的行政机关承担）；行政机关的所属机构（行政机构在没有法律、法规和规章授权的情况下，以自己的名义作出行政行为，或者超越法定授权作出行政行为的，都应当由所属的行政机关承担后果）；作出撤销行政机关的决定或者继续行使职权的行政机关；其他依照法律规定应当对被诉行政行为承担法律后果的行政机关。

第三，被告由人民法院通知应诉。该决定权在法院，不在原告。

（二）行政诉讼被告的确定

《行政诉讼法》、2018 年《最高人民法院关于适用〈中华人民共和国行政诉讼法〉的解释》，对行政诉讼被告的确定作了如下具体规定：

第一，原告直接向人民法院提起诉讼的，即在没有经复议的情况下，作出行政行为的行政主体是被告。当事人不服经上级行政机关批准的行政行为，向人民法院提起诉讼的，以在对外发生法律效力的文书上署名的机关为被告。

第二，经复议的案件，复议机关决定维持原行政行为的，作出原行政行为的行政机关和复议机关是共同被告；复议机关改变原具体行政行为的，复议机关是被告。复议机关在法定期限内未作出复议决定，当事人对原行政行为不服提起诉讼的，应当以作出原行政行为的行政机关为被告；当事人对复议机关不作为不服提起诉讼的，应当以复议机关为被告。

第三，两个以上行政主体作出同一行政行为的，共同作出行政行为的行政主体是共同被告。原告对行政主体与非行政主体共同署名作出的处理决定不服，向人民法院起诉的，应当以作出决定的行政主体为被告，非行政主体不能作被告。

第四，法律、法规、规章授权的组织所作的行政行为，该组织是被告。由行政机关委托的组织所作的行政行为，委托的行政机关是被告。行政机关组建并赋予行政管理职能但不具有独立承担法律责任能力的机构，以自己的名义作出行政行为，当事人不服提起诉讼的，应当以组建该机构的行政机关为被告。法律、法规或者规章授权行使行政职权的行政机关内设机构、派出机构或者其他组织，超出法定授权范围实施行政行为，当事人不服提起诉讼的，应当以实施该行为的机构或者组织为被告。没有法律、法规或者规章规定，行政机关授权其内设机构、派出机构或者其他组织行使行政职权的，属于《行政诉讼法》规定的委托，当事人不服提起诉讼的应当以该行政机关为被告。

第五，行政主体被撤销或者职权变更的，继续行使其职权的行政主体是被告。继续行使其职权的行政主体，是指新的或合并其职能的其他行政主体。在作出行政行为的行政主体被撤销或者职权变更的情况下，由继续行使其职权的行政主体作被告；如果没有继续行使其职权的行政主体，则应当以其所属的人民政府或领导的上一级行政机关为被告。

四、行政诉讼第三人

（一）行政诉讼第三人的概念

所谓行政诉讼第三人，是指因为与被提起诉讼的行政行为有利害关系，通过自己申请或法院通知的形式，参加到诉讼中的公民、法人或者其他组织。

《行政诉讼法》第 29 条规定："公民、法人或者其他组织同提起诉讼的行政行为有利害关系但没有提起诉讼，或者同案件处理结果有利害关系的，可以作为第三人申请参加诉讼，或者由人民法院通知参加诉讼。"根据 2018 年《最高人民法院关于适用〈中华人民共和国行政诉讼法〉的解释》第 26 条第 2 款和第 30 条的规定，第三人参加诉讼的方式有两种：其一，应当追加被告而原告不同意追加的，人民法院应当通知其以第三人的身份参加诉讼，但行政复议机关作共同被告的除外；其二，行政机关的同一行政行为涉及两个以上利害关系人，其中一部分利害关系人对行政行为不服提起诉讼，人民法院应当通知没有起诉的其他利害关系人作为第三人参加诉讼。第三人有权提出与本案有关的诉讼主张，对人民法院的一审判决不服，有权提起上诉或者申请再审。

（二）行政诉讼第三人的主要情形

从行政诉讼实践来看，第三人参加诉讼主要有以下几种情形：

1. 行政处罚案件中的受侵害人或受处罚人 由于受侵害人或受处罚人对行政处罚行为不服的，都可以提起行政诉讼，所以当有一方提起诉讼时，相对的另一方就可以作为第三人参加诉讼。

2. 行政处罚案件中的共同被处罚人 当行政处罚行为中的被处罚人是两个以上时，一部分被处罚人向人民法院提起诉讼，而另一部分没有起诉的，可以作为第三人参加诉讼。

3. 行政确权案件中主张权利的人 在行政主体对民事纠纷的所有权或使用权问题作出确权裁决的行政案件中，不服裁决的一方当事人起诉的，另一方当事人可以作为第三人参加诉讼。

4. 行政居间裁决案件中不服一方提起诉讼时的另一方当事人 行政居间裁决案件中，决定一方当事人负赔偿责任，在这一方当事人不服而提起诉讼的情况下，没有提起诉讼的另一方当事人可以作为第三人参加诉讼。

5. 与行政主体共同作出具体行政行为的非行政主体 当行政主体与非行政主体共同作出具体行政行为时，非行政主体不能作为被告参加诉讼，但由于与该诉讼有利害关系，因此可以作为第三人参加诉讼。

第四节　行政诉讼证据

一、行政诉讼证据的概念与特点

行政诉讼证据，是指在行政诉讼过程中，一切用来证明案件事实情况的材料。它既包括当事人向人民法院提交的证据，也包括人民法院在必要情况下依法收集的证据。不过，不管证据来源如何，任何证据皆必须经法庭查证属实才能作为定案依据。

行政诉讼证据虽与其他诉讼证据有许多相同之处，但也有明显的特征：

1. 行政诉讼证据来源的特定性 就行政案件而言，在行政诉讼之前往往已经历了行政程序。在行政程序中，作为行政诉讼原告、被告的公民、法人或者其他组织和行政机关已围绕被诉具体行政行为提交和收集了相关证据。因此，行政诉讼证据主要是在行政程序中已产生或确定的证据。

2. 行政诉讼举证责任分配的特殊性 “谁主张，谁举证”是民事诉讼分配举证责任的基本规则，而在行政诉讼中，被告对被诉具体行政行为的合法性承担举证责任是基本规则，原告只在特定情况下对特定情况承担举证责任。

二、行政诉讼证据的种类和要求

根据《行政诉讼法》的规定，行政诉讼证据包括书证、物证、视听资料、电子数据、证人证言、当事人的陈述、鉴定结论、勘验笔录、现场笔录。在这些证据种类中，绝大多数与其他诉讼种类相同，属于行政诉讼特殊证据种类的是现场笔录。《最高人民法院关于行政诉讼证据若干问题的规定》根据各类证据的特点，对不同证据的要求作出了规定。

（一）书证

书证是指以文字、符号、图形所记载或表示的内容、含义来证明案件事实的证据。为保证书证内容的真实性，当事人向人民法院所提供的书证，除法律、法规、司法解释和规章对书证的制作形式另有规定外，一般应当符合下列要求：①原则上应提供书证的原件，在提供原件确有困难时，可以提供与原件核对无误的复印件、照片、节录本。按照规定，原本、正本和副本均属于书证的原件。②提供由有关部门保管的书证原件的复制件、影印件或者抄录件的，应当注明出处，经该部门核对无异后加盖其印章。③当事人提供报表、图纸、会计账册、专业技术资料、科技文献等书证的，应当附有说明材料。④被告提供的被诉具体行政行为所依据的询问、陈述、谈话类笔录，应当有行政执法人员、被询问人、陈述人、谈话人签名或者盖章。值得注意的是，当事人向人民法院提供外文书证，应当附有由具有翻译资质的机构翻译的或者其他翻译准确的中文译本，并由翻译机构盖章或者翻译人员签名。

（二）物证

物证是指存在于自身之外的、能够证明案件真实情况的物品。与书证相比，物证相对直观和简单，在形式上和手续上一般无特别要求，因此对物证的要求相对较少。当事人向人民法院提供物证的，原则上应当提供原物，在提供原物确有困难时，可以提供与原物核对无误的复制件或者证明该物证的照片、录像等其他证据；如果原物为数量较多的种类物时，当事人应当提供其中的一部分。

（三）视听资料

视听资料是利用现代科技手段记载法律事件和法律行为的证据，具有较强的准确性和逼真性。不过，视听资料又容易用剪接、复制等手段伪造或变造，因此对当事人提供的视听资料应进行严格要求。法律规定，当事人向人民法院提供的计算机数据或者录音、录像等视听资料，应当符合下列要求：①当事人应向法院提供有关资料的原始载体，在提供原始载体确有困难时可以提供复制件；②当事人应注明制作方法、制作时间、制作人和证明对象等；③声音资料应当附有该声音内容的文字记录。对于当事人向人民法院提供的外国语视听资料，当事人应同时附有由具有翻译资质的机构翻译的或者其他翻译准确的中文译本，并由翻译机构盖章或者翻译人员签名。

（四）电子数据

电子数据是一种新增加的证据种类，指通过电子邮件、电子数据交换、网上聊天记录、博客、微博客、手机短信、电子签名、域名等形成或者存储在电子介质中的信息。随着信息化网络时代互联网、智能手机在现实生活中的大量运用，网络即时通信工具、软件的大量出现，手机短信、微信、QQ 聊天记录在实践中作为证据大量出现，司法实践中迫切需要明确它们的法律地位和效力。电子数据具有以下特点：①复合性。电子数据不限于单一的方式，而是综合了文字、图形、图像、动画、音频、视频等各种多媒体信息，几乎涵盖了所有传统证据的类型。②脆弱性。一是数据本身有易受损性。操作人员的错误操作或者供电系统、通信网络故障等环境和技术方面的原因都会造成数据的不完整性，甚至在搜集电子数据的过程中，也可能对原始数据造成严重的修改或破坏且难以恢复。二是电子数据存储在特殊介质上，存储的数据内容易被删除、变造、复制且不易留下痕迹，即使被发现也较难鉴定真伪。③高科技性。电子数据是现代电子信息化产业高速发展的产物，其载体是计算机和互联网等高科技设备。电子数据随着计算机和互联网技术的不断发展，其对科学技术的依赖性也越来越强，并不断更新变化。④隐蔽性。与传统的纸质信息相比，电子数据赖以存在的信息符号不易被直接识别，它以一系列电磁、光电信号形式存在于光盘、磁盘等介质上，如要阅读，必须借助于适当的工具。

随着电子技术特别是计算机和互联网技术的发展，电子数据的数量越来越多，在审判活动中的作用也越来越大。电子数据本身有很大的复杂性和特殊性，将其简单地划入某一现有的证据种类，难以解决电子数据所带来的诸多法律问题，也无法充分发挥电子数据的证明价值。故而有必要将其作为一种独立的证据类型加以规定。《最高人民法院关于民事诉讼证据的若干规定》（法释〔2019〕19 号）第 14、15 条对电子数据类证据的形式及使用进行了详细规定。第 14 条规定，电子数据包括下列信息、电子文件：①网页、博客、微博客等网络平台发布的信息；②手机短信、电子邮件、即时通信、通讯群组等网络应用服务的通信信息；③用户注册信息、身份认证信息、电子交易记录、通信记录、登录日志等信息；④文档、图片、音频、视频、数字证书、计算机程序等电子文件；⑤其他以数字化形式存储、处理、传输的能够证明案件事实的信息。第 15 条规定，当事人以视听资料作为证据的，应当提供存储该视听资料的原始载体。当事人以电子数据作为证据的，应当提供原件。电子数据的制作者制作的与原件一致的副本，或者直接来源于电子数据的打印件或其他可以显示、识别的输出介质，视为电子数据的原件。

（五）证人证言

证人证言是指证人就自己了解的案件事实向法院所作的陈述，它一般是以口头形式表现出来的，由询问人员制作成笔录，必要时，当事人也可以向人民法院提供书面证人证言。证人证言应当符合下列要求：①载明证人的姓名、年龄、性别、职业、住址等基本情况；②需有证人的签名，如果证人不能签名的，应当以盖章等方式证明；③应注明证人出具证言的日期；④应附有居民身份证复印件等证明证人身份的文件。

（六）当事人陈述

当事人陈述指的是当事人在诉讼活动中就有关案情对司法机关及其工作人员所作的叙述。在侦查阶段、审查起诉阶段及审判阶段，当事人的陈述都是重要的证据材料。审判中的法庭调查和法庭辩论，都以当事人的陈述为重要内容。当事人的陈述都必须在审判长许可下进行。被告人供认犯罪后应陈述其犯罪全过程，否认罪行时应允许其提出辩解和反证；自诉人、附带民事诉讼的原告人也应当庭陈述自己的意见。

（七）鉴定意见

鉴定意见是指鉴定人运用自己的专业知识，利用专门的设备和材料，对某些专门问题所作的结论性意见。行政诉讼中的鉴定意见主要包括两类：一类是人民法院依当事人申请或在必要情况依职权提交鉴定人进行的鉴定，另一类是被告行政机关向人民法院提供的在行政程序中采用的鉴定意见。提交给法院的后一类鉴定意见应当符合下列条件：①应当载明委托人和委托鉴定的事项；②应有向鉴定部门提交的相关材料；③应有鉴定的依据和使用的科学技术手段；④应有鉴定部门和鉴定人鉴定资格的说明；⑤应有鉴定人的签名和鉴定部门的盖章。对于通过分析获得的鉴定意见，还应当说明分析过程。

（八）现场笔录、勘验笔录

现场笔录是行政诉讼特有的证据种类，是行政机关及其工作人员在执行行政职务的过程中，在实施具体行政行为时，对某些事项当场所作的书面记录。被告行政机关向人民法院提供的现场笔录，除法律、法规和规章对现场笔录的制作形式有特别规定外，一般应当载明制作现场笔录的时间、地点和事件等内容，并由执法人员和当事人签名。当事人拒绝签名或者不能签名的，应当注明原因。有其他人在现场的，可由其他人签名。

勘验笔录是指法院的审判人员或者行政机关的工作人员对行政行为认定的事实所依据的现场进行勘察、检验所作的记录。勘验现场时，勘验人必须出示人民法院或行政执法机关的证件，并邀请当地基层组织或者当事人所在单位派人参加。当事人或其成年亲属应当到场，拒不到场的，不影响勘验的进行，但应当在勘验笔录中说明情况。

三、行政诉讼的举证责任

（一）举证责任的概念及意义

举证责任，又称“证明责任”，是指当事人双方必须对其提出的主张中须确认的事实依法负有提出证据的义务，否则便承担败诉风险及不利诉讼后果的诉讼法律责任。举证责任包括两方面的内容：一是由谁负责提供证据证明特定的案件事实，即举证责任的分担；二是不能履行举证责任时可能引起何种法律后果。明确举证责任的意义在于：

第一，使当事人以及其他诉讼参加人以慎重的态度参加诉讼，积极主动地收集证据证明自己的主张，因而有利于防止滥诉。

第二，确定当事人的举证责任，有利于法院集中精力运用当事人提供的证据，认定案件事实，准确适用法律。

第三，举证责任本质上是一种后果责任，当诉讼进行到终结而争议中的事实仍处于真伪不明状态或法律依据缺乏不足以支持诉讼当事人的主张时，该诉讼当事人就必须承担败诉责任。因此，举证责任的明确有利于法官解决事实真伪不明等疑难案件，根据举证责任的分担与履行情况确定诉讼结果，及时结案。

（二）举证责任的分配

1. 被告的举证责任 《行政诉讼法》第 34 条规定：“被告对作出的行政行为负有举证责任，应当提供作出该行政行为的证据和所依据的规范性文件。被告不提供或者无正当理由逾期提供证据，视为没有相应证据。但是，被诉行政行为涉及第三人合法权益，第三人提供证据的除外。”

之所以确定由被告行政机关负担举证责任，其基本理由在于：

第一，法院审理行政案件是对行政行为的合法性进行审查，而被诉具体行政行为又是由行政机关作出的，因而由行政机关举证证明其所作出的具体行政行为合法，符合自然公正原则。

第二，依据法治原则，行政机关必须依法行政，由此产生对行政机关的两项基本要求：一是根据正当法律程序的要求，行政机关必须在有充分事实依据的基础上，才能对当事人作出具体行政行为，即“先取证，后决定”；二是行政机关必须根据明确的法律规定，才能对当事人作出具体行政行为。当公民、法人或者其他组织认为行政机关的具体行政行为侵犯自己的合法权益，向法院起诉后，行政机关应当有责任证明所作出的具体行政行为是有充分的事实依据和法律依据的。

第三，被告行政机关的举证能力比原告强。行政机关是某一领域的专门管理部门，技术手段先进，人员素质高，特别是在环境保护、食品卫生、发明专利等专业性很强的行政案件中，行政机关的举证能力显然强于原告。

第四，与原告相比较，被告行政机关对其作出的行政行为的依据更为了解。《行政诉讼法》确定由被告行政机关负担举证责任，也就意味着当法院受理原告的起诉时即假定被诉具体行政行为违法，需要被告提供事实依据和法律依据来证明自己的具体行政行为是合法的，从而推翻违法假定。

当被告不能提供事实依据和法律依据证明自己的行政行为是合法的，则违法假定成立，导致以下法律后果：首先，对原告起诉是否超过起诉期限有争议的，如果被告不能举证，应当以原告提供的证据为依据；其次，被告在第一审庭审结束前，不提供或者不能提供作出行政行为的主要证据和所依据的规范性文件的，法院判决撤销被诉行政行为。

2. 原告的举证责任 虽然行政诉讼中被告对行政行为承担举证责任，但并不意味着在行政诉讼中被告对一切事实都负担举证责任，不排除在特定情况下由原告承担举证责任的可能。《行政诉讼证据规定》要求以下三种情形由原告举证：

第一，公民、法人或者其他组织向人民法院起诉时，应当提供其符合起诉条件的相应的证据材料。但被告认为原告起诉超过法定期限的，由被告承担举证责任。

第二，在起诉被告不作为的案件中，原告应当提供其在行政程序中曾经提出申请的证据材料。但有下列情形的除外：①被告应当依职权主动履行法定职责的；②原告因被告受理申请的登记制度不完备等正当事由不能提供相关证据材料并能够作出合理说明的。

第三，在行政赔偿诉讼中，原告应当对被诉行政行为造成损害的事实提供证据。

四、行政诉讼的举证期限

为了充分保障当事人的权益，提高审判效率并实现司法公正，人民法院应当在向当事人送达受理案件通知书或者应诉通知书时，直接告知当事人举证范围、举证期限和逾期提供证据的法律后果，并告知因正当事由不能按期提供证据时有提出延期提供证据申请的权利。

所谓举证期限，是指诉讼当事人为了支持自己的主张而向法庭出具有关证据的期限，逾期提供的证据法院将不予接受亦即被视为无效。因此，在行政诉讼过程中，原告、第三人或者被告在什么时间内向法院提供证据，也就成为一个非常关键的问题。如果当事人提出证据的时间太晚，必然会影响法院的审理工作的进程，因为法院就是靠这些证据来审查行政行为的合法性，从而解决行政争议的；如果在一审程序结束之前当事人没有提供证据而在二审程序开始后才提供证据，显然不利于法院审理案件，所以必须对行政诉讼的举证时限作出明确规定。

按照规定，被告应当在收到起诉状副本之日起 15 日内，提供据以作出被诉行政行为的全部证据和所依据的规范性文件。被告不提供或者无正当理由逾期提供证据的，视为被诉行政行为没有相应的证据。被告因不可抗力或者客观上不能控制的其他正当事由，不能在规定的期限内提供证据的，应当在收到起诉状副本之日起 15 日内向人民法院提出延期提供证据的书面申请。人民法院准许延期提供的，被告应当在正当事由消除后 15 日内提供证据。逾期提供的，视为被诉行政行为没有相应的证据。按照规定，原告或者第三人应当在开庭审理前或者人民法院指定的交换证据之日提供证据。因正当事由申请延期提供证据的，经人民法院准许，可以在法庭调查中提供。逾期提供证据的，视为放弃举证权利。

五、人民法院调取与保全证据

（一）人民法院调取证据

根据启动方式不同，人民法院调取证据可以分为依职权调取和依申请调取：

1. 依职权调取 以下情形，人民法院有权向有关行政机关以及其他组织、公民调取证据。①涉及国家利益、公共利益或者他人合法权益的事实认定的；②涉及依职权追加当事人、中止诉讼、终结诉讼、回避等程序性事项的。

2. 依申请调取 主要适用于原告或者第三人及其诉讼代理人提供了证据线索，但无法自行收集的下列证据：①由国家机关保存而须由人民法院调取的证据材料；②涉及国家秘密、商业秘密、个人隐私的证据材料；③确因客观原因不能自行收集的其他证据材料。

另外，需要注意的是，依据《行政诉讼法》第 40 条规定，人民法院不得为证明被诉行政行为的合法性而调取被告在作出行政行为时未收集的证据。这是对法院调取证据的目的的限制。这一禁止性规定明确了法院调取证据的目的不是与被告一起承担行政管理职责、共同追究原告违反行政法的行为责任，其目的主要是为了核实被告举证的真实性。

（二）人民法院保全证据

当事人向法院申请保全证据的，应当在举证期限届满前以书面形式提出，且应说明证据的名称和地点、保全的内容和范围、申请保全的理由等事项。人民法院可以要求申请人提供相应的担保。根据具体情况，人民法院可以采取查封、扣押、拍照、录音、录像、复制、鉴定、勘验、制作询问笔录等保全措施。法院保全证据时，可以要求当事人或者其诉讼代理人到场。

第五节 行政诉讼的程序

一、起诉与受理

（一）起诉

1. 起诉的概念和条件 起诉，是指相对人认为行政行为侵犯了自己的合法权益，依法向人民法院提出诉讼请求，要求人民法院行使国家审判权予以保护和救济的诉讼行为。

相对人依法享有起诉权，不允许任何人非法限制和剥夺。但是，起诉权不能任意使用。根据《行政诉讼法》规定，起诉的法定条件是：①原告是认为行政行为侵犯其合法权益的公民、法人或者其他组织；②有明确的被告，即明确指出作出侵犯其合法权益的行政行为的行政机关；③有具体的诉讼请求和事实根据；④属于人民法院受案范围和受诉人民法院管辖；⑤在法定期限内起诉。

这里的“有具体的诉讼请求”，根据 2018 年《最高人民法院关于适用〈中华人民共和国行政诉讼法〉的解释》第 68 条的规定，包括：“（一）请求判决撤销或者变更行政行为；

（二）请求判决行政机关履行法定职责或者给付义务；（三）请求判决确认行政行为违法：（四）请求判决确认行政行为无效；（五）请求判决行政机关予以赔偿或者补偿；（六）请求解决行政协议争议；（七）请求一并审查规章以下规范性文件；（八）请求一并解决相关民事争议；（九）其他诉讼请求。”当事人未能正确表达诉讼请求的，人民法院应当要求其明确诉讼请求。

2. 起诉的时间要件 起诉要受到时间的限制，即诉讼时效。行政诉讼起诉期限有四种情形：

其一，《行政诉讼法》第 45 条规定：“公民、法人或者其他组织不服复议决定的，可以在收到复议决定书之日起 15 日内向人民法院提起诉讼。复议机关逾期不作决定的，申请人可以在复议期满之日起 15 日内向人民法院提起诉讼。法律另有规定的除外。”

其二，《行政诉讼法》第 46 条规定：“公民、法人或者其他组织直接向人民法院提起诉讼的，应当自知道或者应当知道作出行政行为之日起 6 个月内提出。法律另有规定的除外。因不动产提起诉讼的案件自行政行为作出之日起超过 20 年，其他案件自行政行为作出之日起超过五年提起诉讼的，人民法院不予受理。”

其三，《行政诉讼法》第 47 条规定：“公民、法人或者其他组织申请行政机关履行保护其人身权、财产权等合法权的法定职责，行政机关在接到申请之日起两个月内不履行的，公民、法人或者其他组织可以向人民法院提起诉讼。法律、法规对行政机关履行职责的期限另有规定的，从其规定。公民、法人或者其他组织在紧急情况下请求行政机关履行保护其人身权、财产等合法权益的法定职责，行政机关不履行的，提起诉讼不受前款规定期限的限制。”

其四，《行政诉讼法》第 48 条规定：“公民、法人或者其他组织因不可抗力或者其他不属于自身的原因耽误起诉期限的，被耽误的时间不计算在起诉期限内。公民、法者其他组织因前款规定以外的其他特殊情况耽误起诉期限的，在障碍消除后十日内，可以申请延长期限，是否准许由人民法院决定。”

3. 起诉的效果 原告的起诉不能产生阻止作为诉讼标的的行政行为继续要求满足与实现的效果，换言之，被告的行政行为不因原告的起诉和人民法院的立案行为而消灭其先行执行力。行政法上的公务优先规则体现在《行政诉讼法》第 56 条的规定中，不停止执行意味着原告在诉讼期间还应当继续履行行政行为所赋予的义务，被告如有强制执行权还可以先行强制执行，或在诉中申请人民法院强制执行。但行政诉讼制度设立的初衷是保护原告合法权益，所以在某些条件下允许被诉行政行为附条件停止执行。依据《行政诉讼法》第 56 条规定，诉讼期间，不停止行政行为的执行。但有下列情形之一的，裁定停止执行：

（1）被告认为需要停止执行的；

（2）原告或者利害关系人申请停止执行，人民法院认为该行政行为的执行会造成难以弥补的损失，并且停止执行不损害国家利益、社会公共利益的；

（3）人民法院认为该行政行为的执行会给国家利益、社会公共利益造成重大损害的；

（4）法律、法规规定停止执行的。

当事人对停止执行或者不停止执行的裁定不服的，可以申请复议一次。

（二）受理

1. 受理的概念 受理是指人民法院对公民、法人或者其他组织的起诉进行审查，对符合法定条件的起诉决定立案审理，从而引起诉讼程序开始的职权行为。行政诉讼程序的引发，虽然必须以公民、法人或者其他组织的起诉为前提，但若仅有起诉而没有人民法院的立案受理，行政诉讼程序仍然无从开始。公民、法人或者其他组织的起诉与人民法院的受理相结合，才构成行政诉讼程序的开始。无论是对行使诉权寻求司法保护的公民、法人或者其他组织而言，还是对行使审判权的人民法院来说，受理这一诉讼行为的意义都十分重要。

2. 受理的处理 根据《行政诉讼法》第51条、2018年《最高人民法院关于适用〈中华人民共和国行政诉讼法〉的解释》第53条，人民法院对起诉进行审查后，应分情况作如下处理：

（1）对符合起诉条件的，人民法院在接到起诉状时，应当登记立案。一经立案，即产生两方面的法律效果：一方面，受诉法院既取得了对此案的审判权，也要担当起相应的责任；另一方面，起诉人和被诉人分别取得了原告和被告的诉讼地位。

（2）对当场不能判定是否符合起诉条件的，应当接收起诉状，出具注明收到日期的书面凭证，并在7日内决定是否立案。不符合起诉条件的，作出不予立案的裁定。裁定书应当载明不予立案的理由。原告对裁定不服的，可以提起上诉。

（3）起诉状内容欠缺或者有其他错误的，应当给予指导和释明，并一次性告知当事人需要补正的内容。不得未经指导和释明即以起诉不符合条件为由不接收起诉状。

（4）对于不接收起诉状、接收起诉状后不出具书面凭证，以及不一次性告知当事人需要补正的起诉状内容的，当事人可以向上级人民法院投诉，上级人民法院应当责令改正，并对直接负责的主管人员和其他直接责任人员依法给予处分。

二、行政诉讼立案登记

（一）立案登记规定

立案登记制是指案件受理制度。根据《最高人民法院关于全面深化人民法院改革的意见》提出的要求，改革案件受理制度，变立案审查制为立案登记制，对人民法院依法应该受理的案件，做到有案必立、有诉必理，保障当事人诉权。

法院接到当事人提交的行政起诉状时，对符合法定条件的起诉，应当登记立案；对当场不能判定是否符合起诉条件的，应当接收起诉材料，并出具注明收到日期的书面凭证。需要补充必要相关材料的，人民法院应当及时告知当事人。在补齐相关材料后，应当在7日内作出是否立案登记的决定。《行政诉讼法》确立的立案登记制度主要为了解决“立案难”的困境。

（二）应当登记立案的情形

1. 与本案有直接利害关系的公民、法人和其他组织提起的民事诉讼，有明确的被告、具体的诉讼请求和事实依据，属于人民法院主管和受诉人民法院管辖的。

2. 行政行为的相对人以及其他与行政行为有利害关系的公民、法人或者其他组织提起的行政诉讼，有明确的被告、具体的诉讼请求和事实根据，属于人民法院受案范围和受诉人民法院管辖的。

3. 属于告诉才处理的案件，被害人有证据证明的轻微刑事案件，以及被害人有证据证明应当追究被告人刑事责任而公安机关、人民检察院不予追究的案件，被害人告诉且有明确的被告人、具体的诉讼请求和证明被告人犯罪事实的证据，属于受诉人民法院管辖的。

4. 生效法律文书有给付内容且执行标的和被执行人明确，权利人或其继承人、权利承受人在法定期限内提出申请，属于受申请人民法院管辖的。

5. 赔偿请求人向作为赔偿义务机关的人民法院提出申请，对人民法院、人民检察院、公安机关等作出的赔偿、复议决定或者对逾期不作为不服，提出赔偿申请的。

（三）不予登记立案的情形

1. 违法起诉或者不符合法定起诉条件的。

2. 诉讼已经终结的。

3. 涉及危害国家主权和领土完整、危害国家安全、破坏国家统一和民族团结、破坏国家宗教政策的。

4. 其他不属于人民法院主管的所诉事项。

三、行政诉讼第一审程序

行政诉讼第一审程序，是指人民法院自立案至作出第一审判决的诉讼程序。由于我国行政审判制度实行两审终审原则，因此第一审程序是所有行政案件必经的基本程序，也是行政审判的基础程序。

（一）审理前的准备

审理前的准备，是指人民法院在受理案件后至开庭审理前，为保证庭审工作的顺利进行，由审判人员依法所进行的一系列准备工作的总称。它是行政案件审理必经的阶段，对保证庭审质量、提高庭审效率具有重要意义。审理前的准备工作包括以下各项：①向被告发送起诉状副本和应诉通知书，向原告发送答辩状副本；②审查决定是否需要并案审理或者分案审理；③初步审查诉状文书和证据材料；④决定是否裁定停止具体行政行为的执行；⑤决定是否进行财产保全；⑥决定是否先予给付；⑦准备并研究审理本案所需要依据的法律文件。

（二）开庭审理的程序

开庭审理是受诉人民法院在双方当事人及其他诉讼参与人的参加下，依照法定程序，在法庭上对行政案件进行审理的诉讼活动。开庭审理的主要任务是，通过法庭调查和法庭辩论，审查、核实证据，查明案件事实，适用法律、法规，以确认当事人之间的权利义务关系。开庭审理是行政诉讼第一审程序中最基本、最重要的诉讼阶段，是保证人民法院完成审判任务的中心环节。

行政诉讼第一审程序必须进行开庭审理。开庭审理应遵循以下原则：①必须采取言词审理的方式；②除涉及国家秘密、个人隐私和法律另有规定外，一律公开进行，向公众公开，允许公民旁听、允许记者采访报道；③不得适用调解。与审理民事案件不同，人民法院审理行政案件，除行政赔偿、补偿和行政机关行使法律、法规规定的自由裁量权的案件外，不得采用调解方式，也不得以调解方式结案，只能依法作出裁判。人民法院审理行政案件不适用调解的原因主要在于：行政诉讼的核心是审理具体行政行为的合法性，此合法性的判断有明确的事实标准和法律依据，不容争议双方当事人相互协商。因此，具体行政行为要么合法，要么违法，在合法与违法之间或之外不存在其他可能，也就不存在法院调解的空间和余地。

人民法院开庭审理必须依据法定程序进行。一般的庭审程序分为开庭准备、出庭情况审查、法庭调查、法庭辩论、合议庭评议、宣判六个阶段。

1. 开庭准备

（1）召开合议庭准备会议，研究确定案件能否开庭审理，是否公开审理，开庭的日期时间、地点，应当传唤、通知的当事人和其他诉讼参与人，开庭审理时应当注意的重点或者主要问题，合议庭成员在开庭审理过程中的分工等。准备会议的内容由书记员记入笔录。

（2）传唤、通知当事人和其他诉讼参与人。法院在开庭审理的3日前，用传票或者通知书通知当事人和其他诉讼参与人，传票或者通知书须写明案由、开庭日期、时间、地点。

（3）公告。公开审理的案件，应当在开庭3日前向社会公告，内容包括当事人的姓名、单位、案由、开庭日期、时间、地点。

2. 出庭情况审查

（1）查明当事人和其他诉讼参与人是否到庭。如果诉讼参与人均已到庭，则由书记员宣布法庭纪律，审判长宣布开庭；如果出现诉讼参与人没有到庭的情况，由合议庭决定是否延期、按撤诉处理或者缺席审判等。

（2）核对当事人身份，审查双方诉讼代理人的授权委托书和代理权限。

（3）宣布案由、宣布合议庭和工作人员名单、告知当事人的诉讼权利和义务。

（4）当事人申请回避。申请回避应当在案件开始审理时提出；回避事由在审理开始以后得知或者发生的，也可以在法庭辩论终结前提出。申请回避可以口头提出，也可以书面提出。审判人员的回避，由院长决定；院长担任审判长时的回避，由审判委员会决定。

3. 法庭调查

（1）明确诉讼争议。合议庭根据起诉状和答辩状的内容分别概述原告的诉讼请求和理由，被告答辩的基本观点和理由，询问原告、被告及其法定代理人、法定代表人或者诉讼代理人有无异议和补充。

（2）当事人陈述和询问当事人。

（3）询问证人、审查证人证言材料。

（4）询问鉴定人、勘验人，审查鉴定结论、勘验笔录。

（5）审查书证、物证及视听资料。

当事人在法庭上有权提出新的证据，还可以要求重新鉴定、调查或者勘验，是否准许，由人民法院决定。如果合议庭认为案件事实已经查清，审判长即可宣布法庭调查结束，进入辩论阶段。

4. 法庭辩论

法庭辩论的顺序是：先由原告及其诉讼代理人发言，再由被告及其诉讼代理人答辩，然后双方相互辩论。第三人参加诉讼的，应在原告、被告发言后再发言。

法庭辩论由审判长主持，任何人发言须经审判长许可。辩论时，当事人重复陈述或陈述与案件无关的内容，甚至侮辱、攻击、谩骂对方的，审判长有权制止。辩论中提出与案件有关的新的事实、证据的，由合议庭决定停止辩论，恢复法庭调查。

当审判长认为应该查明的事实已辩论清楚，即可宣布结束辩论。审判长在按顺序征询原告、被告的最终意见后，宣布休庭，合议庭进行评议。

5. 合议庭评议

在评议时，合议庭成员可以平等地表明自己对案件的处理意见。合议庭成员意见不一致时，适用少数服从多数的原则，按多数意见作出裁决。评议过程制成评议笔录，评议中不同意见必须如实记入笔录，由合议庭全体成员签名。

6. 宣判

行政案件无论是否公开审理，都应当公开宣判。能够当庭宣判的，由审判长在休庭结束、恢复开庭后当庭宣判，并在一定日期内向当事人发送判决书。不能当庭宣判、需要报审判委员会讨论决定的案件，应当定期宣判。审判长可以当庭告知当事人定期宣判的时间和地点，也可以另行通知。定期宣判的，宜宣判后立即发给当事人判决书。

四、行政诉讼第二审程序

行政诉讼第二审程序，是指当事人不服地方各级人民法院尚未生效的第一审判决或裁定，依法向上一级人民法院提起上诉，上一级人民法院据此对案件进行再次审理所适用的程序。

（一）上诉和上诉的受理

上诉是当事人对地方各级人民法院尚未发生法律效力的第一审判决、裁定，于法定期限内以书面形式请求上一级人民法院对案件进行审理的诉讼行为。与刑事诉讼不同，当事人上诉是行政诉讼第二审程序发生的唯一动因。当事人行使上诉权，提起上诉，必须符合以下条件：

1. 上诉人必须适格 凡第一审程序中的原告、被告和第三人及其法定代理人、经授权的委托代理人，都有权提起上诉。

2. 上诉人所不服的第一审判决、裁定，必须是法律明文规定可以上诉的判决、裁定 能够提出上诉的判决和裁定包括地方各级人民法院第一审尚未发生法律效力的判决和对驳回起诉、不予受理、管辖权异议所作出的裁定。

3. 上诉必须在法定期限内提出 当事人不服人民法院第一审判决的，有权在判决书送达之日起15日内向上一级人民法院提起上诉；当事人不服人民法院第一审裁定的，有权在裁定书送达之日起10日内向上一级人民法院提起上诉。逾期不提起上诉的，人民法院的第一审判决或者裁定发生法律效力。

4. 上诉必须递交符合法律要求的上诉状 当事人提出上诉，既可以通过原审人民法院提出，也可以直接向第二审人民法院提出。当事人直接向第二审人民法院上诉的，第二审人民法院应当在5日内将上诉状移交原审人民法院。原审人民法院收到上诉状（包括当事人提交的和第二审人民法院移交的），应当审查；对有欠缺的上诉，应当限期当事人补正。上诉状内容无欠缺的，原审人民法院应当在5日内将上诉状副本送达被上诉人，被上诉人在收到上诉状副本之日起15日内提出答辩状。被上诉人不提出答辩状的，不影响人民法院对案件的审理。

原审人民法院收到上诉状、答辩状，应当在5日内连同全部案卷报送第二审人民法院。第二审人民法院经过审查，如果认为上诉符合法定条件，应予受理；如果认为不符合法定条件，应当裁定不予受理。

（二）上诉案件的审理

就基本过程而言，上诉案件的审理与第一审案件大体相同。为避免立法上的重复，《行政诉讼法》仅对行政诉讼第二审程序的特殊之处作了规定。这些特殊之处主要体现在：

1. 审理方式 根据《行政诉讼法》规定，人民法院审理上诉案件，认为事实清楚的，可以实行书面审理。所谓书面审理，是指人民法院不需要当事人和其他诉讼参与人到庭，不进行法庭调查和辩论，只根据上诉状、原审案卷材料和其他书面材料进行审理，就作出判决或裁定的审理方式。就法律规定而言，目前在我国三大诉讼法中，只有行政诉讼法规定了书面审理这一审理方式。

在行政诉讼第二审程序中，适用书面审理方式的前提必须是案件事实清楚。如果案件事实不清楚或存有争议，人民法院应开庭审理。

2. 审理原则 二审法院对一审裁判和被诉行政行为进行全面审查。二审法院审理上诉案件，需要改变原审判决的，应当同时对被诉行政行为作出判决。

3. 审理对象 第二审人民法院审理上诉案件，应当对原审人民法院的裁判和被诉具体行政行为是否合法进行全面审查，不受上诉范围的限制。

4. 审理期限 人民法院第二审行政案件，应当自收到上诉状之日起3个月内作出终审判决，有特殊情况需要延长的，由高级人民法院批准。高级人民法院审理上诉案件需要延长的，由最高人民法院批准。

5. 第二审对原审遗漏问题的处理

（1）原审判决遗漏了必须参加诉讼的当事人或者诉讼请求的，第二审人民法院应当裁定撤销原审判决，发回重审。

（2）原审判决遗漏行政赔偿请求，第二审人民法院经审查认为依法不应当予以赔偿的，应当判决驳回行政赔偿请求。

（3）原审判决遗漏行政赔偿请求，第二审人民法院经审理认为依法应当予以赔偿的，在确认被诉行政行为违法的同时，可以就行政赔偿问题进行调解；调解不成的，应当就赔偿部分发回重审。

（4）当事人在第二审期间提出行政赔偿请求的，第二审人民法院可以进行调解；调解不成的，告知当事人对赔偿请求另行起诉。

五、简易程序

简易程序指特定的人民法院对事实清楚、权利义务关系明确、争议不大的行政案件适用的一种简便易行的诉讼程序。简易程序是与普通程序相对的程序，在起诉手续、传唤当事人的方式、审理程序以及审理期限等方面都作了简化。简易程序具有办案手续简便、方式灵活、不受普通程序有关规定约束的特点，有利于降低诉讼当事人的诉讼成本，节约司法资源、提高审判效率。

根据我国《行政诉讼法》第 82 条，“人民法院审理下列第一审行政案件，认为事实清楚、权利义务关系明确、争议不大的，可以适用简易程序：（一）被诉行政行为是依法当场作出的；（二）案件涉及款额二千元以下的；（三）属于政府信息公开案件的。除前款规定以外的第一审行政案件，当事人各方同意适用简易程序的，可以适用简易程序。发回重审、按照审判监督程序再审的案件不适用简易程序。”

在审判组织方面，适用简易程序审理的行政案件，由审判员 1 人独任审理。在审理期限方面，适用简易程序审理的行政案件，应当在立案之日起 45 日内审结。除此之外，人民法院在审理过程中，发现案件不宜适用简易程序的，裁定转为普通程序。不能适用简易程序的案件包括：①上诉的第二审案件；②发回重审的上诉案件，虽然也是按照第一审程序审理，但不能适用简易程序；③再审案件。

六、审判监督程序

（一）审判监督程序的概念

审判监督程序是指人民法院发现已经发生法律效力的判决、裁定违反法律、法规，依法对案件再次进行审理的程序。审判监督程序不是必须经过的审理程序，不具有审级的性质，是第一审、第二审以外的检验法院已结案件办案质量的一种监督程序。审判监督程序包括再审程序和提审程序两种。

1. 再审是指人民法院为了纠正已经发生法律效力的判决、裁定的错误，依照审判监督程序对案件再次进行审判的活动。再审分为两种：一是自行再审，即人民法院自行按照审判监督程序对本院裁判已经生效的行政案件进行审理；二是指令再审，即上级人民法院按照审判监督程序，指令原审人民法院对裁判已经生效的行政案件进行审理。

2. 提审是指上级人民法院按照审判监督程序对下级人民法院裁判已经生效的行政案件进行的审理活动。

（二）审判监督程序的提起

提起审判监督程序的主体，必须是具有审判监督权的法定机关，即人民法院和人民检察院。因提起主体不同，分别适用以下三种提起程序：

1. 人民法院院长通过审判委员会决定再审 人民法院院长对本院已经发生法律效力的判决、裁定，发现违反法律、法规规定，认为需要再审的，应当提交审判委员会决定是否再审。

2. 上级人民法院提审或者指令再审 上级人民法院对下级人民法院有审判监督权，因此，上级人民法院对下级人民法院已经发生法律效力的判决、裁定，发现违反法律、法规规定的，有权提审或者指令下级人民法院再审。经上级人民法院审理的上诉案件需要再审时，应由该上级人民法院再审，不得指令下级人民法院再审。但对于维持原判的上诉案件的再审，上级人民法院理应要求原审人民法院进行审查，并写出案情报告，提出处理意见，报上级人民法院再审时参考。

3. 人民检察院抗诉 检察机关为法律监督机关，最高人民检察院对地方各级人民法院的生效裁判、上级人民检察院对下级人民法院的生效裁判，如果发现违反法律、法规的，有权提出抗诉。

当事人对已经发生法律效力的判决、裁定，认为确有错误的，可以向上一级人民法院申请再审，但判决、裁定不停止执行。根据《行政诉讼法》第 91 条，当事人的申请符合下列情形之一的，人民法院应当再审：①不予立案或者驳回起诉确有错误的；②有新的证据，足以推翻原判决、裁定的；③原判决、裁定认定事实的主要证据不足、未经质证或者系伪造的；④原判决、裁定适用法律、法规确有错误的；⑤违反法律规定的诉讼程序，可能影响公正审判的；⑥原判决、裁定遗漏诉讼请求的；⑦据以作出原判决、裁定的法律文书被撤销或者变更的；⑧审判人员在审理该案件时有贪污受贿、徇私舞弊、枉法裁判行为的。

（三）再审案件的审理程序

1. 裁定中止原裁判的执行 人民法院按照审判监督程序决定再审的案件，必须裁定中止原判决、裁定的执行。裁定由院长署名，加盖人民法院印章。

2. 重新组成合议庭 原合议庭成员应自行回避，不再参与该案件的审理，以免先入为主，影响案件的公正审理。

3. 分别适用第一审、第二审程序 只经过第一审程序审结的案件，无论是自行再审还是指令再审，仍适用第一审程序，作出的裁判是第一审裁判，当事人不服可以提出上诉；凡经过第二审程序审结的案件，无论是自行再审还是指令再审，只能适用第二审程序，所作裁判为终审判决，当事人不服不得上诉；凡是最高人民法院或者上级人民法院按照审判监督程序提审的案件，应按第二审程序进行审理，所作裁判为终审裁判，当事人不服不得上诉。

（四）再审案件的处理

1. 人民法院经过审理，认为原生效判决、裁定确有错误，在撤销原生效判决或者裁定的同时，有以下两种处理方式：一是对生效判决、裁定的内容作出相应裁判；二是发回作出生效判决、裁定的法院重审。

2. 人民法院经过审理，发现生效裁判有下列情形之一的，应当裁定发回作出生效判决、裁定的法院重审：①审理本案的审判人员、书记员应当回避而未回避的；②依法应当开庭审理而未经开庭即作出判决的；③未经合法传唤当事人而缺席判决的；④遗漏必须参加诉讼的当事人的；⑤对与本案有关的诉讼请求未予裁判的；⑥其他违反法定程序可能影响案件正确裁判的。

3. 再审对程序问题的处理。人民法院审理再审案件，对原审法院受理、不予受理或者驳回起诉错误的，应当分情况作如下处理：①第一审人民法院作出实体判决后，再审法院认为不应当受理的，在撤销第一审人民法院判决的同时，可以发回重审，也可以径行驳回起诉。②第二审人民法院维持第一审人民法院不予受理裁定错误的，再审法院应当撤销第一审、第二审人民法院裁定，指令第一审人民法院受理。

七、行政诉讼的裁判

（一）行政诉讼判决

行政诉讼判决是指人民法院审理行政案件终结时，根据审理所查清的事实，依据法律规定对行政案件实体问题作出的结论性处理决定。它是人民法院行使国家审判权对行政机关进行监督的集中体现，是人民法院处理、解决争议的基本手段，也是人民法院审理行政案件和当事人参加诉讼结果的表现形式。按照不同的标准，可以对行政诉讼判决作出不同的划分。按照判决作出程序的不同，可以将判决分为第一审判决、第二审判决和再审判决。第一审判决，又称初审判决，是第一审人民法院适用第一审程序所作出的判决。除最高人民法院的判决外，第一审判决非终审判决，当事人不服可以提出上诉。第二审判决，是第二审人民法院对上诉案件适用第二审程序作出的判决。再审判决是指人民法院运用审判监督程序所作出的判决。按照判决是否发生法律效力，可将判决分为生效判决和未生效判决。生效判决是已经发生法律效力，非通过审判监督程序无权加以改变的判决。已过上诉期限的第一审判决、最高人民法院作出的判决和第二审判决，都是生效判决。非生效判决是指尚发生法律效力的判决。未过上诉期限的第一审判决为未生效的判决，当事人不服可以提出上诉。

1. 第一审判决 第一审人民法院经过审理，根据不同情况可以作出以下类型的判决：驳回诉讼请求判决、撤销判决、履行判决、变更判决和确认判决。

（1）驳回诉讼请求判决 驳回原告诉讼请求判决是指人民法院通过审理，认定被诉行政行为合法有效，原告诉讼请求不能成立但又不适宜对被诉行政行为作出其他类型判决的情况下，直接作出否定原告诉讼请求的一种判决类型。作出该判决的条件为：行政行为证据确凿，适用法律、法规正确，符合法定程序的；或者原告申请被告履行法定职责或者给付义务理由不成立的。

证据确凿，即被诉具体行政行为确认的事实，具有充分证据证明其真实存在。证据确凿包括下述要求：案件的事实均有相应的证据证明；各项证据均真实、可靠，并且合法；各项证据对待证事实有证明力，并与待证事实之间具有关联性；各项证据相互协调一致，对整个案件事实构成完整的证明，并能经受住反证的反驳；被诉行政行为所依据的事实，必须满足法律预先设定的事实要件。

适用法律、法规正确，即适用了应当适用的法律、法规和具体的条文款项，而且处理的性质、形式和程序等符合法律、法规的规定。适用法律、法规正确包括下述要求：对具体行政行为所基于的事实的性质认定正确；对相应事实选择适用的法律、法规及具体规范正确，其法律依据与更高层次的法律文件不相抵触；根据相应事实所具有的情节，全面地适用法律、法规。

符合法定程序，即在法律、法规明确规定有实施具体行政行为的程序时，具体行政行为严格遵循法定程序。符合法定程序包括下述具体要求：符合法定形式；符合法定手续；符合法定步骤；符合法定时限。此外，还必须无超越职权、滥用职权和显失公正的情形。

针对不作为行政行为，驳回原告诉讼请求的判决主要适用于以下情形：原告申请被告履行法定职责或者给付义务理由不成立。而人民法院可以认定原告理由不成立的条件包括以下几点：被告确无履行职责或者给付义务；被告已经依法履行了职责或给付义务；被告履行职责或给付义务有法定期限并且该期限尚未届满；被告履行职责或者给付义务的条件尚未具备。

（2）撤销判决　即法院经过审查作出的否定被诉具体行政行为的判决。撤销判决分为判决全部撤销、判决部分撤销及判决撤销并责成被告重新作出具体行政行为三种情况。被诉具体行政行为有下列情形之一的，法院应作出撤销判决：①主要证据不足，即被告向法院提交的证据不能证实其作出的被诉具体行政行为所认定的基本事实。主要证据不足实质上就是缺乏事实根据。②适用法律、法规错误，主要有：应当适用甲法，却适用了乙法；应当适用甲法的某些条款，却适用了甲法的其他条款；应当同时适用两个以上法律、法规，却仅适用了一个法律、法规；应当同时适用法律、法规的两个以上条款，仅适用了一个条款；适用了尚未生效的、已经失效或者无效的法律、法规；应当适用特别法，却适用了一般法。③违反法定程序，即违反了法律、法规规定的方式、形式、手续、步骤、时限等。④超越职权，即具体行政行为超越了法律、法规的授权范围，主要有：甲行政机关行使了应当由乙行政机关行使的职权；下级行政机关行使了应当由上级行政机关行使的职权；内部行政机关行使了应当由外部行政机关行使的职权；行政机关超出其行政辖区行使职权。⑤滥用职权，即具体行政行为虽然在其自由裁量权限内，但背离了法律、法规的目的和宗旨，主要有：主观动机不良，明知违法却基于个人利益、单位利益假公济私或者以权谋私，作出极不合理的具体行政行为；不考虑应当考虑的因素；考虑了不应当考虑的因素。⑥行政行为明显不当，如裁量权行使明显不符合比例，没有遵循先例，同事不同罚等。

法院在作出撤销判决的同时，可以要求被告重新作出具体行政行为，被告不得基于同一事实和理由作出与原具体行政行为基本相同的行政行为。但是，有以下两种例外情形：①被告对原行政行为所依据的主要事实或理由作了部分改变后作出新的具体行政行为；②法院以违反法定程序为由判决撤销具体行政行为，行政机关经过相应的法定程序后可以同一事实和理由作出与原行政行为基本相同的行政行为。

（3）履行判决　即人民法院经过对行政案件的审理，认定被告有不履行或拖延履行法定职责的情形，作出的要求被告履行其法定职责的判决。根据《行政诉讼法》的规定，适用履行判决应具备以下条件：①有关当事人向行政主管机关提出了合法申请，要求行政机关作出一定的行政行为，并且这种申请符合法律规定的条件与形式。②被告对相对人依法负有履行职责的义务。即作为被告的行政机关负有依法行使职权、对作为原告的相对人作出其所需求的行政行为的义务。③被告具有不履行或者拖延履行法定职责的行为，且不履行或拖延履行没有合法理由。

履行判决一般适用于下列情况：①符合法定条件，向被告申请颁发许可证和执照，被告拒绝颁发或不予答复的；②被告没有依法发给抚恤金的；③申请被告履行保护人身权、财产权的法定职责，被告拒绝履行或不予答复的。

（4）变更判决　是指人民法院审理特定的行政案件时，运用国家审判权直接变更被诉的行政行为所作的判决。需要注意的是，变更判决的适用范围是有限的。依据行政合法性原则，人民法院只对被诉行政行为是否合法进行审查并宣告，不涉及具体行政权利（权力）、义务的处理，否则就是代替行政权去作出一个行政决定，涉嫌司法权干预行政权。所以通常情况下，法院一般不能变更被诉行政行为。依据《行政诉讼法》第77条的规定，变更判决适用于以下两种情形：一是行政处罚明显不当，即有通常法律和道德认识水准的人均可以发现和确认该处罚明显地失去了法律的公正性，比如行政处罚存在畸轻畸重、同样情况不同对待及不同情况同样对待、反复无常等情形；二是其他行政行为涉及对款额的确定、认定确有错误。人民法院判决变更，不得加重原告的义务或者减损原告的权益。但利害关系人同为原告，且诉讼请求相反的除外。

（5）确认判决　确认判决是指法院通过对具体行政行为的审查，确认相应行政行为无效或者违法的判决。通常情况下，下列情形法院可以作出行政行为无效或违法的判决：①被告不履行法定职责，但判决责令其履行法定职责已无实际意义；②被诉行政行为违法，但不具有可撤销内容的；③被诉行政行为依法不成立或无效的；④被诉行政行为违法，但撤销会给国家利益或者公共利益造成重大损失的。最后一种情形中，人民法院应当同时责令被诉行政机关采取相应的补救措施。造成相对人损害的，应依法判决承担赔偿责任。确认判决除能够作为当事人提起行政赔偿的根据外，还用来解决某种法律事实是否存在，某种行政行为对过去、现在或者将来的事实是否具有效力，某种行政法律关系是否存在、是否合法，关系双方当事人在此种关系中有什么权利、义务等法律问题。

2. 第二审判决　第二审人民法院审理上诉行政案件后，根据不同情况，可以作出维持原判、依法改判和发回重审三种处理。

（1）维持原判　即第二审人民法院通过对上诉案件的审理，确认第一审判决认定事实清楚，适用法律、法规正确，作出驳回上诉人上诉、维持一审判决的判决。第一审判决具备以下三个条件，第二审人民法院才能判决维持原判：①第一审判决认定事实清楚，即第一审人民法院对具体行政行为是否合法的裁决有可靠的事实基础和确凿的证据支持；②第一审判决适用法律、法规正确，即第一审人民法院对具体行政行为是否合法的认定和据此作出的判决所依据的法律、法规正确。

（2）依法改判　即第二审人民法院通过对上诉案件的审理，确认原判决、裁定认定事实错误或者适用法律、法规错误，或者原判决认定基本事实不清、证据不足的，在查清事实后依法改变第一审判决。依法改判有两方面的原因：①原判决、裁定认定事实错误或者适用法律、法规错误的，依法改判、撤销或者变更，这是第二审改判的一般前提条件；②原判决认定基本事实不清、证据不足的，第二审人民法院可选择发回原审人民法院重审，或者查清事实后改判。通常情况下如果第二审人民法院认为第一审人民法院由于主观或者客观原因，很难或者不可能查清案件事实，可以在查明事实后直接改判。法院审理上诉案件需要改判时，应当撤销第一审判决的部分或者全部内容，并依法判决维持、撤销或者变更被诉行政行为。

（3）发回重审　发回重审是指第二审人民法院通过审理，认为原判决认定基本事实不清、证据不足，或存在严重违反法定程序的情形，可判决或裁定发回重审。包括以下两种情况：①原判决认定基本事实不清、证据不足的，发回原审人民法院重审，或者查清事实后改判；②原判决遗漏当事人或者违法缺席判决等严重违反法定程序的，裁定撤销原判决，发回原审人民法院重审。需要注意的是，原审人民法院对发回重审的案件作出判决后，当事人提起上诉的，第二审人民法院不得再次发回重审。

（二）行政诉讼裁定

行政案件的裁定是指在行政诉讼过程中，法院针对行政诉讼程序问题作出的裁决。裁定与判决具有同等的法律效力。裁定具有以下特点：①解决行政诉讼中出现的程序问题（补正判决书错误的裁定除外）；②适用范围广，并且不以必须开庭审理为要件；③不要求都以书面形式出现；④当事人只对部分裁定享有上诉权。

裁定适用于下列范围：不予受理；驳回起诉；诉讼期间停止具体行政行为的执行，或者驳回停止执行的申请；财产保全；准许或者不准许撤诉；中止或者终结诉讼；补正裁判文书中的笔误；中止或者终结执行；管辖权异议；先予执行；移送或指定管辖；提审、指令再审或发回重审；准许或不准许执行行政机关的具体行政行为；其他需要裁定的事项。对于不予受理、管转权异议和驳回起诉的裁定，当事人不服时，有权在接到裁定书之次日起 10 日内向上一级人民法院提起上诉。

第二审人民法院在审理上诉案件时，也需要作出某些裁定以解决程序问题。其中，以下两类裁定是比较重要和常见的裁定：①应当立案或者审理的裁定。第二审人民法院审理不服第一审人民法院不予受理或者驳回起诉的上诉案件，如果认为原裁定确有错误，且起诉符合法定条件的，应当裁定撤销第一审裁定，指令原审法院立案受理或者继续审理。②撤销原判、发回重审的裁定。撤销原判、发回重审的裁定适用于四种情况：一是第一审判决认定事实不清；二是第一审判决证据不足；三是第一审判决违反法定程序，而且可能影响案件正确判决；四是第一审判决遗漏了必须参加诉讼的当事人或诉讼请求。

（三）行政诉讼决定

行政诉讼决定是人民法院在诉讼期间，对诉讼中遇到的特殊事项作出的裁决。决定是对人民法院各种命令的总称。决定在行政诉讼中主要调整人民法院自身与诉讼参与人或者其他人之间的关系，或者处理与案件程序有关而与当事人无直接关系的事项。决定与裁定一样，可以采用书面形式，也可以采用口头形式。口头决定应记入笔录。

决定一经送达即发生法律效力。当事人对人民法院的决定一律不准上诉。法律规定被决定人可以申请复议的，复议期间不停止案件的审理和决定的执行。

决定适用于下列范围：指定管辖；决定管辖权的转移；决定回避；确定第三人；指定法定代理人；许可律师以外的当事人和其他诉讼代理人查阅庭审材料；指定鉴定；确定不公开审理；处理妨碍诉讼的行为；决定案件的移送；决定强制执行生效的判决和裁定；确定诉讼费用的承担；其他次要的程序问题或者人民法院在行政审判过程中发生的内部问题。

图书在版编目（CIP）数据

动物卫生行政法学理论基础 / 中国动物卫生与流行病学中心组编．—北京：中国农业出版社，2021.1
ISBN 978-7-109-27792-2

Ⅰ.①动… Ⅱ.①中… Ⅲ.①动物防疫法—行政执法—中国②兽医卫生检验—行政执法—中国 Ⅳ.①D922.4②D922.11

中国版本图书馆 CIP 数据核字（2021）第 021416 号

动物卫生行政法学理论基础
DONGWU WEISHENG XINGZHENG FAXUE LILUN JICHU

中国农业出版社出版
地址：北京市朝阳区麦子店街 18 号楼
邮编：100125
责任编辑：肖 邦　　文字编辑：周 珊
版式设计：王 晨　　责任校对：刘丽香
印刷：中农印务有限公司
版次：2021 年 1 月第 1 版
印次：2021 年 1 月北京第 1 次印刷
发行：新华书店北京发行所
开本：787mm×1092mm　1/16
印张：15.75
字数：360 千字
定价：85.00 元